中学教科書ワーク 学習カード

ポケットスタディ

英単語カード 3年

アプリ対応

使い方

① 切り離して、リングでとじてください。
② 音声を聞いて、発音しましょう。
③ 覚えたら **OK!** にチェックをつけましょう。
用法：過去形→過去分詞、間→複数形 比較級→最上級

英語音声

1 above
An airplane is flying above our head.

2 across
across the river

3 afraid
I'm afraid of dogs.

4 agree
I agree with you.

5 almost
Almost all people agree with the idea.

6 already
I have already eaten lunch.

7 appear
The woman appeared suddenly.

8 article
an interesting article

9 because
I can't go because I have a cold.

10 begin
begin the show

11 believe
I can't believe it.

12 below
below sea level

13 beside
a desk beside the bed

14 break
have a break

15 bridge
a long bridge

16 bright
bright light

17 building
a tall building

18 care
take care of young children

JN096425

◉音声もくじ

1 ~ 9 ···c01	39 ~ 48 ···c05	79 ~ 88 ···c09	129 ~ 138 ···c14
10 ~ 18 ···c02	49 ~ 58 ···c06	89 ~ 98 ···c10	139 ~ 148 ···c15
19 ~ 28 ···c03	59 ~ 68 ···c07	99 ~ 108 ···c11	149 ~ 158 ···c16
29 ~ 38 ···c04	69 ~ 78 ···c08	109 ~ 118 ···c12	
		119 ~ 128 ···c13	

1 OK!☐
~の上に[へ]

飛行機が私たちの頭上を飛んでいます。

2 OK!☐
~を横切って、~の向こう側に

川を横切って

3 OK!☐
恐れて、怖がって

私は犬が怖いです。

4 OK!☐
同意する、賛成する

私はあなたに賛成です。

5 OK!☐
ほとんど、たいてい

ほとんど全員がその考えに賛成です。

6 OK!☐
すでに、もう

私はすでに昼食を食べました。

7 OK!☐
現れる

その女性は突然現れました。

8 OK!☐
記事

興味深い記事

9 OK!☐
(なぜなら)~だから

私は風邪をひいているので行けません。

10 OK!☐
~を始める

ショーを始める
began - begun

11 OK!☐
~を信じる

信じられません。

12 OK!☐
~より下に

海水面より下に

13 OK!☐
~のそばに[の]

ベッドのそばの机

14 OK!☐
休憩

休憩をとる

15 OK!☐
橋

長い橋

16 OK!☐
明るい

明るい光
brighter - brightest

17 OK!☐
建物

高い建物

18 OK!☐
注意、世話、心配

幼い子どもたちの世話をする

19 carefully
Listen carefully.

20 carry
carry the bag

21 century
over the centuries

22 character
main characters of the movie

23 close
close the door

24 college
go to college

25 common
a common language in the country

26 company
a big company

27 cry
Don't cry.

28 culture
Japanese culture

29 cut
cut the paper

30 daughter
Mr. White has a daughter.

31 develop
develop my skill

32 drive
drive my car

33 each
They looked at each other.

34 earth
the earth

35 effort
make an effort

36 either
I don't like coffee, either.

37 elementary school
an elementary school student

38 else
Anything else?

OK! 19 注意深く 注意深く聞きなさい。	**OK!** 20 ～を運ぶ、～を持ち歩く かばんを運ぶ	**OK!** 21 世紀、100年 数百年にわたって
		OK! 22 登場人物 映画の主要登場人物
OK! 23 ～を閉じる、～を閉める ドアを閉める	**OK!** 24 (単科)大学 大学へ行く	**OK!** 25 共通の、よくある その国の共通語
		OK! 26 会社 大きな会社
OK! 27 (声を出して)泣く、叫ぶ 泣かないで。	**OK!** 28 文化、教養 日本文化	**OK!** 29 ～を切る 紙を切る cut - cut
		OK! 30 娘 ホワイトさんには娘がいます。
OK! 31 ～を発達させる、～を開発する 技術を発達させる	**OK!** 32 (～を)運転する 自分の車を運転する drove - driven	**OK!** 33 それぞれの、おのおの 彼らはお互いに見合っていました。
		OK! 34 《theをつけて》地球 地球
OK! 35 努力 努力をする	**OK!** 36 《否定文の文末で》 ～もまた(…ない) 私もコーヒーが好きではありません。	**OK!** 37 小学校 1人の小学生
		OK! 38 ほかに[の] ほかに何かいかがですか。

No.	Word	Example
39	e-mail	write an e-mail
40	encourage	encourage her to try
41	end	at the end of the year
42	enough	enough food to share
43	ever	Have you ever eaten natto?
44	everywhere	There are flowers everywhere on the hill.
45	expensive	an expensive bag
46	explain	explain the story
47	fact	a surprising fact
48	feeling	understand her feelings
49	fight	fight hard
50	finally	We finally arrived at the house.
51	find	find the key
52	finish	finish my homework
53	gift	a special gift
54	ground	draw a picture on the ground
55	grow	grow up
56	health	good for your health
57	heavy	a heavy stone
58	hold	hold large balls

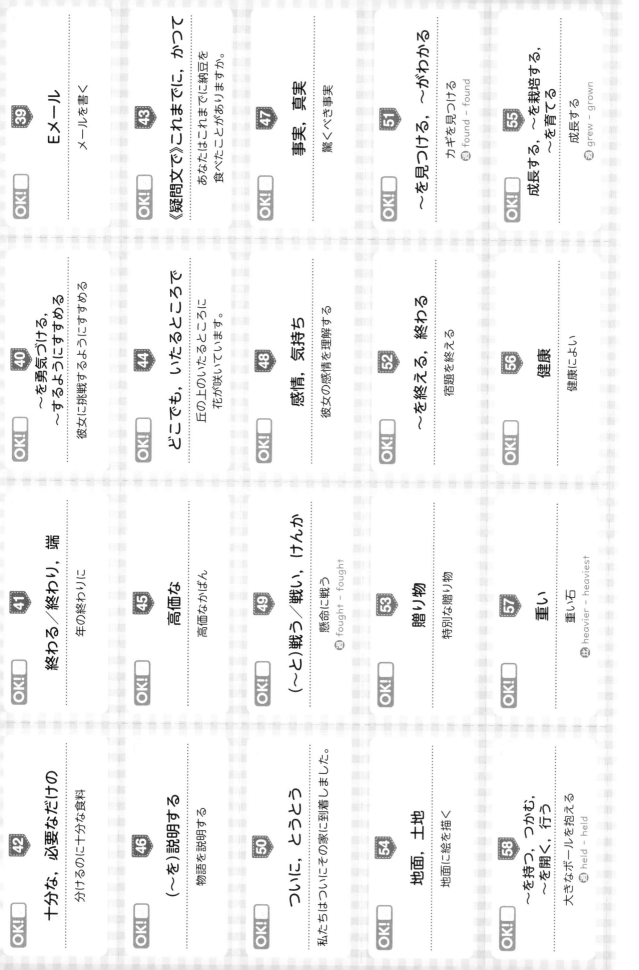

39 Eメール
メールを書く

40 ～を勇気づける、～するようにすすめる
彼女に挑戦するようにすすめる

41 終わる／終わり、端
年の終わりに

42 十分な、必要なだけの
分けるのに十分な食料

43 《疑問文で》これまでに、かつて
あなたはこれまでに納豆を食べたことがありますか。

44 どこでも、いたるところで
丘の上のいたるところに花が咲いています。

45 高価な
高価なかばん

46 (～を)説明する
物語を説明する

47 事実、真実
驚くべき事実

48 感情、気持ち
彼女の感情を理解する

49 (～と)戦う／戦い、けんか
懸命に戦う
fought - fought

50 ついに、とうとう
私たちはついにその家に到着しました。

51 ～を見つける、～がわかる
カギを見つける
found - found

52 ～を終える、終わる
宿題を終える

53 贈り物
特別な贈り物

54 地面、土地
地面に絵を描く

55 成長する、～を栽培する、～を育てる
成長する
grew - grown

56 健康
健康によい

57 重い
重い石
heavier - heaviest

58 ～を持つ、つかむ、～を開く、行う
大きなボールを抱える
held - held

59 hole
a hole in the sock

60 human
the human body

61 hurt
hurt my leg

62 husband
He is Meg's husband.

63 imagine
imagine the future

64 improve
improve English skills

65 international
an international school

66 international
an international school

67 Internet
on the Internet

68 interview
interview an actor

69 into
go into the woods

70 introduce
introduce myself

71 invite
invite her to the party

72 judge
a judge in the tennis match

73 keep
keep a promise

74 land
private land

75 large
a large park

76 law
study the law

77 lead
lead the children

78 light
a light suitcase

59 OK! □
穴
くつ下の穴

60 OK! □
人間の／人間、人
人間の体

61 OK! □
～を傷つける
脚を痛める
hurt - hurt

62 OK! □
夫
彼はメグの夫です。

63 OK! □
～を想像する
未来を想像する

64 OK! □
～を改善する、よくなる
英語力を上達させる

65 OK! □
～を増やす、増える
旅行者の数は増加を続けています。

66 OK! □
国際的な
インターナショナルスクール

67 OK! □
《the Internetで》インターネット
インターネットで

68 OK! □
～にインタビューする
俳優にインタビューする

69 OK! □
～の中へ[に]、～に向かって、～に（なる）
森の中に行く

70 OK! □
～を紹介する
自己紹介をする

71 OK! □
～を招待する、招く
彼女をパーティーに招待する

72 OK! □
審判員／審査をする
テニスの試合の審判

73 OK! □
～を持っている、(約束)を守る、(日記など)をつける
約束を守る
kept - kept

74 OK! □
土地、陸地
私有地

75 OK! □
大きい、多い
大きい公園
larger - largest

76 OK! □
法律
法律を学ぶ

77 OK! □
～を導く、先導する
こどもたちを先導する
led - led

78 OK! □
軽い
軽いスーツケース
lighter - lightest

79 line

Students are standing in a line.

80 lucky

He is lucky.

81 match

a badminton match

82 memory

a happy memory

83 moment

Just a moment.

84 money

I have no money.

85 move

move the chair

86 natural

natural resources

87 near

a clock near the door

88 necessary

necessary things

89 neighbor

my neighbor

90 never

I have never been to Italy.

91 news

good news

92 note

a note for shopping

93 once

I once lived in Okinawa.

94 opinion

in my opinion

95 own

my own bag

96 past

in the past

97 pay

pay 100 yen

98 peace

hope for peace

OK!	79 線, 列	生徒たちが一列に並んでいます。
OK!	83 瞬間, 一瞬	ちょっと待って。
OK!	87 ～の近くに[で]	ドアの近くのかけ時計
OK!	91 ニュース, 知らせ	良い知らせ
OK!	95 自分自身の	自分のかばん

OK!	80 幸運な	彼は運がいいです。
OK!	84 金, 金銭	私はお金を持っていません。
OK!	88 必要な	必要な物
OK!	92 メモ, 覚え書き	買い物のメモ
OK!	96 過去	過去には

OK!	81 試合	バドミントンの試合
OK!	85 動く, 移動する, (物)を動かす, (人)を感動させる	イスを動かす
OK!	89 近所の人, 隣人	私のご近所さん
OK!	93 かつて, 以前, 1度, 1回	私はかつて沖縄に住んでいました。
OK!	97 (代金など)を)支払う	100円を払う

OK!	82 思い出	幸せな思い出
OK!	86 自然の, 天然の	天然資源
OK!	90 決して～ない, 今までに～したことがない	私はイタリアに行ったことがありません。
OK!	94 意見, 考え	私の意見では
OK!	98 平和, 平穏	平和を願う

99	period	the Edo period
100	person	a kind person
101	plan	plan to visit Kyoto
102	pleasure	Thank you for inviting me. — My pleasure.
103	price	a low price
104	produce	produce a new product
105	quarter	one quarter of a cake
106	rain	heavy rain
107	reach	reach the top of the mountain
108	ready	I'm ready to go.
109	real	This is not a real jewel.
110	realize	realize the situation
111	reason	explain the reason
112	receive	receive a letter
113	report	read a report
114	research	a research on American history
115	result	have good results
116	return	return a book
117	road	cross the road
118	row	sit in the second row

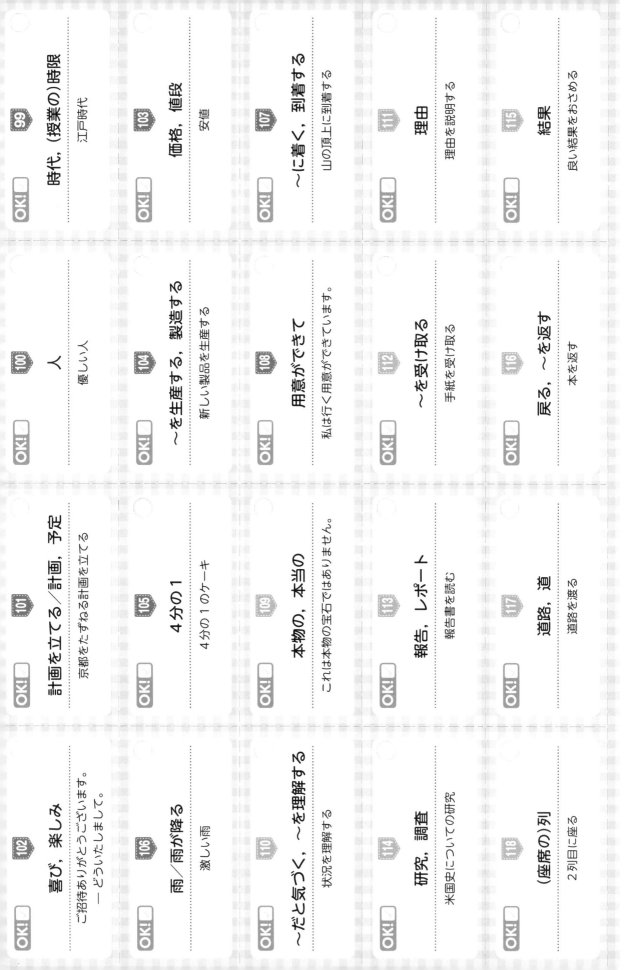

99 時代、(授業の)時限
江戸時代

100 人
優しい人

101 計画を立てる／計画、予定
京都をたずねる計画を立てる

102 喜び、楽しみ
ご招待ありがとうございます。
―どういたしまして。

103 価格、値段
安値

104 ～を生産する、製造する
新しい製品を生産する

105 4分の1
4分の1のケーキ

106 雨／雨が降る
激しい雨

107 ～に着く、到着する
山の頂上に到着する

108 用意ができて
私は行く用意ができています。

109 本物の、本当の
これは本物の宝石ではありません。

110 ～だと気づく、～を理解する
状況を理解する

111 理由
理由を説明する

112 ～を受け取る
手紙を受け取る

113 報告、レポート
報告書を読む

114 研究、調査
米国史についての研究

115 結果
良い結果をおさめる

116 戻る、～を返す
本を返す

117 道路、道
道路を渡る

118 (座席の)列
2列目に座る

119	rule	break a rule
120	save	save energy
121	side	on the other side of the river
122	similar	They look similar.
123	simple	a simple puzzle
124	since	I've lived in Kyoto since 2010.
125	site	a World Heritage site
126	size	I want a smaller size.
127	skill	have a great skill
128	sky	in the sky
129	sleep	sleep well
130	smile	smile happily
131	soft	a soft cushion
132	solve	I have to solve this problem.
133	son	visit my son
134	staff	a staff member
135	stand	stand up
136	store	store food and water for a disaster
137	strict	a strict teacher
138	successful	a successful artist

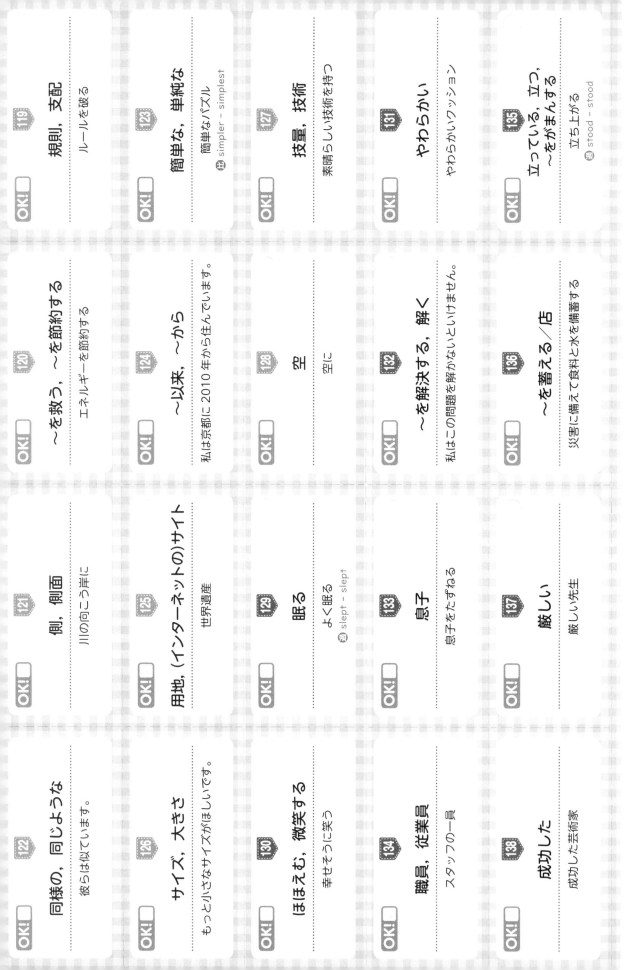

№	語義	例
119	規則、支配	ルールを破る
120	～を救う、～を節約する	エネルギーを節約する
121	側、側面	川の向こう岸に
122	同様の、同じような	彼らは似ています。
123	簡単な、単純な	簡単なパズル　simpler - simplest
124	～以来、～から	私は京都に2010年から住んでいます。
125	用地、(インターネットの)サイト	世界遺産
126	サイズ、大きさ	もっと小さなサイズがほしいです。
127	技量、技術	素晴らしい技術を持つ
128	空	空に
129	眠る	よく眠る　slept - slept
130	ほほえむ、微笑する	幸せそうに笑う
131	やわらかい	やわらかいクッション
132	～を解決する、解く	私はこの問題を解かないといけません。
133	息子	息子をたずねる
134	職員、従業員	スタッフの一員
135	立っている、立つ、～をがまんする	立ち上がる　stood - stood
136	～を蓄える/店	災害に備えて食料と水を備蓄する
137	厳しい	厳しい先生
138	成功した	成功した芸術家

139 support

I support your idea.

143 thick

a thick book

147 understand

Do you understand?

151 way

the way to open this box

155 wife

She is Tom's wife.

140 survey

According to the survey, A is the most.

144 though

Though it was raining, I went out.

148 university

study at the university

152 wear

wear a uniform

156 wind

a strong wind

141 technology

new technology

145 topic

hot topics

149 until

study until nine

153 while

Please wait for a while.

157 wonder

I wonder why you are here.

142 terrible

It tastes terrible.

146 type

different blood type

150 wake

Wake up!

154 wide

a wide room

158 yet

I have not finished my work yet.

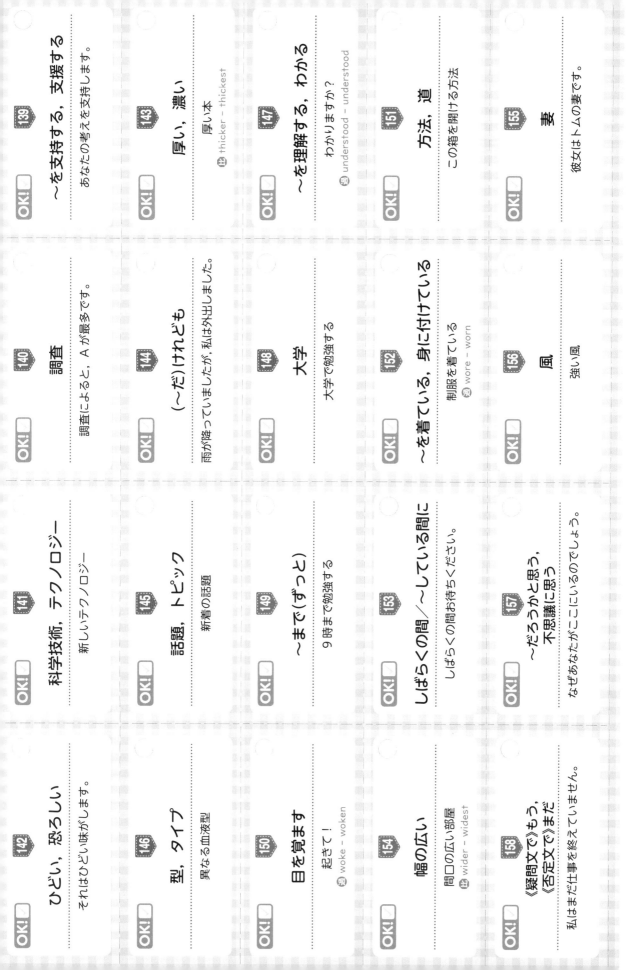

139 ～を支持する、支援する
あなたの考えを支持します。

140 調査
調査によると、Aが最多です。

141 科学技術、テクノロジー
新しいテクノロジー

142 ひどい、恐ろしい
それはひどい味がします。

143 厚い、濃い
厚い本
thicker – thickest

144 (～だ)けれども
雨が降っていましたが、私は外出しました。

145 話題、トピック
新着の話題

146 型、タイプ
異なる血液型

147 ～を理解する、わかる
わかりますか？
understood – understood

148 大学
大学で勉強する

149 ～まで(ずっと)
9時まで勉強する

150 目を覚ます
起きて！
woke – woken

151 方法、道
この箱を開ける方法

152 ～を着ている、身に付けている
制服を着ている
wore – worn

153 しばらくの間／～している間に
しばらくの間お待ちください。

154 幅の広い
間口の広い部屋
wider – widest

155 妻
彼女はトムの妻です。

156 風
強い風

157 ～だろうかと思う、不思議に思う
なぜあなたがここにいるのでしょう。

158 《疑問文で》もう、《否定文で》まだ
私はまだ仕事を終えていません。

東京書籍版 英語3年 もくじ

英語音声

ステージ1　ステージ2　ステージ3

		教科書ページ	この本のページ ステージ1 確認のワーク	ステージ2 定着のワーク	ステージ3 実力判定テスト
Unit 0	Three Interesting Facts about Languages	4〜5	4〜5		
Unit 1	Sports for Everyone	7〜16	6〜12	14〜15	16〜17
Let's Write 1	有名人への手紙 —ファンレター—	17	13		
Unit 2	Haiku in English	19〜28	18〜24	28〜29	30〜31
Let's Talk 1	はじめての出会い —歓迎する—	29	25		
Grammar for Communication 1	現在完了形と現在完了進行形	30〜31	26〜27		
Unit 3	Animals on the Red List	35〜44	32〜36	44〜45	46〜47
Let's write 2	記事への意見 —投稿文—	45	37		
Grammar for Communication 2	不定詞	46	38〜39		
Stage Activity 1	My Activity Report	48〜50	40		
Let's Read 1	A Mother's Lullaby	52〜55	42〜43		
Unit 4	Be Prepared and Work Together	57〜66	48〜54	56〜57	58〜59
Let's Talk 2	町中での手助け —申し出る—	67	55		
Unit 5	A Legacy for Peace	71〜80	60〜65	72〜73	74〜75
Let's Write 3	グラフや表の活用 —レポート—	81	66〜67		
Grammar for Communication 3	後置修飾	82〜83	68〜69		
Stage Activity 2	Discover Japan	84〜86	70〜71		
Unit 6	Beyond Borders	89〜98	76〜79	92〜93	94〜95
Let's Talk 3	食品の選択 —賛成する・反対する—	99	80〜81		
Grammar for Communication 4	仮定法	100	82〜83		
Stage Activity 3	Let's Have a Mini Debate	102〜104	84〜85		
Let's Read 2	Power Your Future	106〜109	86〜88		
Let's Read 3	A Graduation Gift from Steve Jobs	110〜113	89〜91		

アプリで学習 Challenge! SPEAKING		97〜104
プラスワーク	学校での活動・経験を表す言葉　41　／不規則動詞変化表　96	

●この本の特長と使い方…2〜3

特別ふろく	定期テスト対策	予想問題	105〜120
		スピードチェック	別冊
	学習サポート	ポケットスタディ(学習カード)　要点まとめシート	
		どこでもワーク(スマホアプリ)　ホームページテスト	
		発音上達アプリ　おん達 Plus	

※特別ふろくについて，くわしくは表紙の裏や巻末へ

解答と解説	別冊

この本の特長と使い方
3ステップと予想問題で実力をつける！

確認のワーク ステージ1

● 文法や表現，重要語句を学習します。
● 基本的な問題を解いて確認します。
● 基本文には音声がついています。

定着のワーク ステージ2

● ステージ1で学習したことを，さらに問題を解くことで定着させます。
● ヒントがついているので学習しやすいです。
● リスニング問題もあります。

文法のまとめ

● ここまでに学習した文法をまとめて学習します。

Try! READING

● 教科書の長めの文章に対応するページです。読解力をつけます。

実力判定テスト　ステージ3

- ステージ1で学習したことが身についたかをテスト形式で確認します。
- リスニング問題もあります。

ホームページテスト

- 文理のウェブサイトからテストをダウンロード。たくさん問題を解いて、実力アップ！　リスニング問題もあります。　　くわしくは巻末へ➡

 アクセスコード　C064347

定期テスト対策　予想問題

- 定期テスト前に解いて、実力を確かめます。
- リスニング問題もあります。

Challenge! SPEAKING

- アプリを使って会話表現の発音練習をします。AIが採点！

くわしくはChallenge! SPEAKINGの最初のページへ➡

英語音声について

- 英語音声があるものには a00 がついています。
- 音声はスマートフォン、タブレット、またはパソコンで聞くことができます。
- また文理のウェブサイトから音声ファイルをダウンロードすることもできます。

▶スマホで聞く　　　　　　　［使い方］

▶パソコンで聞く　https://listening.bunri.co.jp/
▶ダウンロードする　［ダウンロード方法］

※この本にはCDはついていません。

音声用アクセスコード　76TNQ

※音声配信サービスおよび「おん達Plus」は無料ですが、別途各通信会社の通信料がかかります。
※お客様のネット環境および端末によりご利用いただけない場合がございます。ご理解、ご了承いただきますよう、お願いいたします。

確認のワーク　ステージ1　Unit 0　Three Interesting Facts about Languages　読聞書話

教科書の 要点　受け身（復習）　♪ a01

受け身の文　About 7,000 languages **are spoken** in the world.

〈be動詞＋過去分詞〉「～される」

世界ではおよそ7,000の言語が話されています。

要点

● 「～されます，～されています」は〈be動詞＋過去分詞〉で表す。この形を受け身という。

● 受け身の疑問文は be動詞を主語の前に置く。否定文は be動詞のあとに not を置く。

● 過去の受け身は，be動詞を過去形の was, were にする。過去分詞はそのまま。

プラス　受け身の文は，ふつうの文の目的語が主語になった文。動作を表す人（＝ふつうの文の主語）は by ～（～によって）で表すが，一般的な人々の場合などは省略する。

ふつうの文　　People　　speak　　about 7,000 languages　in the world.
　　　　　主語③　　　②　　　①　　　目的語

受け身の文　About 7,000 languages　are spoken　(by people)　　in the world.
　　　　　主語　　　　　　　「～によって」

Wordsチェック　次の英語は日本語に，日本語は英語になおしなさい。

□(1)　brain　　（　　　　　　　　）　□(2)　fact　　（　　　　　　　　）

□(3)　信じる　＿＿＿＿＿＿＿　□(4)　幅の広い　＿＿＿＿＿＿＿

□(5)　～を増やす　＿＿＿＿＿＿　□(6)　研究者　＿＿＿＿＿＿＿

1 絵を見て例にならい，「～は…されます」という文を書きなさい。

play

(1) wash

(2) cook

(3) read

例　Baseball is played by eighteen players.

(1)　The car ＿＿＿＿＿＿＿＿＿＿ by Tom.

(2)　Dinner ＿＿＿＿＿ ＿＿＿＿＿ by my sister.

(3)　The book ＿＿＿＿＿ ＿＿＿＿＿ around the world.

ここがポイント

規則動詞の ed のつけ方
①ed をつける
②d だけをつける
　like → liked
③〈子音字＋y〉は y を i にかえて ed をつける
　study → studied
④〈短母音＋子音字〉は子音字を重ねて ed をつける
　stop → stopped

よく出る 2 次の文の＿＿＿に，（　）内の語を適する形にかえて書きなさい。

(1)　Nara is ＿＿＿＿＿＿ by a lot of people. （visit）

(2)　English is ＿＿＿＿＿＿ in many countries. （study）

(3)　These pictures were ＿＿＿＿＿＿ yesterday. （take）

visit**ed** は [vízitid]，wash**ed** は [wáʃt]，us**ed** は [júːzd] と発音するよ。

③ 次の文を（ ）内の指示にしたがって書きかえるとき，＿＿に適する語を書きなさい。

(1) Everyone likes Meg.（下線部を主語にして）

Meg is ＿＿＿＿＿＿＿＿ ＿＿＿＿＿＿＿＿ everyone.

(2) I'm invited to dinner every Sunday.（下線部を last にして）

I ＿＿＿＿＿＿＿＿ ＿＿＿＿＿＿＿＿ to dinner last Sunday.

(3) The windows are opened at seven.（疑問文に）

＿＿＿＿＿＿＿＿ the windows ＿＿＿＿＿＿＿＿ at seven?

(4) This room was cleaned yesterday.（否定文に）

This room ＿＿＿＿＿＿＿＿ ＿＿＿＿＿＿＿＿ yesterday.

④ 次の対話が成り立つように，＿＿に適する語を書きなさい。

(1) A: Was soccer practiced after school?

B: No, ＿＿＿＿＿＿＿＿ ＿＿＿＿＿＿＿＿.

(2) A: What language ＿＿＿＿＿＿＿＿ ＿＿＿＿＿＿＿＿ here?

B: English is used here.

⑤ 次の日本文に合うように，＿＿に適する語を書きなさい。

(1) この動物園では幅広い種類の動物を見ることができます。

You can see a wide ＿＿＿＿＿＿＿＿

animals in this zoo.

(2) ブラウン先生は人気があると言われています。

It is ＿＿＿＿＿＿＿＿ ＿＿＿＿＿＿＿＿ Ms. Brown is popular.

(3) スペイン語は世界で2番目に多くの人に使われています。

Spanish is used by the ＿＿＿＿＿＿＿＿ greatest

＿＿＿＿＿＿＿＿ of people in the world.

⑥ 次の表には，国名とその国で話されている言語名が書かれています。例にならい，「〜では…語が話されています」という文を書きなさい。

国	言語
例 Japan 日本	Japanese 日本語
China 中国	Chinese 中国語
Brazil ブラジル	Portuguese ポルトガル語
Canada カナダ	English 英語，French フランス語

例 Japanese is spoken in Japan.

(1) ＿＿＿＿＿＿＿＿＿＿＿＿＿＿＿ in China.

(2) ＿＿＿＿＿＿＿＿＿＿＿＿＿＿＿ in Brazil.

(3) ＿＿＿＿＿＿＿＿＿＿＿＿＿＿＿ in Canada.

ここがポイント

● 受け身の動作をする人
by 〜で表す。
● 受け身の過去の文
be動詞を過去形にする。
● 受け身の疑問文
be動詞を主語の前に置く。
● 受け身の否定文
be動詞のあとにnotを置く。

得点力をUP

by 〜を省略する場合
行為者が一般的な人や明示する必要がないとき，by 〜は省略される。

表現メモ

●「…な種類の〜」
a (…) variety of 〜
●「〜と言われている」
It is said that 〜.
●「〜番目に…」
〈the＋序数＋最上級〉

ミス注意

be動詞の使い分け
(3)主語が〜 and …と複数になるので，be動詞はareを使う。

解答 ▶ p.1

 Unit 1 Sports for Everyone ①

読 聞
書 話

教科書の 要点 現在完了形（経験用法） ♪ a02

| 過去形 | I | | saw wheelchair tennis last year. |

私は車いすテニスを昨年見ました。

| 現在完了形 | I | have | seen wheelchair tennis once. |

〈have[has] ＋過去分詞〉

私は車いすテニスを一度見たことがあります。

Josh **has** seen wheelchair tennis many times.

三人称単数

ジョシュは車いすテニスを何度も見たことがあります。

| 否定文 | Asami has never seen wheelchair tennis. |

「今までに一度も〜しない」

朝美は車いすテニスを一度も見たことがありません。

要点

● 「（これまでに）〜したことがあります」と経験を表すときは，〈have[has] ＋過去分詞〉を使う。この形を現在完了形（経験用法）という。

● 経験用法では回数や頻度を表す語句がよく使われる。 例 once（かつて），many times（何度も）

● 経験用法の否定文には，not のかわりに never（今までに一度も〜しない）を使うことが多い。

Words チェック 次の英語は日本語に，日本語は英語になおしなさい。

- □(1) somewhere （　　　　　　　　）
- □(2) title （　　　　　　　　）
- □(3) 当てはまる ＿＿＿＿＿＿＿
- □(4) 上に，上記に[の] a＿＿＿＿＿
- □(5) 下に，下記に[の] b＿＿＿＿＿
- □(6) see の過去分詞 ＿＿＿＿＿＿＿

1 絵を見て例にならい，「かつて[1度]〜したことがあります」という文を書きなさい。

play the violin

visit Tokyo　　　　read the book

make *onigiri*

例 I have played the violin once.

(1) I have ＿＿＿＿＿＿＿ Tokyo once.

(2) I ＿＿＿＿＿＿＿＿＿＿ the book once.

(3) Judy ＿＿＿＿＿＿＿＿＿＿＿＿＿ .

ここが ポイント

● 現在完了形
〈have[has] ＋過去分詞〉

● 現在完了形（経験用法）の意味
「（これまでに）〜したことがあります」

2 次の文の＿＿に，（　）内の語を適する形にかえて書きなさい。

(1) I have ＿＿＿＿＿＿＿ Mt. Fuji three times. （climb）

(2) Kaito has never ＿＿＿＿＿＿＿ this bike. （use）

(3) The boys have often ＿＿＿＿＿＿＿ judo. （practice）

 athletics：陸上競技　　swimming：水泳

3 次の日本文に合うように，＿＿に適する語を書きなさい。

(1) 私たちはいっしょにテニスをしたことがあります。

We ＿＿＿＿＿＿＿ ＿＿＿＿＿＿＿ tennis together.

(2) メグは以前，野生のサルを見たことがあります。

Meg ＿＿＿＿＿＿＿ ＿＿＿＿＿＿＿ wild monkeys before.

(3) 私は一度も北海道を訪れたことがありません。

I have ＿＿＿＿＿＿＿ ＿＿＿＿＿＿＿ Hokkaido.

🔍 **ミス注意**

過去形と現在完了形
- 過去形
  過去の一時点の行為を表す。
- 現在完了形
  現時点までの経験を表す。

4 （　）内の語句を加えて現在完了形の文に書きかえるとき，＿＿に適する語を書きなさい。

(1) I stayed in Venice.（once）

I ＿＿＿＿＿＿＿ ＿＿＿＿＿＿＿ in Venice once.

(2) Ms. Sato watched that movie.（a few times）

Ms. Sato ＿＿＿＿＿＿＿ ＿＿＿＿＿＿＿ that movie a few times.

UP (3) My sister didn't ski.（never）

My sister ＿＿＿＿＿＿＿ ＿＿＿＿＿＿＿ skied.

まるごと暗記

回数・頻度を表す語句
・once（1度，かつて）
・twice（2度）
・〜 times（〜度）
・many times（何度も）
・before（以前に）
・often（よく，しばしば）
・never（一度も〜ない）

5 〔　〕内の語句を並べかえて，日本文に合う英文を書きなさい。ただし，下線部の語を適する形になおすこと。

(1) 私は以前にあなたの歌を聞いたことがあります。

I〔 your song / before / have / to / <u>listen</u> 〕.

I ＿＿＿＿＿＿＿＿＿＿＿＿＿＿＿＿ .

(2) ジョシュは一度もコアラを見たことがありません。

〔 koalas / <u>see</u> / has / Josh / never 〕.

＿＿＿＿＿＿＿＿＿＿＿＿＿＿＿＿

(3) エミはどんなスポーツに興味がありますか。

〔 sports / what / interested / <u>be</u> / in / Emi 〕?

＿＿＿＿＿＿＿＿＿＿＿＿＿＿＿＿

得点力をUP

過去分詞の形
- 規則動詞：過去形と同じ形。
- 不規則動詞：1語1語異なる。see → seen

📝 **表現メモ**
- 「〜に興味がある」
  be interested in 〜

6 📦 **Word Box** （　）内の日本語を参考に，＿＿に適する語を書きなさい。

(1) Let's choose from the ＿＿＿＿＿＿＿ ＿＿＿＿＿＿＿ .

（下記のリストから）

(2) I saw a jet ＿＿＿＿＿＿＿ that mountain.

（あの山の上方に）

(3) I have seen that man ＿＿＿＿＿＿＿ ＿＿＿＿＿＿＿ .

（以前どこかで）

🔍 **ミス注意**

above と over
- above：離れて上の方にある様子。
- over：真上におおいかぶさっている様子。

解答　p.2

Unit 1　Sports for Everyone ②

読聞書話

教科書の 要点　現在完了形(経験用法)の疑問文　a03

肯定文　　I　have　　　seen the Paralympic Games once.

私はパラリンピックを一度見たことがあります。

疑問文　Have you　　ever seen the Paralympic Games?

> have[has] を主語の前に

> 「これまでに」

あなたはこれまでにパラリンピックを見たことがありますか。

— Yes, I have.

— はい，あります。

> have[has] で答える

否定文　No, I have not.　I have never seen them.

いいえ，ありません。私は一度も見たことがありません。

短縮形は haven't

> 「今までに一度も〜しない」

要点

● 「(これまでに)〜したことがありますか」は，現在完了形(経験用法)の疑問文で表す。

● 経験用法の疑問文は，〈Have[Has] ＋主語＋ (ever) ＋過去分詞〜?〉で表す。

● 答えるときは，〈Yes, 主語＋ have[has].〉や〈No, 主語＋ have[has] ＋ not.〉で表す。have not の短縮形は haven't，has not の短縮形は hasn't で表す。

プラス　「何回〜したことがありますか」と回数をたずねるときは，how many times を使う。

How many times have you visited Kyoto? — Twice.

あなたは何回京都を訪れたことがありますか。— 2回です。

Wordsチェック　次の英語は日本語に，日本語は英語になおしなさい。

□(1)　athlete　　　　（　　　　　　　　）　□(2)　match　　　　　（　　　　　　　　）

□(3)　[疑問文で] 今まで ＿＿＿＿＿＿＿　□(4)　インターネット　＿＿＿＿＿＿＿＿

1 絵を見て「これまでに〜したことがありますか」という文と，その答えの文を書きなさい。

(1)　you / visit　　(2)　he / see　　(3)　you / climb

ここが ポイント

現在完了形の疑問文
have[has] を主語の前に置く。答えるときは，Yes, 〜 have[has]. / No, 〜 have[has] not. で表す。

(1)　＿＿＿＿＿＿ you ever ＿＿＿＿＿＿ Sydney?

　　 — Yes , I ＿＿＿＿＿＿ .

(2)　＿＿＿＿＿＿ he ＿＿＿＿＿＿ ＿＿＿＿＿＿ the

　　movie? — No, he ＿＿＿＿＿＿ ＿＿＿＿＿＿ .

(3)　＿＿＿＿＿＿ you ＿＿＿＿＿＿

　　Mt. Fuji? — No, ＿＿＿＿＿＿ ＿＿＿＿＿＿ .

ミス注意

空所の数から短縮形を使うかどうか判断する。

have not → haven't
has not　→ hasn't

　seen と scene はどちらも [síːn] と発音するよ。

2 次の日本文に合うように，＿＿＿＿に適する語を書きなさい。

(1) 私は2度オーストラリアに行ったことがあります。

I ＿＿＿＿＿＿＿＿ ＿＿＿＿＿＿＿＿ to Australia twice.

(2) あなたはその場所のことを聞いたことがありますか。

Have you ＿＿＿＿＿＿＿＿ ＿＿＿＿＿＿＿＿ of the place?

(3) あなたは何回，スキーをしたことがありますか。

How ＿＿＿＿＿＿＿＿ ＿＿＿＿＿＿＿＿ have you skied?

(4) 私たちは彼を調査すべきです。

We should ＿＿＿＿＿＿＿＿ him ＿＿＿＿＿＿＿＿ .

表現メモ

● 「〜に行ったことがある」
  have[has] been to 〜
● 「〜について聞く」
  hear of 〜
● 「何回〜」
  How many times 〜？
● 「〜を調査する」
  check 〜 out

3 次の文を疑問文に書きかえ，（　）内の語を使って答えるとき，＿＿＿＿に適する語を書きなさい。

(1) Meg has eaten *ramen*. (Yes)

＿＿＿＿＿＿＿＿ Meg ever ＿＿＿＿＿＿＿＿ *ramen*?

— Yes, she ＿＿＿＿＿＿＿＿ .

(2) You have seen a white lion. (No)

＿＿＿＿＿＿＿＿ you ever ＿＿＿＿＿＿＿＿ a white lion?

— No, I ＿＿＿＿＿＿＿＿ . ＿＿＿＿＿＿＿＿ never seen it.

まるごと暗記

主語と have の短縮形
I have → I've
you have → you've
we have → we've

4 〔　〕内の語句を並べかえて，日本文に合う英文を書きなさい。ただし，下線部の語を適する形になおすこと。

(1) あなたはこれまでにテレビでテニスを見たことがありますか。

〔 tennis / ever / watch / you / on / have 〕TV?

＿＿＿＿＿＿＿＿＿＿＿＿＿＿＿＿＿＿＿＿＿ TV?

(2) デイビッドはこれまでに焼きそばを食べたことがありますか。

〔 David / eat / ever / fried noodles / has 〕?

＿＿＿＿＿＿＿＿＿＿＿＿＿＿＿＿＿＿＿＿＿

(3) あなたはロンドンに何回行ったことがありますか。

〔 times / be / have / you / many / how 〕to London?

＿＿＿＿＿＿＿＿＿＿＿＿＿＿＿＿ to London?

ことばメモ

on TV と on the internet
・「テレビで」は on TV で表す。TV の前には the をつけない。
・「インターネットで」は on the internet と the をつける。

WRITING Plus

次の各問いに，あなた自身の答えを英語で書きなさい。

(1) Have you ever been abroad?

＿＿＿＿＿＿＿＿＿＿＿＿＿＿＿＿＿＿＿＿＿

(2) How many times have you joined the school festival?

＿＿＿＿＿＿＿＿＿＿＿＿＿＿＿＿＿＿＿＿＿

解答　p.3

Unit 1 Sports for Everyone ③

読 聞
書 話

教科書の 要点 〈make ＋(代)名詞＋形容詞〉(SVOC)　

Playing sports　**makes**　**me**　**happy.**　スポーツをすることは私を幸せにします。

「～を…の状態にする」　(代)名詞　形容詞　me ＝ happy の関係

要点
- 〈make ＋ A (名詞・代名詞) ＋ B (形容詞)〉で「A (人・もの) をBの状態にする」という意味を表す。
- make のほかに keep もこの形をとる。
  - □ keep A B 「AをBの状態にしておく」
- **プラス**　make A B などの文の形では，Aは目的語(O)，Bは補語(C)の役割をしている。目的語と補語はイコールの関係になる。
  - **例** The letter　made　him　surprised.　その手紙は彼を驚かせました。
    主語　　動詞　目的語　補語 him(彼) ＝ surprised(驚いた)

Wordsチェック　次の英語は日本語に，日本語は英語になおしなさい。

□(1)　amazing　　　　　(　　　　　　　)　□(2)　uncomfortable　(　　　　　　　)

□(3)　前向きな　　　　＿＿＿＿＿＿＿　□(4)　有名な　　　　＿＿＿＿＿＿＿

□(5)　勝者，受賞者　　＿＿＿＿＿＿＿　□(6)　選手権，優勝　＿＿＿＿＿＿＿

1 絵を見て例にならい，「—は～を…にします[…にさせます]」という文を書きなさい。

he / happy　　Miki /tired　　they / excited　　Judy / sad

例　Listening to music makes him happy.

(1)　Cleaning the room ＿＿＿＿＿＿ Miki ＿＿＿＿＿＿ .

(2)　Watching soccer games ＿＿＿＿＿＿＿＿＿＿＿＿ .

(3)　The movie ＿＿＿＿＿＿＿＿＿＿＿＿＿＿＿＿＿ .

2 次の英文を日本語になおしなさい。

(1)　Singing the song makes me positive.

　　(　　　　　　　　　　　　　　　　　　　　)

(2)　Watching baseball games makes us excited.

　　(　　　　　　　　　　　　　　　　　　　　)

ことばメモ
気持ちを表す形容詞
- happy (うれしい)
- sad (悲しい)
- tired (疲れた)
- surprised (驚いた)
- excited (わくわくした)
- nervous (緊張して)
- positive (前向きの)
- lonely (さびしい)

famous も well-known も「有名な」という意味だよ。

3 次の朝美の授業での発表を読んで，あとの問いに答えなさい。

Wheelchair tennis is an exciting Paralympic sport. Japan has some really famous players.

One example is Kunieda Shingo.　He has ①(win) many world championships.　I watched some videos of his matches.　②私は彼の力とスピードに驚かされました。 However, Mr. Kunieda says, "Sometimes people say playing tennis in a wheelchair is amazing.　③It makes me uncomfortable.　We're ④(play) tennis just like other people."

(1)　①，④の（　）内の語を適する形にかえなさい。
①＿＿＿＿＿＿＿　④＿＿＿＿＿＿＿

(2)　下線部②の意味になるように，＿＿＿に適する語を書きなさい。
I ＿＿＿＿＿＿＿＿＿＿ ＿＿＿＿＿＿ at his power and speed.

(3)　下線部③の具体的な内容を日本語で書きなさい。
(　　　　　　　　　　　　　　　　　　　　　　　　　　　)

(4)　次の質問に３語の英文で答えなさい。
Are there any famous wheelchair tennis players in Japan?
— ＿＿＿＿＿＿＿＿＿＿＿＿＿＿＿＿

> **まるごと暗記**
> (2)「〜に驚かされる」
> be amazed at 〜

> **ここがポイント**
> (3)make A Bで「AをBの状態にする」という意味。

4 次の日本文に合うように，＿＿＿に適する語を書きなさい。

(1)　歌うことは子供たちを楽しくさせました。
Singing ＿＿＿＿＿＿＿ the children ＿＿＿＿＿＿＿.

(2)　私は努力し続けるつもりです。
I will ＿＿＿＿＿＿＿ ＿＿＿＿＿＿＿.

(3)　彼は私たちに歌の力を思い出させてくれます。
He ＿＿＿＿＿＿＿ us ＿＿＿＿＿＿＿ the power of songs.

> **まるごと暗記**
> ●「〜し続ける」
> 　keep 〜ing
> ●「〜に…を思い出させる」
> 　remind 〜 of …

5 〔　〕内の語句を並べかえて，日本文に合う英文を書きなさい。

(1)　私たちはあなたのアイディアに驚かされました。
〔 were / at / we / your idea / amazed 〕.

(2)　あなたは体を清潔に保っておくべきです。
〔 keep / clean / should / yourself / you 〕.

(3)　あの映画を見て私は心地が悪くなりました。
〔 made / uncomfortable / that movie / me 〕.

> **ここがポイント**
> 動詞から判断して日本語を言いかえる。
> (2)「体を清潔に保つ」→「あなた自身を清潔な状態にしておく」
> (3)「あの映画を見て私は心地が悪くなりました」→「あの映画は私を心地よくない状態にしました」

ステージ 1

Unit 1 Sports for Everyone ④

読 聞
書 話

教科書の 要点　SVOO（that 節）

♪ a05

Athletes	show	us	great performances.
主語	動詞	〈人〉	〈もの〉　名詞

アスリートたちは私たちにすばらしい演技を示してくれます。

Athletes	show	us	that anything is possible.
主語	動詞	〈人〉	〈もの〉　that＋主語＋動詞

アスリートたちはどんなことも可能だと私たちに示してくれます。

要点

● show, tell, teach などは〈動詞＋人＋もの〉の形で「（人）に（もの）を〜する」という意味を表す。
● 「もの」を表す部分に接続詞 that のまとまりを置いて，〈動詞＋人＋ that ＋主語＋動詞〜〉で「（人）に（〜ということ）を…する」という意味になる。
プラス 〈動詞＋人＋もの〉の「人」や「もの」は目的語（O）。主語（S）と動詞（V）を含めて，文の形を S V O O と表す。また，接続詞 that の作るまとまりを **that 節** という。

Wordsチェック　次の英語は日本語に，日本語は英語になおしなさい。

□(1) functional 　（　　　　　　　）　□(2) ordinary 　（　　　　　　　）

□(3) 意見，考え 　＿＿＿＿＿＿＿＿　□(4) 〜を支援する 　＿＿＿＿＿＿＿

□(5) （物事が）可能な 　＿＿＿＿＿＿　□(6) 〜を設立する 　＿＿＿＿＿＿＿

1 〔　〕内の語を並べかえて，日本文に合う英文を書きなさい。

(1) この記事は私たちに英語が重要であることを示しています。

〔 that / this / shows / article / English / us 〕 is important.

＿＿＿＿＿＿＿＿＿＿＿＿＿＿＿＿＿ is important.

(2) マイクは私に走るべきだと言いました。

Mike〔 me / I / told / should / that 〕 run.

Mike ＿＿＿＿＿＿＿＿＿＿＿＿＿＿＿ run.

(3) 私は彼女に数学がおもしろいということを教えました。

I〔 math / her / was / taught / interesting / that 〕.

I ＿＿＿＿＿＿＿＿＿＿＿＿＿＿＿＿＿ .

ここがポイント

〈動詞＋人＋that 〜〉
● 「（人）に（〜ということ）を示す」
　〈show＋人＋that 〜〉
● 「（人）に（〜ということ）を言う［話す，教える］」
　〈tell＋人＋that 〜〉
● 「（人）に（〜ということ）を教える）」
　〈teach＋人＋that 〜〉

2 次の日本文に合うように，＿＿＿に適する語を書きなさい。

(1) 私はその結果に満足しませんでした。

I wasn't ＿＿＿＿＿＿＿ ＿＿＿＿＿＿＿ the result.

(2) ますます多くの学生が留学しています。

＿＿＿＿＿＿＿ ＿＿＿＿＿＿＿ more students are

studying abroad.

表現メモ

●「〜に満足する」
　be satisfied with 〜
●「ますます多くの〜」
　more and more 〜

support, ordinary, sporty の下線部は，どれも [ɔːr] と発音するよ。

 ステージ **1** **Let's Write 1** 有名人への手紙 ―ファンレター― 読聞書話

解答 ▶ p.4

教科書の **要点** ファンレターでよく使われる表現　 a06

I am a big fan of yours.
「〜の大ファンです」　「〜のもの」の形
私はあなたの大ファンです。

Your songs are really awesome.
ものごと　　　　　　　「〜は最高です」
あなたの歌は本当に最高です。

Please write me back if you have time.
「〜に返事を書く」
もしお時間があればお返事を書いてください。

It will make me super happy!
「〜を…にする」　人　　　形容詞
そうしてもらえたらすごくうれしいです！

要点

● I が主語の文ばかり続けると文章が単調になる。〜 is[are] awesome.(〜は最高です)や，〜 makes me ….(〜は私を…にします)など，ものを主語にした文を加えると，表現が豊かになる。

● ファンレターではほかに，I am a big fan of 〜.(私は〜の大ファンです)や write 〜 back(〜に手紙の返事を書く)などをよく使う。

Wordsチェック　次の英語は日本語に，日本語は英語になおしなさい。

□(1) hopeful （　　　　　　　　　）　□(2) super （　　　　　　　　　）

□(3) 聴衆，観客 ＿＿＿＿＿＿＿＿＿　□(4) 明るい ＿＿＿＿＿＿＿＿＿

1 次の日本文に合うように，＿＿に適する語を書きなさい。

(1) 私はあなたの大ファンです。
　　I'm a big ＿＿＿＿＿＿ ＿＿＿＿＿＿ ＿＿＿＿＿＿.

(2) 近いうちに私に手紙の返事を書いてください。
　　＿＿＿＿＿＿ me ＿＿＿＿＿＿ soon, please.

(3) [手紙の結びの言葉] 万事うまくいきますように，
　　All ＿＿＿＿＿＿＿＿＿＿,

(4) あなたの言葉は私たちに希望を持たせてくれました。
　　Your words ＿＿＿＿＿＿ ＿＿＿＿＿＿ hopeful.

ミス注意

(1)「あなたの大ファン」は，a big fan of you ではなく，「〜のもの」を表す形(yours)がくる。

(4)〈make＋代名詞＋形容詞〉の形。動詞は過去形，代名詞は目的格を使う。

2 [　]内の語句を並べかえて，日本文に合う英文を書きなさい。

(1) 私はあなたのスピーチに感動しました。
　　[with / your / I / impressed / was / speech].

＿＿＿＿＿＿＿＿＿＿＿＿＿＿＿＿＿＿＿＿＿＿＿

(2) あなたはどうやって難問を乗りこえますか。
　　[a challenge / over / how / get / you / do]?

＿＿＿＿＿＿＿＿＿＿＿＿＿＿＿＿＿＿＿＿＿＿＿

 表現メモ

●「〜に感動する」
　be impressed with 〜

●「〜を乗りこえる」
　get over 〜

定着のワーク　ステージ **2** 　▶Unit 0 ▶Unit 1 ～ ▶Let's Write 1

解答　p.4

読聞書話

🎧 **1** LISTENING　対話を聞いて，内容に合う絵を選び，記号で答えなさい。　♪ l01

ア　New Zealand

イ　New Zealand

ウ　Australia

エ　Australia

（　　　）

2 次の動詞の過去分詞を書きなさい。

(1)　establish ＿＿＿＿＿＿　(2)　satisfy ＿＿＿＿＿＿

(3)　be ＿＿＿＿＿＿　(4)　speak ＿＿＿＿＿＿

よく出る **3** 次の日本文に合うように，＿＿＿に適する語を書きなさい。

(1)　どちらがあなたに当てはまりますか。

＿＿＿＿＿＿ ＿＿＿＿＿＿ to you?

(2)　私はテレビでよく映画を見ます。

I often watch movies ＿＿＿＿＿＿ ＿＿＿＿＿＿.

(3)　私たちはあなたのパワーに驚かされました。

We were ＿＿＿＿＿＿ ＿＿＿＿＿＿ your power.

4 〔　〕内の語句を並べかえて，日本文に合う英文を書きなさい。ただし，下線部の語は適する形になおすこと。

(1)　ケンは以前あなたのお母さんに会ったことがあります。

Ken〔 before / see / your mother / has 〕.

Ken ＿＿＿＿＿＿＿＿＿＿＿＿＿＿.

(2)　私たちは一度もお好み焼きを食べてみたことがありません。

〔 have / we / never / try 〕 *okonomiyaki.*

＿＿＿＿＿＿＿＿＿＿＿＿ *okonomiyaki.*

よく出る **5** 次の文を（　）内の指示にしたがって書きかえなさい。

(1)　A lot of people visit Kyoto.　（受け身の文に）

＿＿＿＿＿＿＿＿＿＿＿＿＿＿＿

(2)　Sara has eaten Sapporo ramen before.　（疑問文に）

＿＿＿＿＿＿＿＿＿＿＿＿＿＿＿

(3)　You have been to Nara twice.　（下線部をたずねる疑問文に）

重要ポイント

2 (2) satisfy は規則動詞。語尾の y に注意する。
(3)(4)不規則動詞。

3

得点力をUP

よく出る慣用表現
(1)疑問詞の主語は三人称単数扱い。
(2)「テレビで」on TV
(3)「〜に驚かされる」be amazed at 〜

4 現在完了形の文。
(1) see は不規則動詞。
(2) try は規則動詞。語尾の y に注意する。

5 (1) Kyoto を主語にする。

テストに出る！
(2)疑問文は〈Have [Has] ＋主語＋ever＋過去分詞〜?〉の形。
(3)回数をたずねるときは how many times を使う。

6 次のクイズ形式のレポートを読んで，あとの問いに答えなさい。

1. **How many languages are there?**
 – It is said that about ①7,000 different languages are spoken in the world.
 – ②About 80 percent of them are used by fewer than ③100,000 people.

2. **What is the most common first language?**
 – Chinese is used as a first language by the greatest number of people.
 – ④English is used by the third greatest number.

(1) 下線部①，③の読み方を，英語で書きなさい。
　①＿＿＿＿＿＿＿＿＿＿＿＿＿＿＿＿＿＿＿
　③＿＿＿＿＿＿＿＿＿＿＿＿＿＿＿＿＿＿＿

(2) 下線部②を，them の内容を明らかにして日本語になおしなさい。
　（　　　　　　　　　　　　　　　　　　　）

(3) 下線部④を，文末に省略されている語句の意味も明らかにして，日本語になおしなさい。
　（　　　　　　　　　　　　　　　　　　　）

(4) 次の質問に答えるとき，＿＿に適する語を書きなさい。
　What language do the greatest number of people use as a first language? — They use ＿＿＿＿＿＿.

7 次の対話が成り立つように，＿＿に適する語を書きなさい。

(1) A: What makes your brother happy?
　B: Playing video games ＿＿＿＿＿ ＿＿＿＿＿ happy.

(2) A: Has your sister ever been to the library?
　B: Yes, ＿＿＿＿＿ ＿＿＿＿＿.

(3) A: What does Ms. Brown often tell you?
　B: She often tells me ＿＿＿＿＿ anything is possible.

8 次の日本文を英語になおしなさい。

よく出る(1) ここでは日本語が話されています。
　＿＿＿＿＿＿＿＿＿＿＿＿＿＿＿＿＿＿＿

(2) 私たちはあなたのおじさんに何度も会ったことがあります。
　＿＿＿＿＿＿＿＿＿＿＿＿＿＿＿＿＿＿＿

(3) この本は私たちに地球が大切なことを示しています。
　＿＿＿＿＿＿＿＿＿＿＿＿＿＿＿＿＿＿＿

ちょっとBREAK　happy の反意語は sad だね。では，early の反意語は何でしょう？　➡答えは次のページ

重要ポイント

6 (1) 100 は hundred，1,000 は thousand で表す。

(2) them は，すぐ前の文の about 7,000 different languages を指している。

(3) 前の文に the greatest number of people とある。

(4) the greatest number of people は「最大数の人々」という意味。

7 (1) A は「何があなたのお兄[弟]さんを楽しくさせますか」という意味。

(2) 現在完了形の疑問文には have[has] を使って答える。

(3) A は「ブラウン先生は何をあなたによく言いますか」という意味。B は〈tell＋人＋もの〉の「もの」の部分に文がくる形。

8 (1)「日本語」を主語にする。by のない受け身。

(2)「何度も」は many times。

(3)「地球」は the Earth。

実力判定テスト　ステージ3　Unit 0 〉Unit 1 〜 Let's Write 1　30分　/100　読聞書話

1 LISTENING 対話と質問を聞いて，その答えとして適するものを1つ選び，記号で答えなさい。　102　2点×3(6点)

(1)　ア　Yes, she did.　　　イ　No, she didn't.
　　ウ　Yes, she has.　　　エ　No, she has not.　　（　　）

(2)　ア　Twice.　イ　Three times.　ウ　Once.　エ　Many times.　（　　）

(3)　ア　Playing sports does.　　イ　Reading comic books about sports does.
　　ウ　Watching sports does.　　エ　Drawing comic books does.　（　　）

2 次の文の＿＿に，（ ）内の語を適する形にかえて書きなさい。　2点×4(8点)

(1)　Volunteers are ＿＿＿＿＿＿ many children.　(support)

(2)　A lot of homework ＿＿＿＿＿＿ me super tired last week.　(make)

(3)　English is ＿＿＿＿＿＿ in this country.　(speak)

(4)　Have you ever ＿＿＿＿＿＿ such a beautiful song?　(hear)

3 次の日本文に合うように，＿＿に適する語を書きなさい。　3点×5(15点)

(1)　トム(Tom)はインターネットでその記事を調査しました。
　　Tom ＿＿＿＿ the article ＿＿＿＿ ＿＿＿＿ the internet.

(2)　ベス(Beth)は難問を乗りこえました。
　　Beth ＿＿＿＿ ＿＿＿＿ a difficult challenge.

(3)　あなたは今までにオーストラリアに行ったことがありますか。
　　＿＿＿＿ you ＿＿＿＿ ＿＿＿＿ to Australia?

(4)　アン(Ann)はあなたのスピーチに満足しました。
　　Ann ＿＿＿＿ ＿＿＿＿ ＿＿＿＿ your speech.

(5)　ますます多くの人々がその国を訪れるでしょう。
　　＿＿＿＿ ＿＿＿＿ ＿＿＿＿ people will visit the country.

4 次の文を（ ）内の指示にしたがって書きかえなさい。　3点×4(12点)

(1)　I played video games.　（「何度も〜したことがあります」という文に）

(2)　You can see many flowers in this park.　（受け身の文に）

(3)　Mr. Toda has tried scuba diving a few times.　（下線部をたずねる疑問文に）

(4)　When I read the book, I got happy.　（The book を主語にして同じ内容を表す文に）

ちょっとBREAKの答え　early は「早く」だから，反意語は「遅く」を表す late だよ。

目標 ●経験を表す現在完了形，SVOC，that 節がくる SVOO の形と使い方を理解しましょう。

自分の得点まで色をぬろう！

| 0 | | 60 | 80 | 100点 |

😣がんばろう　😐もう一歩　😊合格！

5 次の朝美とジョシュの対話文を読んで，あとの問いに答えなさい。 (計28点)

Asami: Have you ever ①(see) the Paralympic Games?

Josh: Yes, I have.

Asami: Have you been to a Paralympic event?

Josh: No, I haven't, but ②I've watched lots of wheelchair tennis matches on TV. I'm a big fan of Kunieda Shingo.

Asami: Who's Kunieda Shingo?

Josh: He's a great athlete. He's one of the ③(good) wheelchair tennis players in the world.

(1) ①，③の（　）内の語を適する形にかえなさい。 3点×2（6点）

　①＿＿＿＿＿＿＿　③＿＿＿＿＿＿＿

(2) 下線部②を日本語になおしなさい。 (6点)

　（　　　　　　　　　　　　　　　　　　　　　　　　　　　　）

(3) 次の文が本文の内容と合っていれば○，異なっていれば×を書きなさい。 4点×4（16点）

　１．Josh has never been to Paralympic events. （　　　）

　２．Asami knew about Kunieda Shingo. （　　　）

　３．Josh likes Kunieda Shingo very much. （　　　）

　４．Josh says that Kunieda Shingo is a great athlete. （　　　）

6 〔　〕内の語句を並べかえて，日本文に合う英文を書きなさい。 5点×2（10点）

(1) 彼女の歌は私を前向きでいさせてくれます。 〔 me / her / positive / keep / songs 〕.

(2) 父はよく私に練習が大切だと言います。
　〔 tells / is / important / often / that / practice / me / my father 〕.

7 次の日本文を英語になおしなさい。 7点×3（21点）

よく出る (1) 私は一度も外国を訪れたことがありません。 （foreign を使って）

(2) あなたは何回キャンプをしたことがありますか。

(3) あの山には美しい湖(lake)があると言われています。

確認のワーク　ステージ 1　Unit 2　Haiku in English ①

読 聞
書 話

教科書の 要点　現在完了形（完了用法）　♪ a07

肯定文　I have just finished my homework.
　　　　　　　　[「ちょうど」]　〈have[has]＋過去分詞〉　「〜したところです」

私はちょうど宿題を終え
たところです。

疑問文　Have you　　　　　finished your homework yet?
　　　　[have[has] を主語の前に]　　　　　　　　　　　[「もう」]

あなたはもう宿題を終え
ましたか。

　　　— Yes, I have.　I have already finished it.
　　　　[have[has] を使って答える]　　[「すでに」]

— はい。私はすでにそれ
を終えました。

　　　No, I haven't.　I haven't　　finished it yet.
　　　　　= have not　　　　　　　　　　　　　[「まだ」]

いいえ。私はまだそれ
を終えていません。

要点
●「〜したところです」と動作の完了を表すときは，〈have[has]＋過去分詞〉を使う。これを現在完
　了形の完了用法という。疑問文は have[has] を主語の前に置き，否定文は have[has] not で表す。
●完了用法の肯定文では just（ちょうど）や already（すでに），疑問文や否定文では yet（もう，ま
　だ）がよく使われる。

Words チェック　次の英語は日本語に，日本語は英語になおしなさい。
□(1)　[疑問文で] yet　（　　　　　　　）　□(2)　[否定文で] yet　（　　　　　　　）
□(3)　眠る，寝ている　＿＿＿＿＿　□(4)　ちょうど，たった今　＿＿＿＿＿
□(5)　すでに，もう　＿＿＿＿＿　□(6)　read の過去分詞　＿＿＿＿＿

1　絵を見て例にならい，「ちょうど〜したところです」という文を書きなさい。

例　I have just eaten my lunch.
(1)　I have just ＿＿＿＿＿ my homework.
(2)　We ＿＿＿＿＿＿＿＿＿ the classroom.
(3)　Aya ＿＿＿＿＿＿＿＿＿ the book.

ここが ポイント
現在完了形（完了用法）
「〜したところです」
「〜してしまいました」と
動作の完了を表す。

2　次の文の ＿ に，（ ）内の語を適する形にかえて書きなさい。
(1)　I have already ＿＿＿＿＿ English.　(study)
(2)　Sara has just ＿＿＿＿＿ her breakfast.　(cook)
(3)　Have you ＿＿＿＿＿ of Mr. Toda yet?　(hear)

思い出そう
(3)hear of 〜
「〜について聞く」

🐢 read の過去分詞は原形と同じつづりの read。でも，発音は [ríːd] → [réd] と変化するよ。

❸ （　）内の語を入れるのに適する位置を∧で示しなさい。また，英文を日本語になおしなさい。

(1)　The party has started.　（just）

（　　　　　　　　　　　　　　　　　　　　　　　）

(2)　She has checked those boxes.　（already）

（　　　　　　　　　　　　　　　　　　　　　　　）

(3)　I haven't washed the dishes.　（yet）

（　　　　　　　　　　　　　　　　　　　　　　　）

❹ 次の日本文に合うように，＿＿に適する語を書きなさい。

(1)　あなたが電話をくれたとき，私は寝ていました。

I was ＿＿＿＿＿＿ when you ＿＿＿＿＿＿ me.

(2)　あなたの俳句を読むのが待ちきれません。

I can't wait ＿＿＿＿＿＿ ＿＿＿＿＿＿ your haiku.

(3)　スピーチをするのは難しいです。

＿＿＿＿＿＿ to make a speech.

❺ 次の文を疑問文に書きかえ，（　）内の語を使って答えるとき，＿＿に適する語を書きなさい。

(1)　Tom has already taken a shower.　（Yes）

＿＿＿＿＿＿ Tom taken a shower ＿＿＿＿＿＿？

— Yes, he ＿＿＿＿＿＿.

(2)　You have already finished your lunch.　（No）

＿＿＿＿＿＿ you finished your lunch ＿＿＿＿＿＿？

— No, I ＿＿＿＿＿＿.　I haven't finished it ＿＿＿＿＿＿.

❻ 〔　〕内の語句を並べかえて，日本文に合う英文を書きなさい。ただし，下線部の語を必要なら適する形になおすこと。

(1)　そのバスはすでに駅に着いています。

〔 the station / the bus / arrive at / already / has 〕.

(2)　子供たちはもう宿題を終えましたか。

〔 finish / yet / their homework / have / the children 〕?

(3)　私はみんなの俳句をまだ読んでいません。

〔 not / yet / I've / haiku / everyone's / read 〕.

  **Unit 2** **Haiku in English ②**

解答　p.7

読聞
書話

教科書の 要点　現在完了形（継続用法）

♪ a08

肯定文　　　　　　　　I　have　lived in Japan for five years.
「ずっと〜しています」
私は 5 年間ずっと日本に住んでいます。

疑問文　How long have you　　　lived in Japan?　あなたはどのくらい長く日本に住んで
「どのくらい長く」　　　　　　　　　　　　　　いますか。

— For five years.　　　　　　　　　　—5 年間です。
期間を答える　for 〜「〜の間」

要点

● 「（ずっと）〜しています」と，過去から現在まである状態が続いていることを表すときは，
〈have[has] ＋過去分詞〉を使う。これを現在完了形の継続用法という。
● 疑問文は have[has] を主語の前に置く。「どのくらい長く」と期間をたずねるときは，how long で
文を始め，for（〜の間）や since（〜以来）などで具体的な期間を答える。

Words チェック　次の英語は日本語に，日本語は英語になおしなさい。

□(1)　image　　　　　（　　　　　　　　　）　　□(2)　poet　　　　　（　　　　　　　　　）
□(3)　〜（して）以来　＿＿＿＿＿＿＿＿　　□(4)　好奇心の強い　＿＿＿＿＿＿＿＿
□(5)　bring の過去形　＿＿＿＿＿＿＿＿　　□(6)　はじめて（1 語）＿＿＿＿＿＿＿＿

① 絵を見て例にならい，「2 年間ずっと〜しています」という文を書きなさい。

| play the piano | play soccer | study Japanese | practice judo |

例　I have played the piano for two years.

(1)　I ＿＿＿＿＿＿＿＿＿＿＿＿＿ soccer for two years.

(2)　Mr. Brown ＿＿＿＿＿＿＿＿＿＿＿＿ for two years.

(3)　We ＿＿＿＿＿＿＿＿＿＿＿＿＿＿＿＿ .

ここがポイント

現在完了形（継続用法）
「ずっと〜している」と
状態の継続を表す。

② 次の（　）内から適する語句を選んで，○で囲みなさい。

(1)　A tall tree has stood over there (for / since) ten years.

(2)　Mr. Baker has had a headache (for / since) yesterday.

(3)　You have looked tired since (five days / last week).

(4)　How (many / long) have you wanted a new bike?

ここがポイント

for 〜と since 〜
・〈for＋期間を表す語句〉
「〜の間」
・〈since＋過去のある時
（起点）を表す語句〉「〜
（して）以来」

 first は「1 番め（の），最初（の）」という意味のほかに，「はじめて」という意味もあるよ。

3 ( )内の語句を加えて現在完了形の文に書きかえるとき，＿＿＿に適する語を書きなさい。

(1) I know you. （for five years）

I ＿＿＿＿＿＿ ＿＿＿＿＿＿ you for five years.

(2) Aki loves kimono. （since she was a child）

Aki ＿＿＿＿＿＿ ＿＿＿＿＿＿ kimono since she was a child.

(3) Are you in the library? （since this morning）

＿＿＿＿＿＿ you ＿＿＿＿＿＿ in the library since this morning?

ことばメモ

since の種類
since には前置詞と接続詞がある。
・前置詞
〈since＋名詞〉
・接続詞
〈since＋主語＋動詞～〉

4 次の対話が成り立つように，＿＿＿に適する語を書きなさい。

(1) A: ＿＿＿＿＿＿ Tom been sick ＿＿＿＿＿＿ a week?

B: Yes, he has.

(2) A: Have you stayed here since last month?

B: ＿＿＿＿＿＿ , I ＿＿＿＿＿＿ . Since yesterday.

(3) A: ＿＿＿＿＿＿ ＿＿＿＿＿＿ have you had a dog?

B: Since last year.

思い出そう

現在完了形の疑問文と答え方
疑問文は have[has] を主語の前に置く。答えるときは、Yes, ～ have[has]. / No, ～ haven't[hasn't]. を使う。

5 〔 〕内の語句を並べかえて，日本文に合う英文を書きなさい。ただし，下線部の語を必要なら適する形になおすこと。

(1) 私たちは10年来の知り合いです。

〔 each other / have / for / <u>know</u> / ten years / we 〕.

(2) あなたはいつから新車をほしいと思っていますか。

〔 have / <u>want</u> / a new car / you / how long 〕?

(3) 私はその本を読んでからずっとあなたのファンです。

〔 your fan / I / I've / <u>read</u> / since / <u>be</u> 〕 the book.

＿＿＿＿＿＿ the book.

ことばメモ

原形 - 過去形 - 過去分詞
know – knew – known
read – read – read
am/is
are – was
were – been

WRITING Plus

次の各問いに，あなた自身の答えを英語で書きなさい。

(1) Have you lived in your town for more than ten years?

(2) How long have you studied English?

  Unit 2 Haiku in English ③

解答 p.8

読聞
書話

教科書の 要点 現在完了進行形 a09

| 現在進行形 | I　**am**　**reading** a book now. | 私は今, 本を読んでいます。 |

〈be動詞＋動詞のing形〉 「〜しています」

| 現在完了進行形 | I **have been** reading a book since 10 a.m. | 私は午前10時からずっと本を読んでいます。 |

〈have[has] been ＋動詞のing形〉 「ずっと〜しています」

要点
● 過去のある時から現在まで「ずっと〜しています」と言うときは, 現在進行形と現在完了形を組み合わせて,〈have[has] been ＋動詞の ing 形〉で表す。この形を現在完了進行形という。

プラス 現在完了進行形は動作を表す動詞に使い, 状態を表す動詞にはふつう使わない。
動作を表す動詞 play, read, run, speak, study, walk, eat,「食べる」の意味の have など
状態を表す動詞 like, love, want, know,「持っている」の意味の have など

Wordsチェック 次の英語は日本語に, 日本語は英語になおしなさい。

□(1)　line　　　　　（　　　　　　　）　□(2)　poem　　　　　（　　　　　　　）

□(3)　〜を含む　　　＿＿＿＿＿＿　□(4)　リズム, 調子　　＿＿＿＿＿＿

□(5)　you have の短縮形　＿＿＿＿＿＿　□(6)　write の過去分詞　＿＿＿＿＿＿

1 絵を見て例にならい,「1時間ずっと〜しています」という文を書きなさい。

 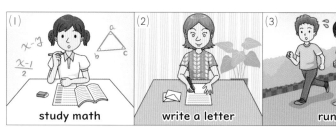

例　I've been practicing the guitar for an hour.

(1)　I've ＿＿＿＿＿＿＿ ＿＿＿＿＿＿＿ math for an hour.

(2)　Jane ＿＿＿＿＿＿＿＿＿＿＿ a letter for an hour.

(3)　They ＿＿＿＿＿＿＿＿＿＿＿＿＿ an hour.

ここがポイント
現在完了進行形
〈have[has] been ＋動詞の ing形〉で「ずっと〜している」と過去のある時から現在まで動作が続いていることを表す。

2 次の英文を日本語になおしなさい。

(1)　Meg has been watching TV for two hours.

（　　　　　　　　　　　　　　　　）

(2)　Mr. Sato has lived in Osaka since he was five years old.

（　　　　　　　　　　　　　　　　　）

poem, only, most は, [ou] と発音するよ。

③ 次のメグと父親の対話文と本の一部の英文を読んで，あとの問いに答えなさい。

Father: What are you reading, Meg?　You've been reading that since 10 a.m.

Meg:　It's a book about haiku. It's a little difficult, but it's interesting.　Look.

> Haiku have been an important part of Japanese culture since the Edo period.　Japanese people have been writing haiku ①何世紀も .
> ②Haiku are different from traditional English poems.

(1)　下線部①を２語の英語になおしなさい。

_____

(2)　下線部②を日本語になおしなさい。

(　　　　　　　　　　　　　　　　　　　)

(3)　次の文が本文の内容と合っていれば○，異なっていれば×を書きなさい。

１．Meg is writing haiku now.　　　　　　　　（　　）

２．Meg is interested in the book about haiku.（　　）

３．Haiku became an important part of Japanese culture in the Edo period.　　　　　　　　　（　　）

(4)　本文の内容に合うように，次の質問に３語の英語で答えなさい。
How long has Meg been reading the book about haiku?

― _____

④　〔　〕内の語句を並べかえて，日本文に合う英文を書きなさい。
ただし，下線部の語を適する形になおすこと。

(1)　２日間ずっと雪が降っています。

〔 for / it / been / <u>snow</u> / two days / has 〕.

_____

(2)　私は正午からずっと音楽を聞いています。

〔 have / <u>listen to</u> / been / I / since / music 〕 noon.

_____ noon.

⑤ 次の英語を日本語になおしなさい。

(1)　the Meiji period　（　　　　　　）　(2)　five syllables　（　　　　　　）

(3)　seasonal word　（　　　　　　）　(4)　on the other hand　（　　　　　　）

ことばメモ

(1)〈for＋時間を表す言葉の複数形〉
for hours「何時間も」
for days「何日間も」
for years「何年間も」

まるごと暗記

(2)be different from ～
「～とはちがっている」

思い出そう

(4)How long ～?は，期間をたずねる文。

表現メモ

(1)「ずっと雪が降っています」は，It snows ～. を現在完了進行形にして表す。

(2)「正午から」は since noon。「夜の12時〔真夜中〕から」なら since midnight で表す。

解答　p.9

確認のワーク　ステージ1　**Unit 2** Haiku in English ④

教科書の 要点 「いつも〜とは限らない」,「〜だけでなく…も」など ♪ a10

For example, a seasonal word is **not always** necessary.

「いつも〜とは限らない」　　例えば，季語はいつも必要とは限りません。

Haiku in English are **not only** easy to write, **but also** easy to read.

「Aだけでなく」　　　　A　　　　「Bも」　　　　B

英語での俳句は書くのが簡単なだけでなく，読むのも簡単です。

There are **so** many sites **that** you can even find birthday haiku or pop culture haiku.

「とても〜なので」　形容詞+名詞　「…だ」　主語　　　　動詞

とても多くのサイトがあるので，誕生日の俳句や大衆文化の俳句を見つけることさえできます。

要点

● not always 〜 は「いつも[必ずしも]〜とは限らない」という意味を表す。
● not only 〜 but (also) …は「〜だけでなく…もまた」という意味を表す。
●〈so ＋形容詞[副詞] ＋ that ＋主語＋動詞…〉は「とても〜なので…だ」という意味を表す。

Wordsチェック　次の英語は日本語に，日本語は英語になおしなさい。

□(1)　less　　　　　（　　　　　　）　　□(2)　quite　　　（　　　　　　）
□(3)　実は，本当は　＿＿＿＿＿　　□(4)　（否定文で）〜もまた　＿＿＿＿＿
□(5)　厳しい　　　　＿＿＿＿＿　　□(6)　become の過去分詞　＿＿＿＿＿

よく出る ① 次の日本文に合うように，＿＿＿に適する語を書きなさい。

(1)　サラも外国に行ったことがありません。

Sara has ＿＿＿＿＿ been abroad, ＿＿＿＿＿.

(2)　大衆音楽は必ずしも人気があるとは限りません。

Pop music ＿＿＿＿＿ ＿＿＿＿＿ popular.

(3)　とても暑かったので私は泳ぎに行きました。

It was ＿＿＿＿＿ hot ＿＿＿＿＿ I went swimming.

表現メモ
●「外国に[へ，で]」
abroad
●「大衆音楽」
pop music
●「泳ぎに行く」
go swimming

② 〔　〕内の語句を並べかえて，日本文に合う英文を書きなさい。

(1)　俳句は私にとって魅力的になっています。

〔 become / haiku / to / attractive / have 〕me.

＿＿＿＿＿＿＿＿＿＿ me.

(2)　ビルは英語だけでなく日本語も話します。

〔 but also / not only / speaks / English / Bill 〕Japanese.

＿＿＿＿＿＿＿＿＿＿ Japanese.

まるごと暗記
●「〜になる」
〈become ＋形容詞[名詞]〉
●「〜だけでなく…もまた」
not only 〜 but (also) …

either, Japanese, seasonal, easy の下線部は，どれも [iː] と発音するよ。

解答 ▶ p.9

Let's Talk 1 はじめての出会い ― 歓迎する ― 読 聞 書 話

Unit 2 ~ Let's Talk 1

教科書の 要点　初対面でよく使われる表現　 ♪a11

Welcome to our school, Mr. Baker.　ベイカー先生，私たちの学校へようこそ。
　└「~へようこそ」

We've been looking forward to your class.　私たちは先生の授業をずっと楽しみに
we have の短縮形　　　　　　　　　　　　　　　　　待っています。
　　　　└「~を楽しみに待つ」

要点
- ●「~へようこそ」と歓迎するときは，Welcome to ~. を使う。
- ●look forward to ~は「~を楽しみに待つ」という意味。現在進行形の文や現在完了進行形の文でよく使われる。

Wordsチェック　次の英語は日本語に，日本語は英語になおしなさい。

□(1) goodbye　　　　（　　　　　　　　）　□(2) later　　　　（　　　　　　　　）

□(3) 自由な，束縛されない ＿＿＿＿＿＿　□(4) we have の短縮形 ＿＿＿＿＿＿

1 次の日本文に合うように，＿＿＿に適する語を書きなさい。

(1) マイク，どうぞ楽にしてください。
　＿＿＿＿＿＿ ＿＿＿＿＿＿ at home, Mike.

(2) それを聞いて私はうれしいです，アン。
　I'm glad ＿＿＿＿＿＿ ＿＿＿＿＿＿ that, Ann.

(3) スキーをするのははじめてですか。
　Is this your first ＿＿＿＿＿＿ ＿＿＿＿＿＿?

(4) 私たちの家へようこそ。
　＿＿＿＿＿＿ ＿＿＿＿＿＿ our home.

表現メモ
- ●「どうぞ楽にしてください」
Make yourself at home.
- ●「~するのははじめてですか」
Is this your first time ~ing?
- ●「~へようこそ」
Welcome to ~.

2 〔　〕内の語句を並べかえて，日本文に合う英文を書きなさい。

(1) 私たちは今度の日曜日をずっと楽しみに待っています。
　〔 to / we've / forward / next Sunday / looking / been 〕.

　＿＿＿＿＿＿＿＿＿＿＿＿＿＿＿＿＿＿＿＿＿＿＿

(2) 何か必要なものがあれば遠慮なく言ってください。
　Feel 〔 there's / free / if / me / to / tell / anything 〕 you
need.
　Feel ＿＿＿＿＿＿＿＿＿＿＿＿＿＿＿＿＿＿＿＿＿＿
you need.

がんばろう！

まるごと暗記
- ●「~を楽しみに待つ」
look forward to ~
- ●「遠慮なく~する」
feel free to ~

Grammar for Communication 1 現在完了形と現在完了進行形

まとめ

① 現在完了形
- 〈have[has] ＋過去分詞〉の形を現在完了形という。
- 否定文は have[has] のあとに not や never を置く。
- 疑問文は主語の前に have[has] を置く。答えるときは have[has] を使って答える。
- 現在完了形には，経験用法，完了用法，継続用法の３つの使い方がある。

② 現在完了形・経験用法
- 経験用法は「〜したことがあります」という意味を表す。
- 否定文は〈have[has] never ＋過去分詞〉で「一度も〜したことがない」という意味を表す。
- 疑問文は〈Have[Has] ＋主語＋(ever ＋) 過去分詞〜?〉で「(これまでに)〜したことがありますか」という意味を表す。

| 肯定文 | | I | have | | climbed Mt. Fuji four times. |

| 肯定文 | | I | have | been | to Kobe before. | have been to 〜 「〜へ行ったことがある」 |

| 否定文 | | I | have never | climbed Mt. Fuji. |

疑問文 Have you [　] ever climbed Mt. Fuji? — Yes, I have. / No, I have not.

③ 現在完了形・完了用法
- 完了用法は「〜したところです」という意味を表す。
- 肯定文では just や already がよく使われる。否定文，疑問文では yet がよく使われる。

肯定文 I have already eaten my lunch.

否定文 I have not eaten my lunch yet.

疑問文 Have you [　] eaten your lunch yet?

　　　　— Yes, I have. / No, I have not.

- just「ちょうど」 ・already「すでに」
- yet [否定文]「まだ(〜しない)」
　　　[疑問文]「もう，すでに」

④ 現在完了形・継続用法／現在完了進行形
- 継続用法は「〜しています」という意味を表す。
- 継続用法の疑問文では how long(どのくらい長く)がよく使われる。
- ある動作が過去のある時からずっと続いているときは，have[has] been 〜ing で表す。この形を現在完了進行形という。
- 現在完了形の継続用法や，現在完了進行形では，for や since がよく使われる。

肯定文 I have lived in Tokyo for seven years.

疑問文 How long have you lived in Tokyo? — For seven years.

現在完了進行形 Emi has been playing tennis for an hour.

- for「〜の間」
- since「〜(して)以来」

練習 ----------

1 次の文の（　）内から適する語を選んで，○で囲みなさい。

(1) Mike and I (were / have / has) been good friends for five years.

(2) We have (now / then / just) cleaned our classroom.

(3) Mr. Baker has written haiku (before / times / ever).

(4) How (much / many / long) has Emma stayed in New York? — Since last Friday.

2 次の日本文に合うように，＿＿＿に適する語を書きなさい。

各用法で使われる語句に注意しよう。

(1) 私はビルを2020年から知っています。

I've ＿＿＿＿＿＿ Bill ＿＿＿＿＿＿ 2020.

(2) ケイコはすでに宿題を終えています。

Keiko has ＿＿＿＿＿＿ ＿＿＿＿＿＿ her homework.

(3) あなたはこれまでにその祭りのことを聞いたことがありますか。

Have you ＿＿＿＿＿＿ ＿＿＿＿＿＿ of the festival?

(4) ケンは2時間ほどずっと本を読んでいます。

Ken has ＿＿＿＿＿＿ a book ＿＿＿＿＿＿ about two hours.

3 次の対話が成り立つように，＿＿＿に適する語を書きなさい。

(1) A: ＿＿＿＿＿＿ you been busy since last week?

B: No, I haven't. ＿＿＿＿＿＿ yesterday.

(2) A: How ＿＿＿＿＿＿ ＿＿＿＿＿＿ has Mr. Toda ＿＿＿＿＿＿ to the U.S.?

B: Twice.

(3) A: ＿＿＿＿＿＿ Mike ＿＿＿＿＿＿ tennis in the park?

B: Yes, he is.　He has ＿＿＿＿＿＿ playing tennis with Taro for three hours.

4 次の英文を日本語になおしなさい。

(1) I've never seen your father.

(　　　　　　　　　　　　　　　　　　　　　　　　　　　　）

(2) Meg has just washed the dishes.

(　　　　　　　　　　　　　　　　　　　　　　　　　　　　）

(3) We've been practicing basketball since 7 a.m.

(　　　　　　　　　　　　　　　　　　　　　　　　　　　　）

5 次の文を（　）内の指示にしたがって書きかえなさい。

(1) I've read this article.　（6語で「まだ〜していません」という否定文に）

(2) The bus has arrived at the stop.　（「もう〜しましたか」という疑問文に）

(3) Your father has visited China a few times.　（下線部をたずねる疑問文に）

解答 p.10

定着のワーク ステージ2　Unit 2 〜 Grammar for Communication 1　読 聞 書 話

1 LISTENING 対話を聞いて，内容に合う絵を選び，記号で答えなさい。 ♪ I03

ア　Aki　イ　ウ　エ

（　　　　）

2 次の動詞の過去分詞を書きなさい。

(1)　read _____　(2)　teach _____

(3)　write _____　(4)　become _____

3 次の日本文に合うように，　　　に適する語を書きなさい。

(1)　私の考えはあなたのとはちがっています。

　　My idea is _____ _____ yours.

(2)　俳句は必ずしも難しいとは限りません。

　　Haiku are _____ _____ difficult.

(3)　質問があれば遠慮なく聞いてください。

　　_____ _____ to ask me any questions.

4 〔　〕内の語を並べかえて，日本文に合う英文を書きなさい。ただし，下線部の語は適する形になおすこと。

(1)　私はケンと8年来の知り合いです。

　　I〔 Ken / for / <u>know</u> / years / have / eight 〕.

　　I _____.

(2)　エマはたった今，新しいバッグを買いました。

　　Emma〔 new / just / has / a / <u>buy</u> / bag 〕.

　　Emma _____.

5 次の文を（　）内の指示にしたがって書きかえなさい。

(1)　We're playing baseball.（since this morning を加えて）

　　_____

(2)　Mike has already finished his breakfast.（否定文に）

　　_____

(3)　You've stayed here <u>for a week</u>.（下線部をたずねる疑問文に）

重要ポイント

2 すべて不規則動詞。(1)の read は，つづりが同じでも発音が異なることに注意する。

3

得点力を UP

●「〜とはちがっている」
be different from 〜

●「必ずしも〜とは限らない」
not always 〜

●「遠慮なく〜する」
feel free to 〜

4 (1) know は不規則動詞。過去分詞は ed 形ではない。

(2) buy は不規則動詞だが，過去形と過去分詞は同じ形。

5

テストに◎出る!

現在完了進行形
〈have[has] been＋動詞の ing 形〉

(2)「まだ〜ない」

(3)「どのくらい長く」

6 次のメグと海斗のメッセージのやりとりを読んで，あとの問いに答えなさい。

【From Meg, on Saturday evening】

Hey.　I've finished my English homework.

Have you finished ①yours yet?

②I can't wait to read everyone's haiku.

　　【From Kaito, on Sunday morning】

　　Hi.　I've just read your message.

　　I was sleeping when it came.

(1)　下線部①の具体的な内容を 3 語の英語で書きなさい。

_____

(2)　下線部②を日本語になおしなさい。

（ _____ ）

(3)　本文の内容に合うように，_____ に適する語を書きなさい。

　　Meg sent a message to Kaito on _____ evening,

　　but he read it on _____ morning.

(4)　次の質問に答えるとき，_____ に適する語を書きなさい。

　　Why did Kaito write back to Meg the next day?

　　— _____ he was sleeping _____ her

　　message came.

7 次の対話が成り立つように，_____ に適する語を書きなさい。

レベルUP (1)　*A*: What are you doing, Tom?

　　B: _____ _____ studying since 3 p.m.

(2)　*A*: _____ Mika washed the car _____ ?

　　B: Yes, she has.

レベルUP (3)　*A*: Have you _____ been to the park?

　　B: Yes, I have.　I _____ there last month.

8 次の日本文を英語になおしなさい。

(1)　私はとても疲れていたので早く帰宅しました。

_____

よく出る (2)　父は一度も沖縄を訪れたことがありません。

_____

(3)　佐藤先生(Ms. Sato)はピアノだけでなくギターも弾きます。

_____

Unit 2 ～ Grammar for Communication 1

重要ポイント

6 (1)前の文に注目。

(2) wait to ～は「～するのを待つ」という意味。

(3)時を表す語句に注目。

(4)質問は「海斗はなぜ次の日にメグに返事を書いたのですか」という意味。

7 (1)現在完了進行形で答える。

(2)完了用法の疑問文。yet（もう）を使う。

(3)経験用法の疑問文には，ever（これまでに）をよく使う。答えの文の last month（先月）は過去を表す語句なので，空所には過去形がくる。

8 (1)「とても～なので…だ」は，so ～ that …で表す。

(2)「一度も～ない」は never を使う。

(3)「～だけでなく…もまた」は，not only ～ but (also) …で表す。

解答 ▶ p.11

実力判定テスト ステージ **3** ▶ Unit 2 〜 Grammar for Communication 1　**30**分　/100　読 聞 書 話

🎧 **1 LISTENING**　対話と質問を聞いて，その答えとして適するものを1つ選び，記号で答えなさい。

♪ 104　2点×3(6点)

(1)　ア　Yes, he is.　　　　　イ　No, he isn't.
　　　ウ　Yes, he has.　　　エ　No, he has not.　　　（　　　）

(2)　ア　For eight years.　　イ　For six months.
　　　ウ　Since yesterday.　　エ　Since last month.　　（　　　）

(3)　ア　For a long time.　　イ　A few times.
　　　ウ　Once.　　　　　　　エ　Four times.　　　　（　　　）

2 次の文の＿＿に適する語を下から選び，適する形にかえて書きなさい。　2点×4(8点)

(1)　My mother has ＿＿＿＿＿＿＿ very happy since last night.

(2)　I've been ＿＿＿＿＿＿＿ pictures for about thirty minutes.

(3)　We've ＿＿＿＿＿＿＿ that woman somewhere before.

(4)　Kumi has just ＿＿＿＿＿＿＿ a letter to Meg.

| see　write　take　look |

3 次の日本文に合うように，＿＿に適する語を書きなさい。　4点×4(16点)

(1)　この本はほかの本とはちがいます。
　　　This book ＿＿＿＿＿＿＿ ＿＿＿＿＿＿＿ ＿＿＿＿＿＿＿ others.

(2)　私は正午からずっとバスを待っています。
　　　I've ＿＿＿＿＿＿＿ ＿＿＿＿＿＿＿ for the bus ＿＿＿＿＿＿＿ noon.

(3)　あなたはもう英語を勉強したのですか。
　　　＿＿＿＿＿＿＿ you ＿＿＿＿＿＿＿ English ＿＿＿＿＿＿＿ ?

(4)　[(3)に答えて] いいえ，私はまだ勉強していません。
　　　No, I ＿＿＿＿＿＿＿ it ＿＿＿＿＿＿＿ .

4 次の文を（　）内の指示にしたがって書きかえなさい。　5点×4(20点)

(1)　I didn't play the game.　（「一度も〜したことがありません」という文に）

(2)　We always get up early.　（「必ずしも〜とは限らない」という文に）

(3)　Your sister has stayed in Japan <u>for two months</u>.　（下線部をたずねる疑問文に）

LEVEL UP (4)　Bill is playing the guitar <u>now</u>.　（下線部を since this morning にかえた文に）

ちょっとBREAKの答え　1942年6月12日から1944年8月1日までの約2年間です。

目標 ●完了・継続を表す現在完了形，現在完了進行形を理解し，経験用法も含めた使い分けをマスターしましょう。

自分の得点まで色をぬろう！

| 0 | 60 | 80 | 100点 |
| 😥がんばろう！ | | 😊もう一歩 | 😄合格！ |

5 次の朝美(あさみ)とベイカー先生の対話文を読んで，あとの問いに答えなさい。 (計20点)

Asami: Mr. Baker, ①(　　　　)(　　　　) have you lived in Japan?

Mr. Baker: For five years.

Asami: ②What brought you here?

Mr. Baker: Well, I learned about haiku when I was in elementary school.   It was very interesting, and ③I [Japan / wanted / about / to / more / learn].

Asami: Really!   That's great.

(1) 下線部①が「あなたはどのくらい長く日本に住んでいますか」という意味になるように，(　)に適する語を書きなさい。 (4点)

_____ _____ have you lived in Japan?

(2) 下線部②とほぼ同じ内容を表す文を，下から選び，記号で答えなさい。 (4点)

ア   How did you come here?   イ   When did you come here?

ウ   Why did you come here?   エ   Who came with you?   (　　　　)

(3) 下線部③が「私は日本についてもっと知りたいと思いました」という意味になるように，[　]内の語を並べかえなさい。 (6点)

I _____.

(4) 本文の内容に合うように，次の問いに英語で答えなさい。 (6点)

When did Mr. Baker learn about haiku?

— _____

6 [　]内の語句を並べかえて，日本文に合う英文を書きなさい。 7点×2（14点）

よく出る (1) 父はとてもひまだったので駅まで歩きました。

My father [free / the station / he / so / walked / was / to / that].

My father _____.

(2) 私は電車でよく博物館に行ったことがあります。

[to / by / been / often / the museum / I've] train.

_____ train.

7 次の日本文を英語になおしなさい。 8点×2（16点）

(1) 兄はすでにあなたのメッセージを読んでしまいました。

_____

(2) 私は先週からカレーが食べたいと思っています。

_____

解答 p.12

Unit 3　Animals on the Red List ①

教科書の 要点 〈It is … for ＋人など＋ to ＋動詞の原形〜.〉　♪ a12

It is important　　　　　to understand the problem.　問題を理解することが重要です。
「〜することは」

It is important　for us　to understand the problem.　私たちが問題を理解することが重要です。
「(人)が[にとって]」
不定詞の意味上の主語

要点
● 〈It is … to ＋動詞の原形〜.〉の to 〜の前に〈for＋人など〉を加えて，〈It is … for ＋人など＋ to ＋動詞の原形〜.〉とすると「(人など)が[にとって]〜することは…です」という意味になる。
● 〈for＋人など〉は，不定詞〈to ＋動詞の原形〉の動作をする主語にあたる(意味上の主語)。

Wordsチェック　次の英語は日本語に，日本語は英語になおしなさい。
□(1)　survive　　（　　　　　）　□(2)　condition　（　　　　　）
□(3)　気候　　_____　□(4)　〜を守る，保護する　_____

1 絵を見て例にならい，「私が〜することは…です」という文を書きなさい。

important / study English

(1) easy / swim

(2) difficult / play soccer

(3) hard / get up early
hard：難しい

例　It is important for me to study English.
(1)　It is _____ for me _____ .
(2)　It is _____ soccer.
(3)　It is _____ .

ここがポイント
「(人)が〜することは…です」
〈It is … for ＋人＋ to ＋動詞の原形〜.〉

2 次の日本文に合うように，_____ に適する語を書きなさい。
(1)　私にとって英語を話すのは楽しいです。
　It's fun _____ to speak English.
(2)　もっと練習しなさい，さもないとあなたたちのチームは負けますよ。
　_____ more, _____ your team will lose.
(3)　これらの動物は絶滅の危険があります。
　These animals are _____ _____ of extinction.

表現メモ
● 「〜しなさい，さもないと…」〈命令文, or ….〉
● 「〜の危険がある」be in danger of 〜

　danger, face, change の下線部は，どれも [ei] と発音するよ。

教科書の 要点 〈want ＋人など＋ to ＋動詞の原形〜〉 ♪ a13

I want ___ to know this fact. 私はこの事実を知りたいです。

> want to 〜「〜したい」

I want everyone to know this fact. 私は全ての人にこの事実を知ってほしいです。

> 「ほしい」 「（人など）に」 「〜して」
>
> 不定詞の意味上の主語

要点

● want to 〜（〜したい）の want と to の間に人などの名詞や代名詞を置くと，〈want ＋人など＋ to ＋動詞の原形 〜〉で「（人など）に〜してほしい」という意味になる。

● want のあとに代名詞がくるときは，目的格を使う。

プラス 〈tell ＋人など＋ to ＋動詞の原形〜〉は，「（人など）に〜するように言う」という意味を表す。（→ p.38）

例 We told Ken to help us. 私たちはケンに手伝うように言いました。

Wordsチェック 次の英語は日本語に，日本語は英語になおしなさい。

□(1) IUCN （　　　　　　　）　　□(2) cheetah （　　　　　　　）

□(3) 情報 _____　　□(4) 新聞 _____

1 〔 〕内の語句を並べかえて，日本文に合う英文を書きなさい。

(1) 私はあなたにその歌を歌ってほしいです。

I 〔 you / to / want / the song / sing 〕.

I _____ .

(2) 母は私たちに早起きしてほしいのです。

Our mother 〔 get up / to / wants / early / us 〕.

Our mother _____ .

(3) 佐藤先生は生徒たちにもっと熱心に勉強してほしいのです。

〔 harder / the students / study / to / wants / Mr. Sato 〕.

_____

ここが ポイント

「（人など）に〜してほし
い」
〈want ＋人など＋ to ＋動
詞の原形 〜〉で表す。
「人など」と不定詞が主語
と動詞の関係になってい
る。

2 次の日本文に合うように，___ に適する語を書きなさい。

(1) いっしょに買い物に行きませんか。

_____ _____ we go shopping?

(2) 例えば，ニューヨークは今，午前9時です。

_____ _____ , it's 9 a.m. in New York now.

(3) 私はえんぴつや消しゴムなどがほしいです。

I want pencils, erasers and _____ _____ .

思い出そう

● 「いっしょに〜しませ
んか」
Why don't we 〜?

● 「例えば」
for example

● 「〜など」
〜 and so on

Unit 3

  **Unit 3** **Animals on the Red List ③**

解答　p.12

読 聞
書 話

📖 教科書の **要点** 〈let[help]＋人など＋動詞の原形〜〉 ♪ a14

Let **us** **give** you one example. 　一例をあげさせてください。

「させる」 「（人など）に」 「〜することを」

People helped *toki* **live** safely. 　人々はトキが安全に生きる手助けをしました。

「助ける」 「（人など）が」 「〜することを」

要点
- ●〈let＋人など＋動詞の原形〉で「（人など）に〜させる」という意味を表す。
- ●〈help＋人など＋動詞の原形〉で「（人など）が〜するのを助ける」という意味を表す。
- ●〈動詞＋（人など）＋動詞の原形〉の「動詞の原形」は to がつかない不定詞（**原形不定詞**）。

プラス SVO のあとに to のつく不定詞がくるのか，to のつかない原形不定詞がくるのかは動詞で決まる。

to のつく不定詞 I want him to study English. 　私は彼に英語を勉強してほしいです。

原形不定詞 I helped him study English. 　私は彼が英語を勉強するのを手伝いました。

Words チェック 次の英語は日本語に，日本語は英語になおしなさい。

☐(1) safely 　（ 　　　　） ☐(2) environment 　（ 　　　　）

☐(3) 飛ぶ 　　　　 ☐(4) 死ぬ 　　　　

☐(5) 速く，急速に 　r 　　　 ☐(6) 〜を破壊する 　　　　

1 絵を見て例にならい，「私は〜が…するのを助けました」という文を書きなさい。

Aki / cook dinner

(1) him / clean the kitchen 　(2) Bill / learn Japanese 　(3) her / practice the piano

例 I helped Aki cook dinner.

(1) I helped him ＿＿＿＿＿ the kitchen.

(2) I helped ＿＿＿＿＿＿＿＿＿＿ Japanese.

(3) I ＿＿＿＿＿＿＿＿＿＿＿ .

ここが ポイント

〈動詞＋人など＋動詞の原形〜〉
・let「（人など）に〜させる」
・help「（人など）が〜するのを助ける」

2 次の英文を日本語になおしなさい。

(1) Let me take a break.

（ 　　　　　　　　　　　）

(2) I helped the child ride a bike.

（ 　　　　　　　　　　　）

思い出そう

(1) take a break[rest]「休憩する」
(2) ride a bike「自転車に乗る」

 era も period も「時代」と訳されるけれど，era の方が歴史的に長い期間を表すよ。

3 次の学級新聞の記事を読んで，あとの問いに答えなさい。

①レッドリストから一例をあげさせてください。 It is the crested ibis, or *toki* in Japanese. Up （ ② ） the Meiji era, we could see many ibises around this country.

However, the population of ibises in Japan rapidly decreased. People hunted them for their beautiful feathers, and development destroyed their environment. ③It was difficult for them to survive.

In 1981, five ibises were captured on Sado Island for breeding. ④People tried to help them live safely, but they died one （ ⑤ ） one. The last one died in 2003.

(1) 下線部①の意味になるように，＿＿に適する語を書きなさい。
＿＿＿＿＿＿＿＿ us ＿＿＿＿＿＿＿＿ you one example from the Red List.

(2) ②，⑤の（ ）内に適する語をア〜エから選び，記号で答えなさい。
ア by イ from ウ after エ until
②（ ） ⑤（ ）

UP (3) 下線部③，④を，them の内容を明らかにして日本語になおしなさい。
③（ ）
④（ ）

(4) 次の質問に対する答えの＿＿に，本文中から適する語句を2語で抜き出して書きなさい。
Why were crested ibises hunted?
— Because they had ＿＿＿＿＿＿＿＿＿＿＿＿＿＿ .

まるごと暗記
● 「(人など)に〜させる」〈let＋(人など)＋動詞の原形〉
● 「〜まで」up until 〜
● 「1つ「1人」ずつ」one by one

表現メモ
● It is … for A to 〜.「A にとって〜することは…だ」
● 〈help＋人など＋動詞の原形〉「(人など)が〜するのを助ける」

UP **4** 〔 〕内の語句を並べかえて，日本文に合う英文を書きなさい。

(1) 私にそのテレビゲームをさせてください。
〔 me / the video game / play / let 〕.
＿＿＿＿＿＿＿＿＿＿＿＿＿＿＿＿＿＿＿＿＿＿

動詞の位置に気をつけよう！

(2) 私たちはトキが島で繁殖する手助けをしました。
〔 helped / the island / breed / we / ibises / on 〕.
＿＿＿＿＿＿＿＿＿＿＿＿＿＿＿＿＿＿＿＿＿＿

5 Word Box 次の英語を日本語になおしなさい。
(1) the Meiji era （ ） (2) population of ibises （ ）
(3) Chinese-born （ ） (4) Japanese government （ ）

確認のワーク　ステージ1　**Unit 3　Animals on the Red List ④**　読聞書話

教科書の 要点　be related to 〜　♪ a15

We are all related to each other.　私たちはみなたがいに結びついています。

relate 〜 to …の受け身

要点
● relate 〜 to …（〜を…に関係させる）を受け身にして，**be related to 〜**で「〜に関係している，関係がある」という意味を表す。

Wordsチェック　次の英語は日本語に，日本語は英語になおしなさい。

□(1)　human being　（　　　　　　　　）　□(2)　surprisingly　（　　　　　　　　）

□(3)　metal　（　　　　　　　　）　□(4)　mining　（　　　　　　　　）

□(5)　device　（　　　　　　　　）　□(6)　electronic　（　　　　　　　　）

□(7)　〜に影響を与える　a＿＿＿＿＿　□(8)　（〜に）関係がある　＿＿＿＿＿

□(9)　生態系　＿＿＿＿＿　□(10)　（生物学上の）種　＿＿＿＿＿

1　次の日本文に合うように，＿＿に適する語を書きなさい。

(1)　これらの動物のいくつかは絶滅するかもしれません。
Some of these animals may ＿＿＿＿＿ ＿＿＿＿＿ .

(2)　私はその研究に関係していません。
I'm not ＿＿＿＿＿ ＿＿＿＿＿ the study.

(3)　私の兄は電子機器をたくさん持っています。
My brother has many ＿＿＿＿＿ ＿＿＿＿＿ .

(4)　これらの建物のうちもっと多くのものが破壊されるでしょう。
＿＿＿＿＿ ＿＿＿＿＿ these buildings will be destroyed.

まるごと暗記
● 「絶滅する」die out
● 「〜に関係している」
be related to 〜
● 「〜のうちもっと多くのもの[こと]」
more of 〜

2　〔　〕内の語句を並べかえて，日本文に合う英文を書きなさい。

(1)　伐採は彼らの絶滅と関連がありました。
〔 their / was / to / logging / extinction / related 〕.
＿＿＿＿＿＿＿＿＿＿＿＿＿＿＿＿＿＿＿＿＿

(2)　私たちが行動を起こす必要があります。
〔 for / to / it / necessary / take / us / is 〕 action.
＿＿＿＿＿＿＿＿＿＿＿＿＿＿＿＿ action.

(3)　ゴリラが生き残る手助けをしましょう。
〔 survive / help / the gorillas / let's 〕.
＿＿＿＿＿＿＿＿＿＿＿＿＿＿＿＿＿

思い出そう
● 「（人など）が〜することは…だ」
〈It is … for＋人など＋to＋動詞の原形〜.〉
● 「（人など）が〜するのを助ける」
〈help＋人など＋動詞の原形〉

species の複数形は species。単複同形の名詞は，ほかにも fish(魚)，sheep(ヒツジ) などがあるよ。

確認 のワーク ステージ **1** 〔Let's Write 2〕記事への意見 — 投稿文 — 読 聞 書 話

 教科書の **要点**　自分の意見や理由を投稿する ♪ a16

意見を述べる　**I think** we need laws for electronic device use on the street.
「私は～と思います」　　　　　　　　私たちには通りでの電子機器使用の法律が必要だと思います。

I do not think we need laws for electronic device use on the street.
「私は～と思いません」　　　　　　私たちには通りでの電子機器使用の法律が必要だとは思いません。

理由を述べる　**I have two reasons.**　理由は 2 つあります。
「～つの理由があります」

First, it is the most effective way to make a law.
「1つ目は～です」　　　　　　　　　第 1 に，法律を作るのはいちばん効果的な方法です。

Second, living safely is more important than texting.
「2つ目は…です」　　　　　　　第 2 に，安全に生活するのはメッセージ送信よりも重要です。

要点
- ●意見を述べるときは，I think ～.(私は～と思います)または I do not[don't] think ～.(私は～と思いません)などを使う。
- ●理由を述べるときは，まず I have ～ reason(s).(～つ理由があります)などで理由の数を示し，First, ～. Second, ….(1つ目は～です。2つ目は…です)のように順序立てて言うとよい。

Words チェック　次の英語は日本語に，日本語は英語になおしなさい。
- □(1)　effective　（　　　　　　　　　　　）
- □(2)　illegal　（　　　　　　　　　　　）
- □(3)　運転する　＿＿＿＿＿＿＿＿＿
- □(4)　法律，法　＿＿＿＿＿＿＿＿＿

よく出る **1** 次の日本文に合うように，＿＿＿に適する語を書きなさい。
(1)　コンピュータの使用についてはどう思いますか。
　　What ＿＿＿＿＿＿＿ computer ＿＿＿＿＿＿＿ ?
(2)　デイビッドは柔道と剣道に取り組んでいます。
　　David is ＿＿＿＿＿＿＿ ＿＿＿＿＿＿＿ judo and kendo.
(3)　私は自分自身で決められます。
　　I can make my ＿＿＿＿＿＿＿ ＿＿＿＿＿＿＿ .

まるごと暗記
- ●「～についてはどう思いますか」
  What about ～?
- ●「～に取り組む」
  work on ～
- ●「決定する」
  make a decision

レベルUP **2** 〔　〕内の語句を並べかえて，日本文に合う英文を書きなさい。
(1)　この通りでは自動車事故がよく起こります。
　　Car 〔 this street / are / on / common / accidents 〕.
　　Car ＿＿＿＿＿＿＿＿＿＿＿＿＿＿＿＿ .
(2)　私は何でも禁止すべきだとは思いません。
　　I 〔 everything / think / ban / should / do not / we 〕.
　　I ＿＿＿＿＿＿＿＿＿＿＿＿＿＿＿＿ .

 ミス注意
(1)形容詞の common には「ありふれた，よく起こる」の意味がある。
(2)I think ～. の否定文は I do not[don't] think ～. で表す。

　use は「使う」という動詞の場合は [júːz]，「使用」という名詞の場合は [júːs] と発音するよ。

Unit 3 ～ Let's Write 2

Grammar for Communication 2 不定詞

まとめ

① 「(人など)に～してほしい [～するように言う]」

● want to ～ に人などを表す目的語を加えて，〈want ＋目的語(人など) ＋ to ＋動詞の原形～〉の形にすると，「(人など)に～してほしい」という意味になる。

●〈tell ＋目的語(人など) ＋ to ＋動詞の原形～〉は「(人など)に～するように言う」という意味。

●人などの目的語と〈to ＋動詞の原形～〉は，主語と動詞の関係になる。

| I | want | | to clean the kitchen. | 私は台所をそうじしたいです。 |

〈to ＋動詞の原形〉　「そうじをする」のは「私」

| I | want | Kumi | to clean the kitchen. | 私はクミに台所をそうじしてほしいです。 |

主語と動詞の関係　「そうじをする」のは「クミ」

| Mr. Sato told | me | to bring my lunch. | 佐藤先生は私に昼食を持ってくるように言いました。 |

主語と動詞の関係　「持ってくる」のは「私」

② 「(人など)が～するのを助ける」「(人など)に～させる」

●〈help ＋目的語(人など) ＋動詞の原形～〉は「(人など)が～するのを助ける」という意味を表す。

●〈let ＋目的語(人など) ＋動詞の原形～〉は「(人など)に～させる」という意味を表す。

●このような to のつかない動詞の原形を原形不定詞という。

●目的語と原形不定詞は主語と動詞の関係になる。

| Mike helped | me | study English. | マイクは私が英語を勉強するのを助けました。 |

主語と動詞の関係　「英語を勉強する」のは「私」

| Let | Emma | play the piano. | エマにピアノをひかせてください。 |

主語と動詞の関係　「ピアノをひく」のは「エマ」

③ 「(人など)が～するのは…です」

●〈It is … to ＋動詞の原形～.〉に〈for ＋人など〉を加えて，〈It is … for ＋人など＋ to ＋動詞の原形～.〉の形にすると，「(人など)が[にとって]～することは…です」という意味になる。

● for のあとの「人など」と〈to ＋動詞の原形～〉は，主語と動詞の関係になる。

| It is fun | | to play sports. | スポーツをすることは楽しいです。 |

〈to ＋動詞の原形〉

| It is fun for | Tim | to play sports. | ティムにとってスポーツをすることは楽しいです。 |

主語と動詞の関係　「スポーツをする」のは「ティム」

練習

1 次の文の(　)内から適する語句を選んで，○で囲みなさい。

(1) I want (he / his / him) to be a good boy.

(2) Let me (ask / asking / to ask) you a question.

(3) It is not easy (of / for / about) Ann to speak Japanese.

(4) My mother told me (getting / got / to get) up earlier.

(5) Mr. Toda helped Ken (make / made / making) his own decision.

不定詞と原形不定詞の使い分けに注意しよう！

2 次の日本文に合うように，＿＿に適する語を書きなさい。

(1) 祖父は私に大学へ行ってほしいと思っています。

My grandfather ＿＿＿＿＿ me ＿＿＿＿＿ go to university.

(2) 彼らはパンダが安全に生きる手助けをしています。

They are ＿＿＿＿＿ pandas ＿＿＿＿＿ safely.

(3) 私たちは試合に備える必要があります。

＿＿＿＿＿ is necessary for ＿＿＿＿＿ to prepare for the match.

(4) 私にあなたの両親と話をさせてください。

＿＿＿＿＿ ＿＿＿＿＿ ＿＿＿＿＿ to your parents.

3 次の文を（　）内の指示にしたがって書きかえるとき，＿＿に適する語を書きなさい。

(1) Playing games is interesting to me. （It を主語にした文に）

It is interesting ＿＿＿＿＿ me ＿＿＿＿＿ play games.

(2) I want you to come back soon. （過去の文に）

I ＿＿＿＿＿ you ＿＿＿＿＿ ＿＿＿＿＿ back soon.

(3) Tom practices baseball.　It is hard for him. （2文を1文に）

＿＿＿＿＿ is hard ＿＿＿＿＿ Tom to ＿＿＿＿＿ baseball.

(4) Lily said to me, "Clean your room." （不定詞を使って，ほぼ同じ内容の文に）

Lily ＿＿＿＿＿ me ＿＿＿＿＿ clean ＿＿＿＿＿ room.

4 〔　〕内の語を並べかえて，日本文に合う英文を書きなさい。

(1) サラはみんなに静かにするように言いました。

Sara 〔 quiet / be / told / to / everyone 〕.

Sara ＿＿＿＿＿＿＿＿＿＿.

(2) 外出するときは知らせてください。

〔 me / when / go / know / let / you 〕 out.

＿＿＿＿＿＿＿＿＿＿ out.

5 メモを見て例にならい，「私が〜するのは…です」という文を書きなさい。

> 例　毎日勉強する──大切な
> (1) 音楽を聞く──楽しい　　(2) コンピュータを使う──難しい
> (3) 早く起きる──簡単な　　(4) 英語の本を読む──おもしろい

例　It is important for me to study every day.

(1) It is fun ＿＿＿＿＿＿＿＿＿＿.

(2) It is ＿＿＿＿＿＿＿＿＿＿ a computer.

(3) It is ＿＿＿＿＿＿＿＿＿＿ early.

(4) ＿＿＿＿＿＿＿＿＿＿ English books.

Stage Activity 1 My Activity Report

読 聞
書 話

解答 p.14

教科書の **要点** 活動報告でよく使われる表現 ♪ a17

I'm a member of the volleyball team. 私はバレーボール部の部員です。

「私は〜の部員です」

I've been practicing hard to improve my serve skill. serve：サーブ

「私はずっと〜しています」 私はサーブの技術を改善するために一生懸命に練習を続けています。

We're going to play in the national tournament next month.

「私たちは〜する予定です」 私たちは来月，全国大会でプレーする予定です。

We'll do our best, so please come and support us!

「私たちは最善を尽くします」 最善を尽くすので，来場して応援してください。

要点

● 自分の部活動を紹介するときは，I'm a member of 〜.(私は〜の部員です)などを使う。

● 継続中の活動は現在完了進行形で表し，これからの予定は be going to 〜などで表す。

Words チェック 次の英語は日本語に，日本語は英語になおしなさい。

□(1) tournament （　　　　　　　） □(2) corner kick （　　　　　　　）

□(3) 報告，レポート ＿＿＿＿＿＿ □(4) they will の短縮形 ＿＿＿＿＿＿

1 次の日本文に合うように，＿＿に適する語を書きなさい。

(1) 来週は全国大会があります。

We have the ＿＿＿＿＿ ＿＿＿＿＿ next week.

(2) 物語には発端と結末が必要です。

The story needs a ＿＿＿＿＿ and an ＿＿＿＿＿.

(3) 私は野球部の先発メンバーです。

I'm a ＿＿＿＿＿ ＿＿＿＿＿ the baseball team.

(4) それらは私たちの最後の休暇になるでしょう。

＿＿＿＿＿ ＿＿＿＿＿ our last holidays.

ことばメモ

(1) national は「国の，全国の」，tournament は「トーナメント，選手権大会」の意味。

(2) beginning は「初め，発端」，ending は「終わり，結末」の意味。

2 [ ]内の語句を並べかえて，日本文に合う英文を書きなさい。

(1) 私はあなたたちに部活動について話すつもりです。

I'm going [to / my / you / club activities / tell / about].

I'm going ＿＿＿＿＿＿＿＿＿.

(2) ケンはこの前の春から一生懸命勉強しています。

Ken [studying / has / last spring / since / hard / been].

Ken ＿＿＿＿＿＿＿＿＿.

ミス注意

(1)「(人)に〜について話す」
〈tell＋人＋about 〜〉

(2)現在完了進行形
have[has] been 〜ing

 **学校での活動・経験を表す言葉** 読聞書話

⭐ 部活動や委員会などの活動や，学校での経験を表す言葉を覚えましょう。

●運動系の部活動

- ☐ badminton team バドミントン部
- ☐ baseball team 野球部
- ☐ basketball team バスケットボール部
- ☐ dance team ダンス部
- ☐ gymnastics team 体操部
- ☐ soccer team サッカー部
- ☐ swimming team 水泳部
- ☐ table tennis team 卓球部
- ☐ tennis team テニス部
- ☐ track and field team 陸上部
- ☐ volleyball team バレーボール部

●文化系の部活動

- ☐ art club 美術部
- ☐ brass band 吹奏楽部
- ☐ calligraphy club 書道部
- ☐ chorus 合唱部
- ☐ computer club コンピュータ部
- ☐ cooking club 料理部
- ☐ drama club 演劇部
- ☐ newspaper club 新聞部
- ☐ photography club 写真部
- ☐ popular music club 軽音楽部
- ☐ science club 科学部

Stage Activity 1

●委員会など

- ☐ broadcasting committee
  放送委員会
- ☐ class leader
  学級委員
- ☐ library committee
  図書委員会
- ☐ school festival committee
  文化祭実行委員会
- ☐ student council
  生徒会

●学校での経験

- ☐ break my own record
  自分の記録を破る
- ☐ get a prize at an exhibition
  展示会で賞をとる
- ☐ give my best performance on stage
  舞台でいちばんよい演技をする
- ☐ make a lot of friends
  たくさん友達を作る
- ☐ practice hard to improve my performance
  演技[演奏]を改善するために一生懸命
  練習する
- ☐ support my team members
  部員を支援する
- ☐ win[lose] an important game
  重要な試合で勝つ[負ける]

自分の部活は
何と言うかな？

Let's Read 1 A Mother's Lullaby

● 次の文はある大きな古い木の回想です。これを読んで，あとの問いに答えなさい。

On the morning of that day, a big bomb fell on the city of Hiroshima.　Many people lost their ①(life) , and many others were injured.　②They had burns (　　　)(　　　) their (　　　).　I was very sad when I saw those people.

It was a very hot day.　Some of the people ③倒れた near me.　④I said to them, "Come and rest in my shade.　You'll be ⑤だいじょうぶな soon."　　　　5

Night came.　⑥(　　　) people were (　　　)(　　　).　I heard a weak voice. It was a lullaby.　A young girl was singing to a little boy.

"Mommy!　Mommy!" the boy cried.

"Don't cry," the girl said.　"Mommy is here."
Then she ⑦(begin) to sing again.　　　　10

She was very weak, but ⑧she tried to be a mother to the poor little boy.　⑨She 〔 him / her / like / arms / held / in〕 a real mother.

Question

(1)　①，⑦の(　)内の語を適する形にかえなさい。

　　①　　　　　　　　　　⑦　　　　　　　　　

(2)　下線部②，⑥が次の意味になるように，　　に適する語を書きなさい。

　　② 彼らは体のいたるところにやけどがありました。

　　　They had burns　　　　　　　　　　　their　　　　　　　　.

　　⑥ 中にはすでに死んでいる人もいました。

　　　　　　　　　　 people were　　　　　　　　　　　　　　　.

(3)　下線部③，⑤の日本語を，それぞれ2語の英語になおしなさい。

　　③　　　　　　　　　　　　⑤　　　　　　　　　　　

(4)　下線部④とほぼ同じ意味になるように，　　に適する語を書きなさい。

　　I　　　　　　　　　　　　　　　　　come and rest in my shade.

(5)　下線部⑧の英文を日本語になおしなさい。

　　(　　　　　　　　　　　　　　　　　　　　　　　　　　　)

(6)　下線部⑨の〔　〕内の語を並べかえて，意味の通る英文にしなさい。

　　She　　　　　　　　　　　　　　　　　　　　　a real mother.

(7) 本文の内容に合うように，次の質問に英語で答えなさい。

1．How did the tree feel when it saw injured people? （4語で）

_____

2．What was the young girl singing to the little boy? （5語で）

_____

3．How was the young girl when she was singing to the little boy? （4語で）

_____

Word Box BIG

1 次の英語は日本語に，日本語は英語になおしなさい。

(1) dead （　　　　　）   (2) peace （　　　　　）

(3) injure （　　　　　）   (4) courage （　　　　　）

(5) 空 _____   (6) 戦争 _____

(7) 泣く _____   (8) 道路，道 _____

(9) 本当の，本物の _____   (10) 腕 _____

2 次の日本文に合うように，____に適する語を書きなさい。

(1) しばらくして，少女は歌うのをやめました。

_____ a _____, the girl stopped singing.

(2) もっとしっかりと抱いてください。

Hold me _____ _____, please.

(3) 彼女の声はますます弱くなりました。

Her voice became weaker _____ _____.

(4) 何年もの間，祖母は多くのことを見てきました。

_____ the _____, my grandmother has seen many things.

(5) その夫婦は幸せそうで，彼らの声は心地よく響きました。

The couple _____ happy, and their voices _____ sweet.

(6) およそ30年前，悲しいことがありました。

_____ thirty years _____, there was something sad.

3 次の英語を（　）内の指示にしたがって書きかえなさい。

(1) die （名詞に） _____

(2) rise （過去形に） _____

(3) week （同じ発音の形容詞に） _____

(4) quiet （副詞に） _____

(5) mean （過去形に） _____

(6) begin （反対の意味の動詞に） c_____

(7) leave （過去形に） _____

定着のワーク　ステージ **2**　　**Unit 3** 〜 **Let's Read 1**　　読聞書話

1 LISTENING　対話を聞いて，内容に合う英文を選び，記号で答えなさい。　♪ 105

　　ア　Emi wants to carry Mike's bag.
　　イ　Emi will help Mike carry his bag.
　　ウ　Emi wants Mike to carry her bag.
　　エ　Emi's bag is so light that she can carry it.

　　　　　　　　　　　　　　　　　　　　　　　（　　　）

2 次の英語の反意語または対語を書きなさい。

(1)　strong ＿＿＿＿＿＿＿　(2)　war ＿＿＿＿＿＿＿

(3)　slowly ＿＿＿＿＿＿＿　(4)　ending ＿＿＿＿＿＿＿

3 次の文の＿＿に適する語を下から選び，適する1語の形にかえて書きなさい。

(1)　Many people died, and many ＿＿＿＿＿＿＿ were injured.

(2)　Tim ＿＿＿＿＿＿＿ me to cook lunch yesterday.

(3)　The young girl became sad and ＿＿＿＿＿＿＿.

(4)　We'll keep ＿＿＿＿＿＿＿ our best.

> want　do　other　cry

4 次の日本文に合うように，＿＿に適する語を書きなさい。

(1)　エマはケンに会いに来てほしいと思っています。

　　Emma ＿＿＿＿＿＿＿ Ken ＿＿＿＿＿＿＿
　　and see her.

(2)　トムに自己紹介させてください。

　　＿＿＿＿＿＿＿ Tom ＿＿＿＿＿＿＿＿＿＿＿.

(3)　私はアンに手伝うように言いました。

　　I ＿＿＿＿＿＿＿ Ann ＿＿＿＿＿＿＿＿＿＿ me.

5 〔　〕内の語句を並べかえて，日本文に合う英文を書きなさい。

(1)　私が英語の本を読むのは簡単ではありません。

　　It isn't 〔 read / me / to / English books / for / easy 〕.

　　It isn't ＿＿＿＿＿＿＿＿＿＿＿＿＿＿＿＿＿.

(2)　私の母はその男の子が入浴するのを手伝いました。

　　〔 take / my mother / helped / a bath / the boy 〕.

　　＿＿＿＿＿＿＿＿＿＿＿＿＿＿＿＿＿＿＿.

重要ポイント

1　バッグがだれのものかに注意する。

2　(1)「強い」→「弱い」
(2)「戦争」→「平和」
(3)「ゆっくりと」→「急速に」
(4)「終わり」→「最初」

3

得点力をUP

(1)「ほかの人々」を1語で表す。
(2)過去の文。
(3)「悲しくなって〜した」ということ。
(4)keep 〜ing で「〜し続ける」という意味。

4　(1)「〜してほしい」はwant を使う。
(2)「〜させる」は let を使う。
(3)「〜するように言う」はtell を使う。

テストに出る！
「（人などに）〜させる」は〈let＋人など＋動詞の原形〜〉で表す。

5　(1)〈for＋人など〉は〈to＋動詞の原形〉の前に置く。
(2)「入浴する」take a bath

6 次のポスターの英文を読んで，あとの問いに答えなさい。

Save the Animals

①〔 animals / in / of / many / danger / kinds / are 〕 of extinction. Today they are facing ②many challenges, such as climate change and human activities. It is difficult for endangered animals to survive in these conditions. It is important for us to understand ③this.

(1) 下線部①が「多くの種類の動物が絶滅の危険にさらされています」という意味になるように，〔 〕内の語を並べかえなさい。

　　_____ of extinction.

 (2) 下線部②の具体例として挙げられているものを，日本語で2つ書きなさい。

　　(　　　　　　　　　　　　)(　　　　　　　　　　　　)

(3) 下線部③の this が指す内容と合うように，(　)に適する日本語を書きなさい。

　　(　　　　　　　　　　　　)が多くの難問に直面しており，

　　(　　　　　　　　　　　　)のは難しいということ。

 7 次の文を(　)内の語句で始めて，ほぼ同じ内容の文に書きかえなさい。

(1) Reading comic books is interesting to Akira. (It is)

　　_____

(2) I said to Bill, "Open the window." (I told)

　　_____

 (3) Please tell me your idea. (Let me)

　　_____

 8 次の日本文を英語になおしなさい。

(1) 私たちはあなたにすぐ日本に来てほしい。

　　_____

 (2) 私は明日，雨は降らないと思います。

　　_____

(3) 私は母が夕食を作るのを手伝いました。

　　_____

重要ポイント

6 (1)「～の危険にさらされている」は，be in danger of ～。

(2) many challenges は「多くの難問」。～ such as …（…のような～）のあとの climate change と human activities に注目する。

(3)直前の文の endangered animals と survive に注目する。

7 (1)動名詞の reading は不定詞の to read にする。

テストに◎出る！
「(人など)にとって～するのは…だ」
〈It is … for＋人など＋to＋動詞の原形～.〉

(2)「(人など) に～するように言う」の文に。

(3)「私にあなたの考えを知らせてください」という文に。

8 (2) I do not[don't] think ～. の形にする。think (that) ～の that に続く文は，ふつう否定文にしない。

(3) 〈help＋（人など）＋動詞の原形〉を使う。

 e-mail の e は何の略でしょう？　　　　　➡答えは次のページ

解答 p.16

実力判定テスト　ステージ3　**Unit 3** 〜 **Let's Read 1**　30分　/100　読聞書話

1 LISTENING 対話を聞いて，対話中のチャイムが鳴るところに入る適切な英文を選び，記号で答えなさい。　♪ l06 2点×3（6点）

(1)　ア　I was fourteen.　　　　　イ　I'm not a fast runner.
　　ウ　I've been a starter since last fall.　エ　For ten years.　　（　　）

(2)　ア　I cannot sell it on the street.　イ　Because I can eat it, too.
　　ウ　How sweet it is!　　　　　エ　I'm full already.　　（　　）

(3)　ア　I think she will help you.　イ　I don't think she's at home.
　　ウ　I think so, too.　　　　　エ　You'll be all right soon.　　（　　）

2 次の文の＿＿＿に，（　）内の語を適する形にかえて書きなさい。　2点×5（10点）

(1)　It is difficult for ＿＿＿＿＿＿ to write *kanji*.　(they)

(2)　The little boy ＿＿＿＿＿＿ crying and had lunch.　(stop)

(3)　One summer morning, a lot of people lost their ＿＿＿＿＿＿.　(life)

(4)　Three cats were ＿＿＿＿＿＿ on the street.　(find)

(5)　Let ＿＿＿＿＿＿ introduce myself today.　(I)

3 次の日本文に合うように，＿＿＿に適する語を書きなさい。　3点×5（15点）

(1)　しばらくして，リリーはアンと買い物に行きました。
　　＿＿＿＿＿ ＿＿＿＿＿ ＿＿＿＿＿, Lily went shopping with Ann.

(2)　あなたの英語の宿題についてはどう思いますか。
　　＿＿＿＿＿＿＿＿＿ your English homework?

(3)　マイクは1つずつ質問に答えました。
　　Mike answered the questions ＿＿＿＿＿ ＿＿＿＿＿ ＿＿＿＿＿.

(4)　その家は倒壊の危険があります。
　　The house is ＿＿＿＿＿ ＿＿＿＿＿ falling down.

(5)　それらは全部たがいに関連しています。
　　They are all ＿＿＿＿＿ ＿＿＿＿＿ other.

4 〔　〕内の語句を並べかえて，日本文に合う英文を書きなさい。　5点×2（10点）

(1)　私たちはその動物たちが安全に生きる手助けをしなければなりません。
　　〔 live / we / help / safely / must / the animals 〕.

(2)　世界中の人々に日本のことを知ってほしいと思います。
　　〔 I / Japan / know / people / to / about / want / in the world 〕.

ちょっとBREAKの答え　electronic の略で，「電子の，電子による」という意味です。

目標	●「(人など)が～するのは…です」「(人など)に～してほしい」という意味の文, 原形不定詞を使う文などを理解しましょう。

自分の得点まで色をぬろう!

😫 がんばろう　　😐 もう一歩　　😀 合格!

0　　　　　　　　　　　60　　80　　100点

5 次のメグと海斗の対話文を読んで, あとの問いに答えなさい。　　　　　　(計17点)

Meg: The Red List gives us information about endangered animals, birds, plants, ①など.

Kaito: ②〔 are / on / animals / the list / what 〕?

Meg: Pandas, cheetahs, and gorillas, ③例えば.

Kaito: Really?　I didn't know that.

Meg: Some animals and birds in Japan are also on it. ④I want everyone to know that.

(1) 下線部①, ③の日本語を英語になおしなさい。　　　　　3点×2(6点)

①＿＿＿＿＿＿＿＿＿＿＿＿＿＿＿＿＿＿＿＿（3語）

③＿＿＿＿＿＿＿＿＿＿＿＿＿＿（2語）

(2) 下線部②の〔　〕内の語句を並べかえて, 意味の通る英文にしなさい。　　　(5点)

＿＿＿＿＿＿＿＿＿＿＿＿＿＿＿＿＿＿＿＿＿＿＿＿＿＿＿＿＿

(3) 下線部④の具体的な内容を表すように, （　）に適する日本語を書きなさい。2点×3(6点)

　私は日本の（　　　　　　　　　　　）も（　　　　　　　　　　　）に載っていることを（　　　　　　　　　　　）に知ってほしい。

6 次の日本文を英語になおしなさい。　　　　　　7点×3(21点)

(1) 姉は私に朝食を食べるように言いました。

＿＿＿＿＿＿＿＿＿＿＿＿＿＿＿＿＿＿＿＿＿＿＿＿＿＿＿＿＿

(2) 生徒たちに気候変動について学ばせてください。

＿＿＿＿＿＿＿＿＿＿＿＿＿＿＿＿＿＿＿＿＿＿＿＿＿＿＿＿＿

(3) 私たちにはスポーツをすることが必要です。（It で始めて）

＿＿＿＿＿＿＿＿＿＿＿＿＿＿＿＿＿＿＿＿＿＿＿＿＿＿＿＿＿

よく出る 7 次のようなとき, 英語でどのように言うか書きなさい。ただし, （　）内の語句で始めること。　　　　　　7点×3(21点)

(1) 相手に自分たちのチームに入ってほしいとき。（I want）

＿＿＿＿＿＿＿＿＿＿＿＿＿＿＿＿＿＿＿＿＿＿＿＿＿＿＿＿＿

(2) 相手にとって英語を話すのは簡単かどうかたずねるとき。（Is it）

＿＿＿＿＿＿＿＿＿＿＿＿＿＿＿＿＿＿＿＿＿＿＿＿＿＿＿＿＿

(3) 食器を洗うのを相手に手伝ってほしいとき。（Can you）

＿＿＿＿＿＿＿＿＿＿＿＿＿＿＿＿＿＿＿＿＿＿＿＿＿＿＿＿＿

定期テスト対策　予想問題　第3回 p.110～111

確認のワーク　ステージ1　**Unit 4** Be Prepared and Work Together ①　読聞書話

解答　p.17

教科書の 要点　間接疑問文　♪a18

疑問文　Where **is** the local shelter?　地域の避難所はどこにありますか。

間接疑問文　I know **where** the local shelter **is**.　私は地域の避難所がどこにあるか知っています。

　　　　　　　　　　疑問詞　　　　　主語　　　　動詞

要点

● 疑問詞を使う疑問文を文の一部として含む文を間接疑問文という。

● 間接疑問文は〈疑問詞＋主語＋動詞〉で表し，動詞の目的語になるなど名詞と同じ働きをする。

プラス　疑問詞が主語になっている疑問文は，〈疑問詞（＝主語）＋動詞 〜〉の語順になる。

疑問文　Who closed the window?　だれが窓を閉めましたか。

間接疑問文　I don't know who closed the window.　私はだれが窓を閉めたのかわかりません。

〈疑問詞（＝主語）＋動詞〜〉

Wordsチェック　次の英語は日本語に，日本語は英語になおしなさい。

□(1) disaster　（　　　　　　　　）　□(2) extinguisher　（　　　　　　　　）

□(3) 〜を蓄える　＿＿＿＿＿＿　□(4) 調査　s＿＿＿＿＿＿

□(5) 用意ができている p＿＿＿＿＿　□(6) 避難所　＿＿＿＿＿＿

1 絵を見て例にならい，「私は〜が…かわかりません」という文を書きなさい。

例
he / how / comes to school

(1) だれ？
the man / who / is

(2) いつ？
she / when / left home

(3) いくらかな？
this bag / how much / is

例　I don't know how he comes to school.

(1) I don't know ＿＿＿＿＿ the man ＿＿＿＿＿.

(2) I don't know when ＿＿＿＿＿＿＿＿＿＿.

(3) I don't know ＿＿＿＿＿＿＿＿＿＿＿.

ここが ポイント

間接疑問文
〈疑問詞＋主語＋動詞〉で表す。who や what などの疑問詞が主語のときは〈疑問詞＋動詞〉で表す。

2 次の（ ）内から適する語を選んで，○で囲みなさい。

(1) I don't know (when / where) the next holiday is.

(2) We know (who / whose) that woman is.

(3) Do you know how (much / old) Mike is?

　store には「店，商店」という名詞の意味もあるよ。

3 次の疑問文を与えられた書き出しに続けて間接疑問文に書きかえるとき，＿＿に適する語を書きなさい。

(1) Where do you live?

I want to know ＿＿＿＿＿＿＿＿＿ ＿＿＿＿＿＿＿＿＿ live.

(2) When will Ann come home?

I know ＿＿＿＿＿＿＿ Ann ＿＿＿＿＿＿＿ come home.

(3) What did you do last night?

Tom knows ＿＿＿＿＿＿＿ you ＿＿＿＿＿＿＿ last night.

(4) Who made your lunch?

I don't know ＿＿＿＿＿＿＿ ＿＿＿＿＿＿＿ your lunch.

ミス注意

疑問詞のあとの動詞

(3)last night があるので，動詞 do(する)は過去形にする。

(4)who は疑問詞であり主語でもある。

4 次の対話が成り立つように，＿＿に適する語を書きなさい。

(1) A: Does Ms. Brown come to school by bus?

B: Well, let's see. I don't know ＿＿＿＿＿＿＿ she

＿＿＿＿＿＿＿ to school.

UP (2) A: Do you know ＿＿＿＿＿＿＿＿＿ Tim is

speaking?

B: Yes, I do. I think he is speaking Spanish.

思い出そう

● by bus (バスで)
● Let's see. ([考えながら]ええと。そうですね。)
● what language(何語)

UP **5** 〔　〕内の語を並べかえて，日本文に合う英文を書きなさい。

(1) 私はあの帽子がいくらなのか知っています。

I〔 much / know / that / is / hat / how 〕.

I ＿＿＿＿＿＿＿＿＿＿＿＿＿＿＿＿＿＿＿＿＿ .

(2) ビルの身長を知っていますか。

Do〔 Bill / how / is / know / you / tall 〕?

Do ＿＿＿＿＿＿＿＿＿＿＿＿＿＿＿＿＿＿＿＿ ?

(3) ロンドンは今何時なのかわかりません。

I〔 time / it / know / what / don't / is 〕 in London now.

I ＿＿＿＿＿＿＿＿＿＿＿＿＿＿＿ in London now.

ことばメモ

(1)how much：値段や量をたずねる。

(2)how tall：身長や高さをたずねる。

(3)what time：時刻をたずねる。

6 （　）内の日本語を参考に，＿＿に適する語を書きなさい。

(1) What should we do ＿＿＿＿＿＿＿ ＿＿＿＿＿＿＿ of a traffic accident? （交通事故の場合には）

(2) We know ＿＿＿＿＿＿＿ ＿＿＿＿＿＿＿ use the internet.
（インターネットの使い方）

(3) ＿＿＿＿＿＿＿ ＿＿＿＿＿＿＿ should I call?
（何番にかけるべきか）

表現メモ

●「～の場合には」
in case of ～
●「～する方法」
how to ～
●「何番」
what number

Unit 4

確認のワーク　ステージ1　**Unit 4** Be Prepared and Work Together ②　読聞書話

教科書の **要点**　〈動詞＋人＋疑問詞＋主語＋動詞〉　♪ a19

| 疑問文 | What | have you | done? | あなたは何をしたところですか。 |

| 間接疑問文 | Tell | me | what | you have done. | あなたが何をしたところかを教えてください。 |

動詞　人　もの＝間接疑問文　現在完了形

要点

● tell など「(人)に(もの)を〜する」という意味を表す〈動詞＋人＋もの〉の「もの」の部分に, 間接疑問文〈疑問詞＋主語＋動詞〉を置くことができる。

●〈動詞＋人＋疑問詞＋主語＋動詞〉は「(人)に―が…かを〜する」という意味を表す。

プラス tell などの動詞が過去形になると, ふつう間接疑問文の動詞も過去形になる。

現在の文　Tell me what time it is.　何時かを教えてください。

過去の文　Ken told me what time it was.　ケンは私に何時かを教えてくれました。

Words チェック　次の英語は日本語に, 日本語は英語になおしなさい。

□(1) kit （　　　　　　　）　□(2) link （　　　　　　　）

□(3) 緊急事態 ＿＿＿＿＿＿　□(4) 〜と連絡をとる ＿＿＿＿＿＿

□(5) do の過去分詞 ＿＿＿＿＿　□(6) has not の短縮形 ＿＿＿＿＿

1 絵を見て例にならい,「〜が何を…したところかを教えてください」という文を書きなさい。

Mike / cook

(1) you / read

(2) Ms. Sato / buy

(3) the students / do

例　Tell me what Mike has cooked.

(1) Tell me ＿＿＿＿＿＿ you have read.

(2) Tell me ＿＿＿＿＿＿ Ms. Sato has ＿＿＿＿＿.

(3) Tell ＿＿＿＿＿＿＿＿＿＿＿＿＿＿＿.

まるごと暗記

「(人)に―が…かを〜する」
〈動詞＋人＋もの〉の「もの」の部分に間接疑問文〈疑問詞＋主語＋動詞〉を置く。

よく出る 2 次の(　)内から適する語句を選んで, ○で囲みなさい。

(1) Show me (how / which) you draw a picture.

(2) Please tell us what (Tim has / has Tim) made.

(3) Tell me what (will / you'll) become popular next year.

emergency kit は「非常用キット, 防災セット」などと訳されるけど,「非常持出袋」のことだよ。

3 次の2文を間接疑問文の1文に書きかえるとき，＿＿に適する語を書きなさい。

(1) What are you studying?　Tell me that.

Tell me ＿＿＿＿＿＿＿ ＿＿＿＿＿＿＿ are studying.

(2) Where does Sara live?　Can you tell me that?

Can you tell me ＿＿＿＿＿＿＿ Sara ＿＿＿＿＿＿＿?

(3) How can I make this cake?　Please teach me.

Please teach ＿＿＿＿＿＿＿ ＿＿＿＿＿＿＿ ＿＿＿＿＿＿＿

can make this cake.

(4) Who wrote the report?　I'll tell you that.

I'll tell ＿＿＿＿＿＿＿ ＿＿＿＿＿＿＿ ＿＿＿＿＿＿＿ the

report.

ミス注意

(2)間接疑問文の主語が三人称単数で現在の文のときは，〈疑問詞＋主語＋動詞の三人称単数現在形〉になる。
(4)疑問詞が主語のときは，疑問詞のあとに動詞をそのまま続ける。

4 次の日本文に合うように，＿＿に適する語を書きなさい。

(1) マイクは何をしなければならないのか私に教えてくれました。

Mike taught ＿＿＿＿＿＿＿ what I ＿＿＿＿＿＿＿ to do.

(2) それがなぜ難しいのか私たちに教えてくれますか。

Can you tell ＿＿＿＿＿＿＿ ＿＿＿＿＿＿＿ it is difficult?

(3) パーティーはいつなのか私に知らせてください。

Let ＿＿＿＿＿＿＿ know ＿＿＿＿＿＿＿ the party is.

思い出そう
- 「～しなければならない」have[has] to ～
- 「～してくれますか」Can you ～?
- 「(人)に～させる」〈let＋人＋動詞の原形〉

5 〔　〕内の語句を並べかえて，日本文に合う英文を書きなさい。

(1) あなたがカレーをどう調理するのか私たちに見せてください。

Please show 〔 you / us / curry / cook / how 〕.

Please show ＿＿＿＿＿＿＿＿＿＿＿＿＿＿＿＿＿＿.

(2) あの橋がどれくらいの長さなのか私に教えてくれますか。

Can you 〔 me / how long / is / that bridge / tell 〕?

Can you ＿＿＿＿＿＿＿＿＿＿＿＿＿＿＿＿＿＿?

(3) 彼はふつう何語を話すのか私に教えてください。

Tell 〔 usually / he / speaks / what language / me 〕.

Tell ＿＿＿＿＿＿＿＿＿＿＿＿＿＿＿＿＿＿.

ことばメモ

疑問詞
(1)方法や手順をたずねる。
→ how
(2)長さや期間をたずねる。
→ how long
(3)言語をたずねる。
→ what language

WRITING Plus

次のようなとき英語でどのように言うか，（　）内の語を使って書きなさい。

(1) 自分の近くにある本の持ち主を教えてほしいとき。（ tell / book / this ）

＿＿＿＿＿＿＿＿＿＿＿＿＿＿＿＿＿＿＿＿＿＿

(2) 相手に自分の気持ちを示したいと言うとき。（ show / how / feel ）

＿＿＿＿＿＿＿＿＿＿＿＿＿＿＿＿＿＿＿＿＿＿

Unit 4

解答 p.18

確認のワーク　ステージ1　**Unit 4** Be Prepared and Work Together ③　読聞書話

教科書の **要点**　名詞を修飾する現在分詞　♪ a20

We spoke to a police officer.	私たちは警察官に話しかけました。
We spoke to a police officer passing by.	私たちは通り過ぎようとしている警察官に話しかけました。

名詞　←　「〜している」

要点

●「〜している…（名詞）」と名詞を修飾するときは〈名詞＋動詞の ing形〜〉で表す。この動詞の ing 形を現在分詞という。

プラス 現在分詞が1語だけで名詞を修飾するときは，現在分詞は名詞の前に置く。

Look at the sleeping cat.　　　　眠っているネコを見てください。
現在分詞のみ

Look at the cat sleeping on the tree.　木の上で眠っているネコを見てください。
〈現在分詞＋語句〉

Words チェック 次の英語は日本語に，日本語は英語になおしなさい。

□(1) latest （　　　　　）　　□(2) fortunately （　　　　　）

□(3) ついに，やっと ＿＿＿＿＿　□(4) ひどい ＿＿＿＿＿

□(5) （〜を）こわがって s＿＿＿＿　□(6) drive の過去形 ＿＿＿＿＿

1 絵を見て例にならい，「私は〜している…を知っています」という文を書きなさい。

woman / sit

boy / eat a hamburger

man / sing

the girls / play volleyball

例　I know the woman sitting under the tree.

(1) I know the boy ＿＿＿＿＿＿＿ a hamburger.

(2) I know the ＿＿＿＿＿＿＿＿＿＿＿ on the stage.

(3) I know ＿＿＿＿＿＿＿＿＿＿＿＿＿＿＿ .

思い出そう

動詞の ing 形の作り方
①そのまま ing をつける。
　study → studying
②語尾の e をとって ing をつける。
　write → writing
③子音字を重ねて ing をつける。
　run → running

2 次の文の＿＿に，（ ）内の語を適する形にかえて書きなさい。

(1) The girl ＿＿＿＿＿＿ with Ken is my cousin.（dance）

(2) Can you see the man ＿＿＿＿＿＿ in the river?（swim）

(3) Do you know the boy ＿＿＿＿＿＿ soccer well?（play）

latest, shaking, day, stay, train は [ei] と発音するよ。

3 （　）内の語句が入る正しい位置の記号を○で囲みなさい。

(1) The　girls　by the　window are　my classmates.（standing）
ア　　イ　　　ウ　　　　エ

(2) We　know　that　woman　on the bench.（reading a book）
ア　　イ　　ウ　　　エ

(3) I　don't　know who the　boy is　.（sleeping）
ア　　イ　　　　　　ウ　　エ

(4) There　are　some　birds　in the sky.（flying slowly）
ア　　イ　　ウ　　エ

4 次の日本文に合うように，＿＿に適する語を書きなさい。

(1) アンにはカナダに住んでいるたくさんの友達がいます。
Ann has many ＿＿＿＿＿ ＿＿＿＿＿ in Canada.

(2) 私はあまりにも忙しいのでテレビを見られません。
I'm ＿＿＿＿＿ busy ＿＿＿＿＿ watch TV.

(3) ビルはとてもこわがっていたので外へ出られませんでした。
Bill was so ＿＿＿＿＿ that he couldn't ＿＿＿＿＿
out.

5 〔　〕内の語句を並べかえて，日本文に合う英文を書きなさい。

(1) あのほほえんでいる赤ん坊は私の妹です。
〔 is / baby / smiling / my sister / that 〕.

＿＿＿＿＿＿＿＿＿＿＿＿＿＿＿.

(2) 旅行者に話しかけている男性はだれですか。
Who 〔 speaking / a traveler / to / the man / is 〕?
Who ＿＿＿＿＿＿＿＿＿＿＿＿＿?

(3) 彼らは戻る方法を私に教えてくれました。
They 〔 me / to / go back / told / how 〕.
They ＿＿＿＿＿＿＿＿＿＿＿.

6 （　）内の日本語を参考に，＿＿に適する語を書きなさい。

(1) On the ＿＿＿＿＿ ＿＿＿＿＿, I saw your aunt.
（帰る途中で）

(2) The train ＿＿＿＿＿ ＿＿＿＿＿ the station.
（通り過ぎる）

(3) I drove to a zoo ＿＿＿＿＿ ＿＿＿＿＿.
（動物園の駐車場）

Unit 4

確認のワーク　ステージ 1　▶ Unit 4　Be Prepared and Work Together ④　読 聞 書 話

教科書の 要点　名詞を修飾する過去分詞　 a21

They followed instructions.　　　　　　　彼らは指示に従いました。

They followed instructions　given in English.　彼らは英語で与えられる指示に
　　　　　　　　　　名詞　　　　「〜される［された］」　　従いました。

要点

● 「〜される［された］ …（名詞）」と名詞を修飾するときは〈名詞＋過去分詞〜〉で表す。

プラス　過去分詞が1語だけで名詞を修飾するときは，過去分詞は名詞の前に置く。

That is a used　car.　　　　　　　　　あれは中古車（使われた車）です。
　　　　　過去分詞のみ

That is a　　car　used by my brother.　あれは私の兄によって使われている車です。
　　　　　　　　　〈過去分詞＋語句〉

Wordsチェック　次の英語は日本語に，日本語は英語になおしなさい。

□(1)　instruction　（　　　　　）　　□(2)　resident　（　　　　　）

□(3)　visitor　（　　　　　）　　□(4)　simulation　（　　　　　）

□(5)　単純な，簡単な　＿＿＿＿　　□(6)　〜にインタビューする　＿＿＿＿

□(7)　彼ら［彼女ら］自身を［に］　＿＿＿＿　　□(8)　give の過去分詞　＿＿＿＿

1　次の日本文に合うように，＿＿に適する語を書きなさい。

(1)　あなたはシロと呼ばれているイヌを知っていますか。

　　Do you know the ＿＿＿＿＿ ＿＿＿＿＿ Shiro?

(2)　市は外国人観光客に食料を配りました。

　　The city ＿＿＿＿＿ ＿＿＿＿＿ food to foreign visitors.

(3)　私たちは昨日，避難訓練を行いました。

　　We had an ＿＿＿＿＿ ＿＿＿＿＿ yesterday.

表現メモ

「〜を配る」は hand out と言う。動詞の hand は「〜を手渡す」という意味。

2　〔　〕内の語を並べかえて，日本文に合う英文を書きなさい。

(1)　オーストラリアで話されている言語は英語です。

　　〔 in / a / is / language / Australia / spoken 〕 English.

　　＿＿＿＿＿＿＿＿＿＿＿＿＿＿＿＿ English.

(2)　トムが撮った写真はすばらしかった。

　　The 〔 wonderful / by / pictures / were / taken / Tom 〕.

　　The ＿＿＿＿＿＿＿＿＿＿＿＿＿＿＿ .

ここがポイント

「〜される［された］…（名詞）」

・〈名詞＋過去分詞＋語句〉

・〈過去分詞1語＋名詞〉

 resident：住民，居住者　　visitor：訪問客，観光客

Let's Talk 2 町中での手助け ―申し出る― 読聞書話

教科書の 要点 申し出る表現 ♪a22

申し出る　**Can I help you?**　　　　　　お手伝いしましょうか。
　　「～しましょうか」

Shall I take you there?　　　あなたをそこまで連れていきましょうか。
　　「～しましょうか」

Would you like me to carry your umbrella or something?
　　「～しましょうか」　　　　　あなたの傘か何かをお持ちしましょうか。

申し出への返答　**Yes, please. / No, thank you.　I'm fine.**
　　　　　　　　　はい，お願いします。／いいえ。だいじょうぶです。

要点

● 「～しましょうか」と相手に申し出るときは，Can I ～? や Shall I ～? を使う。
● ていねいに申し出るときは，Would you like me to ～? を使う。

1 次の日本文に合うように， ____ に適する語を書きなさい。

(1) 皿を洗いましょうか。

_____ _____ wash the dishes?

(2) お手伝いしましょうか。

_____ you like _____ to help you?

(3) どうもご親切にありがとうございます。

That's very _____ you.

2 〔 〕内の語を並べかえて，日本文に合う英文を書きなさい。

(1) お手伝いが必要ですか。 〔 need / do / help / some / you 〕?

_____ ?

(2) 私はあなたに私のかばんを運んでもらいたいです。

〔 would / carry / I / to / you / like 〕my bag.

_____ my bag.

ここが ポイント

申し出る表現
「～しましょうか」
Can I ～?
Shall I ～?
Would you like me to ～?

まるごと 暗記

「どうもご親切にありがとうございます」
That's very kind of you.

表現メモ

● 「お手伝いが必要ですか」 Do you need some help?
● 「Aに～してほしい」 would like A to ～

WRITING Plus

次のようなときに，どのように話しかけるか，7語以上の英語で書きなさい。

(1) 山田中学校(Yamada Junior High School)がどこにあるのか教えてほしいとき。

_____

(2) 道に迷った人に駅まで連れていきましょうかと申し出るとき。

_____

Unit 4 ～ Let's Talk 2

解答　p.20

定着のワーク　ステージ 2 　Unit 4 〜 Let's Talk 2 　読 聞 書 話

1 LISTENING　英文を聞いて，内容に合う絵を選び，記号で答えなさい。　♪ 107

ア　イ　ウ　エ　Emi

(1)(　　)　　(2)(　　)　　(3)(　　)　　(4)(　　)

2 次の動詞の過去分詞を書きなさい。

(1) give ＿＿＿＿＿＿＿　(2) do ＿＿＿＿＿＿＿

(3) hold ＿＿＿＿＿＿＿　(4) win ＿＿＿＿＿＿＿

3 次の文の ＿＿＿ に適する語を下から選び，適する1語の形にかえて書きなさい。

(1) I know the woman ＿＿＿＿＿＿＿ for a train.

(2) I know what time Aki usually ＿＿＿＿＿＿＿ up.

(3) Bill has a camera ＿＿＿＿＿＿＿ in Japan.

(4) That ＿＿＿＿＿＿＿ baby is my brother.

> make　wait　sleep　get

4 次の日本文に合うように， ＿＿＿ に適する語を書きなさい。

(1) 私にどこでバスに乗れるか教えてくださいませんか。

Could you tell me ＿＿＿＿＿＿＿

＿＿＿＿＿＿＿ take a bus?

(2) だれがパーティーに来たのかわかりません。

I don't know ＿＿＿＿＿＿＿ to the party.

(3) これはエマが作ったケーキです。

This is a cake ＿＿＿＿＿＿＿ Emma.

5 〔 〕内の語句を並べかえて，日本文に合う英文を書きなさい。

(1) あなたの誕生日がいつなのか知っています。

〔 is / know / birthday / I / your / when 〕.

＿＿＿＿＿＿＿＿＿＿＿＿＿＿＿

(2) この装置をどう使うのか私に見せてくれますか。

Can you 〔 how / show / this device / use / me / you 〕?

Can you ＿＿＿＿＿＿＿＿＿＿＿＿ ?

重要ポイント

2 すべて不規則動詞。

3 空所のあとの語に注目。

得点力を UP

(1)「〜している…（名詞）」
〈名詞＋現在分詞〜〉

(2)間接疑問文
〈疑問詞＋主語＋動詞〉

(3)「〜される[された]…
（名詞）」
〈名詞＋過去分詞〜〉

(4)〈現在分詞1語＋名詞〉

4 (1)「乗れる」→「乗る
ことができる」。助動詞
can を使う。

(2)「だれがパーティーに来
たのか」を間接疑問文で
表す。

(3)「エマが作ったケーキ」
→「エマによって作られ
たケーキ」と言いかえる。

5 間接疑問の語順に注意
する。

テストに◎出る！

(1)間接疑問文〈疑問詞＋
主語＋be動詞〉

(2)〈動詞＋人＋間接疑問
文〉の語順。

6 次のメグと朝美(あさみ)の対話文を読んで，あとの問いに答えなさい。

Meg: Asami, has your family prepared for a disaster?

Asami: Yes.

Meg: Oh, really?　①〔done / what / me / you've / tell〕.

Asami: Well, we've made an emergency kit.　We keep it in our home.　We've also decided how to contact each other during a disaster.

Meg: That's great.　Actually, my family hasn't made an emergency kit yet.

(1)　下線部①が「あなたたちが何をしたところか私に教えてください」という意味になるように，〔　〕内の語を並べかえなさい。

(2)　朝美の家族が災害に備えて行ったことを，日本語で２つ書きなさい。

（　　　　　　　　　　　　　　　　　　　　　　　　　　　　　）

（　　　　　　　　　　　　　　　　　　　　　　　　　　　　　）

(3)　本文の内容に合うように，次の問いに英語で答えなさい。

Has Meg's family made an emergency kit yet?

—

7 次の文をほぼ同じ内容の文に書きかえるとき，＿＿＿に適する語を書きなさい。

(1)　This is a report.　Ken wrote it.

This is a report ＿＿＿＿＿＿ ＿＿＿＿＿＿ Ken.

(2)　Look at the big tree.　It stands by the lake.

Look at the big ＿＿＿＿＿＿ ＿＿＿＿＿＿ by the lake.

(3)　I was so tired that I couldn't work.

I was ＿＿＿＿＿＿ ＿＿＿＿＿＿ ＿＿＿＿＿＿ work.

8 次の日本文を英語になおしなさい。

(1)　私はケンが撮った写真を持っています。

(2)　あなたはあの背が高い女の子がだれか知っていますか。

(3)　お茶を飲んでいるあの女性は有名な写真家です。

重要ポイント

6 (1)命令文なので動詞で始める。間接疑問文。

(2)朝美の２つ目の発言に注目する。内容から２つに分ける。

(3) an emergency kit(非常持出袋)についてのメグの発言からさがす。

7 (1)「ケンによって書かれたレポート」

(2)「湖のそばに立っている大きな木」

テストに◎出る！

● so ～ that A can't …
「とても～なのでAは…できない」

● too ～ to …
「あまりにも～なので…できない，…するには～すぎる」
この２つは書きかえられる。

8 (1)「ケンによって撮られた写真」

(2)「あの背が高い女の子がだれか」を間接疑問文で表す。

(3)「写真家」photographer

Unit 4 ～ Let's Talk 2

ちょっとBREAK　earthquake（地震）＝ earth（地面）＋ quake。では，quake の意味は？　➡答えは次のページ

解答 p.20

実力判定テスト　ステージ 3　**Unit 4** 〜 **Let's Talk 2**　30分　/100

読聞書話

1 LISTENING　次のようなとき英語でどのように言うか, 英文を聞いて最も適するものを1つ選び, 記号で答えなさい。　♪ 108　2点×4(8点)

(1) 困っている人に, 手助けを申し出るとき。　(　　)

(2) 避難訓練の最中, 的確な指示を伝えたいとき。　(　　)

(3) どこで待ち合わせればよいか, 相手に確かめるとき。　(　　)

(4) 道順をたずねられた際, 急いでいるので断るとき。　(　　)

2 次の文の＿＿に, (　)内の語を適する形にかえて書きなさい。　2点×4(8点)

(1) They want to learn how they can protect ＿＿＿＿＿＿＿＿.　(them)

(2) I've just ＿＿＿＿＿＿＿ my science homework.　(do)

(3) That man ＿＿＿＿＿＿ along the road is my uncle.　(run)

(4) The party ＿＿＿＿＿＿ by the students was so fun.　(hold)

3 次の日本文に合うように, ＿＿に適する語を書きなさい。　3点×5(15点)

(1) 全員に避難経路図を配布してください。

＿＿＿＿＿＿＿＿＿＿＿ an evacuation map ＿＿＿＿＿＿＿ everyone.

(2) 帰る途中で, 自動車事故がありました。

＿＿＿＿＿＿＿＿ the ＿＿＿＿＿＿＿ ＿＿＿＿＿＿＿, there was a car accident.

(3) 1人の女性が戻り方を私たちに教えてくれました。

A woman told us how ＿＿＿＿＿＿ ＿＿＿＿＿＿ ＿＿＿＿＿＿.

(4) どうもご親切にありがとうございます。

That's very ＿＿＿＿＿＿ ＿＿＿＿＿＿ ＿＿＿＿＿＿.

(5) 災害の場合には自分自身を守ってください。

Protect yourself ＿＿＿＿＿＿ ＿＿＿＿＿＿ ＿＿＿＿＿＿ a disaster.

4 〔　〕内の語を並べかえて, 日本文に合う英文を書きなさい。　5点×3(15点)

(1) 私には秋田に住んでいる2人の友達がいます。

〔 I / friends / in / Akita / have / living / two 〕.

＿＿＿＿＿＿＿＿＿＿＿＿＿＿＿＿＿＿＿＿＿＿＿＿＿＿＿

(2) あの男性は何語を話しているかわかりますか。

Do you 〔 is / that / speaking / language / man / what / know 〕?

Do you ＿＿＿＿＿＿＿＿＿＿＿＿＿＿＿＿＿＿＿＿＿＿＿?

(3) だれがこの部屋をそうじしたのか私に教えてください。

〔 me / room / who / this / tell / cleaned 〕.

＿＿＿＿＿＿＿＿＿＿＿＿＿＿＿＿＿＿＿＿＿＿＿＿＿＿＿

ちょっとBREAKの答え　quake[kwéik] は, 「揺れ, 震え」という意味の名詞です。

目標 ●間接疑問文,〈SVO＋間接疑問文〉の文,名詞を修飾する現在分詞・過去分詞などを理解しましょう。

自分の得点まで色をぬろう!

| 0 | | 60 | 80 | 100点 |

😣がんばろう!　😲もう一歩　😊合格!

5 次の日本で地震にあった外国人の体験談を読んで,あとの問いに答えなさい。　（計24点）

When the earthquake began, I didn't know what was happening.　After the terrible shaking, I ran out of the house with my wife.　①<u>We didn't know where to go</u>, so we drove to a supermarket parking lot.　We stayed in our car for five hours.　②<u>We were too scared to get out.</u>

Finally, ③〔 a / passing / by / to / we / police officer / spoke 〕.　He guided us to the local shelter.　I didn't know about ④<u>it</u> until then.

（1） 下線部①,②とほぼ同じ内容になるように,＿＿に適する語を書きなさい。4点×2（8点）

　① We didn't know ＿＿＿＿＿ ＿＿＿＿＿ ＿＿＿＿＿ go.

　② We were ＿＿＿＿＿ scared ＿＿＿＿＿ we ＿＿＿＿＿ get out.

（2） 下線部③の〔 〕内の語句を並べかえて,意味の通る英文にしなさい。　（6点）

　＿＿＿＿＿＿＿＿＿＿＿＿＿＿＿＿＿＿＿＿＿＿＿＿＿＿＿＿

（3） 下線部④が指すものを,本文中から3語で抜き出しなさい。　（4点）

　＿＿＿＿＿ ＿＿＿＿＿ ＿＿＿＿＿

（4） 本文の内容に合うように,次の質問に英語で答えなさい。　（6点）

　How long did they stay in their car at the parking lot?　（3語）

　— ＿＿＿＿＿＿＿＿＿＿＿＿＿＿＿＿＿＿＿＿＿＿＿＿＿＿

6 次の対話が成り立つように,＿＿に適する語を書きなさい。　6点×2（12点）

（1） *A:* Do you know ＿＿＿＿＿＿ the next practice ＿＿＿＿＿＿?

　B: Yes.　Tomorrow afternoon.

レベルUP（2） *A:* Could you help me buy a ticket?

　B: Yes.　＿＿＿＿＿＿ ＿＿＿＿＿＿ you like to go?

　A: I'd like to go to Tokyo Tower.

7 次の日本文を英語になおしなさい。　6点×3（18点）

（1） リカ(Rika)が何時に朝食を食べたか彼女にたずねましょう。

　＿＿＿＿＿＿＿＿＿＿＿＿＿＿＿＿＿＿＿＿＿＿＿＿＿＿＿＿

（2） バスを待っている生徒たちが何人かいます。

　＿＿＿＿＿＿＿＿＿＿＿＿＿＿＿＿＿＿＿＿＿＿＿＿＿＿＿＿

よく出る（3） クミは英語で書かれた本を読んでいます。

　＿＿＿＿＿＿＿＿＿＿＿＿＿＿＿＿＿＿＿＿＿＿＿＿＿＿＿＿

定期テスト対策　予想問題　第4回 p.112〜113

Unit 4 〜 Let's Talk 2

 ステージ **1** Unit 5 **A Legacy for Peace** ① 読聞書話

解答 ▶ p.22

教科書の 要点　名詞を修飾する文（接触節）　♪ a23

I found **a picture** on the internet.
主語　動詞　目的語

私はインターネットで写真を見つけました。

This is **a picture** I found on the internet.
〔名詞〕　〈主語＋動詞〜〉

これは私がインターネットで見つけた写真です。

要点
- I found a picture（私は写真を見つけました）の語順を入れかえて，a picture I found とすると「私が見つけた写真」という意味になる。名詞（a picture）を文（I found）が後ろから修飾する。
- この「―が〜する[した]…（名詞）」という意味を表す名詞のあとに続く〈主語＋動詞 〜〉を接触節という。

Wordsチェック　次の英語は日本語に，日本語は英語になおしなさい。

□(1)　greatly　　　　（　　　　　　　　）　　□(2)　legacy　　　　（　　　　　　　　）

□(3)　人，個人　　　＿＿＿＿＿＿＿＿　　□(4)　国際的な　　　＿＿＿＿＿＿＿＿

□(5)　〜を尊敬する　＿＿＿＿＿＿＿＿　　□(6)　生まれる　be＿＿＿＿＿＿＿＿

1 絵を見て**例**にならい，「これは―が〜する[した]…です」という文を書きなさい。

例  I brought a book from home.	(1)  Emi likes the bag.	(2)  Bill took a picture in Nara.	(3)  I've wanted the bike.

例　This is a book I brought from home.

(1)　This is the ＿＿＿＿＿＿＿ Emi ＿＿＿＿＿＿＿.

(2)　This is a ＿＿＿＿＿＿＿＿＿＿＿＿＿＿＿＿＿ in Nara.

(3)　This is ＿＿＿＿＿＿＿＿＿＿＿＿＿＿＿＿＿＿＿.

ここがポイント
接触節
名詞のあとに〈主語＋動詞〜〉が続き，「―が〜する…（名詞）」という意味になる。

2 次の英文を日本語になおしなさい。

(1)　This is a story I read yesterday.

　（　　　　　　　　　　　　　　　　　　　）

(2)　Show me the umbrella you bought there.

　（　　　　　　　　　　　　　　　　　　　）

(3)　English is the subject Ken studies every day.

　（　　　　　　　　　　　　　　　　　　　）

ここがポイント
名詞のあとに〈主語＋動詞〉が続いているところが接触節だと考える。

  non-violence は「非暴力」という意味。non- は「非〜，無〜，不〜」の意味で名詞・形容詞・副詞につける。

❸ 次の2文を1文にするとき， ____ に適する語を書きなさい。

(1) This is the movie.　Mike likes it the best.

This is the _____ Mike _____ the best.

(2) They're the students.　Ms. Sato teaches them math.

They're the _____ Ms. Sato _____

_____.

(3) How was the dinner?　Sara cooked it last night.

How was the _____ _____

_____ last night?

(4) This is the camera.　I've wanted it.

This is the _____ _____ _____.

ミス注意

(1) it = the movie
(2) them = the students
(3) it = the dinner
(4) it = the camera

❹ 次の日本文に合うように， ____ に適する語を書きなさい。

(1) 私が昨日書いたレポートを読んでください。

Read the _____ _____

yesterday.

(2) あなたが何度もしたことがあるテレビゲームは何ですか。

What's the video game you _____ _____

many _____?

(3) パンダは私が見たい動物です。

Pandas are animals I _____ _____

_____.

表現メモ

(1)「昨日書いた」なので，write の過去形を使う。
(2)「したことがある」は，現在完了形(経験用法)で表す。
(3)「見たい」は，want to ～を使う。

Unit 5

❺ 〔 〕内の語句を並べかえて，日本文に合う英文を書きなさい。

(1) ベイカー先生は私たちが大好きな先生です。

〔 a teacher / we / very much / Mr. Baker / like / is 〕.

_____

(2) あなたがそこで見かけた女性は私のおばです。

〔 there / saw / is / the woman / you / my aunt 〕.

_____

(3) ケンが読んでいる本は英語で書かれています。

〔 Ken / is / is / written / reading / the book 〕 in English.

_____ in English.

ミス注意

(2)「そこで見かけた」は，see の過去形のあとに there を続ける。
(3)「読んでいる」は現在進行形で，「書かれています」は受け身で表す。

❻ ( )内の日本語を参考に， ____ に適する語を書きなさい。

(1) Let me see _____ rupee _____. （インドのルピー紙幣）

(2) I _____ _____ on May 7, 2008. （生まれた）

(3) Today is the _____ Day of _____. （国際非暴力デー）

確認のワーク　ステージ 1　**Unit 5　A Legacy for Peace ②**　読聞書話

📖 教科書の 要 点　関係代名詞 who（主格）　♪ a24

Gandhi is a man. ＋ He has influenced a lot of people.

説明を加える　　　　　主語　　　　ガンディーは人です。＋彼は多くの人々に影響を与えました。

Gandhi is a man　who has influenced a lot of people.

名詞（人）　　　関係代名詞（＝主語）　　　ガンディーは多くの人々に影響を与えた人です。

要点

● 人について，「〜する…（人）」と文で説明を加えるときは関係代名詞 who を使い，〈名詞＋ who＋動詞〜〉で表す。

● who は関係代名詞の作るまとまり（関係代名詞節）の中では主語の働きをする（主格）。

プラス 関係代名詞が説明を加える名詞を先行詞という。関係代名詞は先行詞の代わりをしているので，主格の関係代名詞のあとの動詞は先行詞に合わせる。

例 I have some friends who live in Osaka.　　私には大阪に住んでいる友達が何人かいます。
　　　　　　　　複数　　　　lives としない

Words チェック 次の英語は日本語に，日本語は英語になおしなさい。

□(1) fast（名詞）　　（　　　　　　　）　　□(2) tough　　（　　　　　　　）

□(3) たたかう　　＿＿＿＿＿＿　　□(4) 抗議する　　＿＿＿＿＿＿

□(5) 独立　　＿＿＿＿＿＿　　□(6) 人権（2語）　　＿＿＿＿＿＿

❶ 絵を見て例にならい，「〜は…する男の子［女の子］です」という文を書きなさい。

a boy / like

How do you do?　That's right. Sure.
a girl / speak

a boy / play

a girl / study

例 Ken is a boy who likes music very much.

(1) Miki is a girl ＿＿＿＿＿＿＿＿＿＿ English well.

(2) Tom is a ＿＿＿＿＿＿＿＿＿＿ soccer well.

(3) Mary is ＿＿＿＿＿＿＿＿＿＿ very hard.

ここが ポイント

関係代名詞 who（主格）
〈名詞 ＋ who ＋ 動詞〜〉
「〜する…（人）」という
意味を表す。

よく出る ❷ 次の英文を日本語になおしなさい。

(1) I have a friend who comes from Australia.

（　　　　　　　　　　　　　　　　　　　）

(2) Ann is a girl who has long hair.

（　　　　　　　　　　　　　　　　　　　）

表現メモ

(1)come from 〜
「〜出身である」
(2)have long hair
「長い髪をしている」

😊 tough の gh は enough と同様，[f] と発音するよ。fight, night の gh は発音しないね。

3 次の2文を who を使って1文にするとき， ___ に適する語を書きなさい。

(1) Ms. Ito is a teacher.　She likes sports.

Ms. Ito is a teacher _____ _____ sports.

(2) Ken has a friend.　He plays the guitar well.

Ken has a _____ _____ _____

the guitar well.

(3) Mr. Brown is an artist.　He came to Japan last week.

Mr. Brown is an _____ _____

_____ to Japan last week.

(4) Sara is a girl.　She wants to be a nurse.

Sara is a girl _____ _____ to

_____ a nurse.

4 次の日本文に合うように， ___ に適する語を書きなさい。

(1) 私はティムと話しているその男性と会ったことがあります。

I've seen the man _____ _____

_____ with Tim.

(2) この写真を撮った少年はだれですか。

Who's the _____ _____ _____

this picture?

(3) 私たちに英語を教えてくれる先生を知っていますか。

Do you know the teacher _____ _____

_____ English?

5 〔 〕内の語句を並べかえて，日本文に合う英文を書きなさい。

(1) 彼らは人権のためにたたかう人々です。

They 〔 who / for / people / human rights / fight / are 〕.

They _____ .

(2) 向こうで泳いでいる女の子たちを見てください。

〔 swimming / are / at / the girls / look / who 〕 over there.

_____ over there.

(3) 私はみんなに好かれる医者になりたいです。

I want to be 〔 by / who / everyone / is / liked / a doctor 〕.

I want to be _____ .

(4) 断食をしたその男性について私に教えてください。

Please tell me about 〔 fasts / the man / on / who / went 〕.

Please tell me about _____ .

Unit 5

ステージ **1** **Unit 5** A Legacy for Peace ③

教科書の 要点 　関係代名詞 that [which]（主格・目的格） ♪a25

This is **a movie**. 　＋　 It 　 makes people happy.

　　　　　説明を加える　　主語

　　　　　　　　　　　　　　　これは映画です。＋それは人々を幸せにします。

This is **a movie** 　 that[which] makes people happy.

名詞（もの）　　　関係代名詞（＝主語）

　　　　　　　　　　　　　　　これは人々を幸せにする映画です。

要点 1

● ものについて，「〜する…（もの）」と文で説明を加えるときは関係代名詞 that または which を使い，〈名詞＋ that[which]＋動詞〜〉で表す。

● この that[which] は関係代名詞の作るまとまりの中では主語の働きをする（主格）。

This is **a picture**. 　＋　 I found it on the internet.

　　　　　説明を加える　　　　　　　　　　　目的語

　　　　　　　　　　　　　　　これは写真です。＋私がインターネットでそれを見つけました。

This is **a picture** 　 that[which] I found on the internet.

名詞（もの）　　　関係代名詞（＝目的語）

　　　　　　　　　　　　　　　これは私がインターネットで見つけた写真です。

要点 2

● ものについて，「―が〜する…（もの）」と文で説明を加えるときは関係代名詞 that または which を使い，〈名詞＋ that[which]＋主語＋動詞〜〉で表す。

● この that[which] は関係代名詞の作るまとまりの中では目的語の働きをする（目的格）。

プラス 目的格の関係代名詞は省略できる。　This is a picture I found on the internet.

Wordsチェック 　次の英語は日本語に，日本語は英語になおしなさい。

□(1) arrest 　（ 　　　　　　 ）　　□(2) news 　（ 　　　　　　 ）

□(3) 高価な 　＿＿＿＿＿＿＿＿　　□(4) ほとんど 　＿＿＿＿＿＿＿＿

1 絵を見て例にならい，that を使って「これは〜する…です」という文を書きなさい。

例 　 a movie / make people glad

(1) a bus / go to Tokyo

(2) a dog / run fast

(3) a book / is written in English

例 　This is a movie that makes people glad.

(1) 　This is a bus ＿＿＿＿＿＿＿＿＿＿＿＿ to Tokyo.

(2) 　This is a ＿＿＿＿＿＿＿＿＿＿＿＿＿＿＿＿ fast.

(3) 　This is ＿＿＿＿＿＿＿＿＿＿＿＿＿＿＿＿＿＿ .

ここが ポイント

関係代名詞 that（主格）
〈名詞＋ that ＋動詞〜〉
で表す。

lead に -er がつくと leader（指導者），follow に -er がつくと follower（支持者）になるよ。

2 次のガンディーの伝記の一部を読んで，あとの問いに答えなさい。

In 1906, ①the British made a law that was even more unfair to Indian people. Indians in South Africa ②(   ) (   ) and ③(   ) (   ) against the law. Gandhi decided to lead a movement to protect their rights. His message was "Don't follow the law, but don't use violence, ④(   ) (   ) you are arrested." Soon the jails became full of Indians, and Gandhi himself was sent ⑤there.

(1) 下線部①を日本語になおしなさい。

　(　　　　　　　　　　　　　　　　　　　　　　　　)

(2) 下線部②，③，④がそれぞれ次の日本語の意味になるように，( )内に適する語を書きなさい。

　② ＿＿＿＿＿＿＿ ＿＿＿＿＿＿＿　（怒った）

　③ ＿＿＿＿＿＿＿ ＿＿＿＿＿＿＿　（立ち上がった）

　④ ＿＿＿＿＿＿＿ ＿＿＿＿＿＿＿　（たとえ～だとしても）

レベルUP (3) 下線部⑤が指すものを3語の英語で書きなさい。

＿＿＿＿＿＿＿ ＿＿＿＿＿＿＿ ＿＿＿＿＿＿＿

(4) 本文の内容に合うものを選び，記号を○で囲みなさい。

　ア　イギリスが制定した法律は，南アフリカのインド人によって支持された。

　イ　ガンディーは非暴力を訴えて法律に従った。

　ウ　多くのインド人が逮捕され，ガンディーも逮捕された。

3 〔 〕内の語句を並べかえて，日本文に合う英文を書きなさい。

(1) これはトムがほしがっているコンピュータです。

　〔 which / wants / Tom / is / this / the computer 〕.

　＿＿＿＿＿＿＿＿＿＿＿＿＿＿＿＿＿＿＿＿＿＿＿

(2) 木の上で眠っているネコがいます。

　There is 〔 the tree / is / on / a cat / sleeping / that 〕.

　There is ＿＿＿＿＿＿＿＿＿＿＿＿＿＿＿＿＿＿ .

(3) 私はマイクが撮った写真が好きです。

　I 〔 Mike / like / took / that / the pictures 〕.

　I ＿＿＿＿＿＿＿＿＿＿＿＿＿＿＿＿＿＿＿＿＿ .

4 Word Box （ ）内の日本語を参考に，＿＿に適する語を書きなさい。

(1) I was a lawyer ＿＿＿＿＿＿ that ＿＿＿＿＿＿ .　（その当時）

(2) Salt was expensive ＿＿＿＿＿＿ those ＿＿＿＿＿＿ .　（そのころは）

(3) ＿＿＿＿＿＿ ＿＿＿＿＿＿ people joined the Salt March.　（何千もの）

まるごと暗記
- 「怒る」get angry
- 「立ち上がる」stand up
- 「たとえ～だとしても」even if ～

ここが ポイント
関係代名詞（目的格）
that[which]
〈名詞＋that[which]＋主語＋動詞～〉で表す。

まるごと暗記
関係代名詞の使い分け

名詞	関係代名詞
人	who, that
もの・動物	which, that

Unit 5

  **Let's Write 3** グラフや表の活用 ― レポート ― 読聞書話

 解答 ▶ p.23

教科書の 要点 グラフや表を活用する ♪ a26

Here is a graph that shows the most popular sports in our class.

「ここに〜を示すグラフがあります」 ここに私たちのクラスでいちばん人気のあるスポーツを示すグラフがあります。

According to the graph, the most popular sport is soccer.

「グラフによると,」 グラフによると, いちばん人気のあるスポーツはサッカーです。

I think that the number of people who like rugby will be larger in 2023.

「私は〜だと思います」 私はラグビーが好きな人の数は 2023 年に大きくなるだろうと思います。

要点

●資料を紹介するときは, Here is[Here's] 〜.(これが〜です。ここに〜があります。)などを使う。資料が複数あれば, Here are 〜. を用いる。

●資料を活用して説明を加えるときは, according to 〜(〜によれば)を使う。

●自分の感想や意見を述べるときは, I think (that) 〜. がよく使われる。

Wordsチェック 次の英語は日本語に, 日本語は英語になおしなさい。

□(1) growth （　　　　　　　） □(2) billion （　　　　　　　）

□(3) 力強い, 有力な ＿＿＿＿＿＿ □(4) 人口の多い ＿＿＿＿＿＿

❶ 次の日本文に合うように, ＿＿＿ に適する語を書きなさい。

(1) ここにグラフが３つあります。

＿＿＿＿＿ ＿＿＿＿＿ three graphs.

(2) この表はフィリピンの人口が増加していることを示します。

This chart ＿＿＿＿＿ ＿＿＿＿＿ the population

of the Philippines is growing.

> **表現メモ**
> ●「ここに〜がある」
> Here are[is] 〜.
> ●「〜(ということ)を示す」show that 〜

❷ 〔 〕内の語句を並べかえて, 日本文に合う英文を書きなさい。

(1) これが世界の人口増加を示すグラフです。

〔 that / a graph / the population growth / is / shows / here 〕 in the world.

＿＿＿＿＿＿＿＿＿＿＿＿＿＿＿ in the world.

(2) 下の図から何がわかりますか。

〔 see / can / the figure / from / what / you 〕 below?

＿＿＿＿＿＿＿＿＿＿＿＿＿＿＿ below?

> **ことばメモ**
> (1)「人口増加」
> population growth
> (2)「下の図から」
> from the figure below

発表でよく使う言葉を覚えよう！

 chart：図表, 図　figure：図, 図形

❸ 次のグラフは，あるクラスできいたアンケートの結果です。このグラフについて述べた下記の文の＿＿にあてはまる英語を書きなさい。

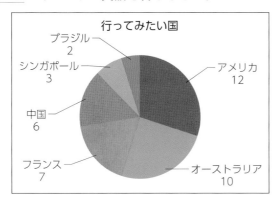

Here is a graph that shows the countries that the students in our class
① ＿＿＿＿＿＿＿ to go to. They chose among Australia, America, Brazil, China, France, and Singapore.

According to the graph, ② ＿＿＿＿＿＿＿ is the most popular country of the six. You can see that the number of people who want to go to America is ③ ＿＿＿＿＿＿＿ as large as those who want to go to China.

I think that Brazil will become more popular in the future.

❹ 次のグラフは，あるクラスのＡグループとＢグループが読んだ本の数の４月から９月までの合計を示しています。このグラフについて，次の問いに英語で答えなさい。

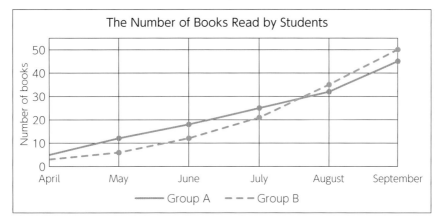

(1) Was the number of books read by Group A larger than the number of books read by Group B in May?

— ＿＿＿＿＿＿＿＿＿＿＿＿＿＿＿＿＿＿＿

(2) What was the number of books read by Group B in September?

— ＿＿＿＿＿＿＿＿＿＿＿＿＿＿＿＿＿＿＿

(3) When did the number of books read by Group B become larger than the number of books read by Group A?

— ＿＿＿＿＿＿＿＿＿＿＿＿＿＿＿＿＿＿＿

Let's Write 3

Grammar for Communication 3　後置修飾

読　聞
書　話

まとめ

① 名詞を後置修飾する語句

● 名詞のあとに語句や文を置いて修飾する形を**後置修飾**という。

● 後置修飾する語句には，①〈前置詞＋語句〉，②**不定詞**，③**現在分詞**，④**過去分詞**などがある。

前置詞＋語句 This is the idea of non-violence.　　　　これは非暴力の考え方です。
〈前置詞＋語句〉

The birds in the tree are singing.　　　　木に止まっている鳥たちが歌っています。
〈前置詞＋語句〉

不定詞 I have a lot of homework to do.　　　　私にはやるべき宿題がたくさんあります。
〈to ＋動詞の原形〉

現在分詞 The man sitting on the bench is my father.　　　　ベンチに座っている男性は私の父です。
〈現在分詞＋語句〉

過去分詞 Here is a picture taken by Mike.　　　　ここにマイクによって撮られた写真があります。
〈過去分詞＋語句〉

② 名詞を後置修飾する文

● 名詞を後置修飾する文は①**接触節**，②**関係代名詞節**などがある。

● 関係代名詞は修飾する名詞（先行詞）が人なら **who[that]**，ものなら **which[that]** を使う。

● まとまりの中で主語の役割をする関係代名詞を**主格**，目的語の役割をするものを**目的格**という。目的格の関係代名詞は省略できる。

接触節／目的格 Let's eat lunch (that[which]) my mother made.
もの　　　　　　　　　　　　　　　　母が作った昼食を食べましょう。

Ms. Brown is an athlete (that) I like very much.
人　　　　　　　　　　　ブラウンさんは私が大好きな運動選手です。

This is the camera (that[which]) Ken bought yesterday.
もの　　　　　　　　　　　これがケンが昨日買ったカメラです。

主格 who[that] I know the boy who gave a speech there.
人　　　　　　　　私はそこでスピーチをした男の子を知っています。

主格 which[that] There are some cars that[which] are made in China.
もの　　　　　　　　　　　中国製の車が何台かあります。

We are looking for the bus that[which] came from Nagoya.
もの　　　　　　　　　私たちは名古屋から来たバスをさがしています。

練習

1 次の文の（　）内から適する語句を選んで，○で囲みなさい。

(1) Do you have any work (finishing / to finish) today?

(2) We know that girl (with / for) long hair.

(3) Look at the woman (writing / written) a letter in the room.

2 次の日本文に合うように，＿＿＿に適する語を書きなさい。

(1) 英語は世界中で使われている言語です。

English is a ＿＿＿＿＿＿＿ ＿＿＿＿＿＿＿ all over the world.

(2) テーブルの上の本は私のです。

The book ＿＿＿＿＿＿＿ the table is ＿＿＿＿＿＿＿ .

(3) 何か冷たい飲みものはいかがですか。

Would you like ＿＿＿＿＿＿＿ ＿＿＿＿＿＿＿ ＿＿＿＿＿＿＿ drink?

(4) いっしょに勉強している男の子たちは私の子供たちです。

The boys ＿＿＿＿＿＿＿ ＿＿＿＿＿＿＿ are my ＿＿＿＿＿＿＿ .

3 次の2文を1文にするとき，＿＿＿に適する語を書きなさい。

(1) This is the song. I like it the best.

This is the ＿＿＿＿＿＿＿ ＿＿＿＿＿＿＿ ＿＿＿＿＿＿＿ the best.

(2) Please show me the pictures. You took them in Okinawa.

Please show me the ＿＿＿＿＿＿＿ ＿＿＿＿＿＿＿ ＿＿＿＿＿＿＿ in Okinawa.

(3) Mr. Okada is a teacher. He lives near my house.

Mr. Okada is a ＿＿＿＿＿＿＿ ＿＿＿＿＿＿＿ ＿＿＿＿＿＿＿ near my house.

4 次の英文を日本語になおしなさい。

(1) The cat in the box is sleeping.

(＿＿＿＿＿＿＿＿＿＿＿＿＿＿＿＿＿＿＿＿＿＿＿＿＿＿＿)

(2) The dinner cooked by Emma was delicious.

(＿＿＿＿＿＿＿＿＿＿＿＿＿＿＿＿＿＿＿＿＿＿＿＿＿＿＿)

(3) Do you have any questions to ask me?

(＿＿＿＿＿＿＿＿＿＿＿＿＿＿＿＿＿＿＿＿＿＿＿＿＿＿＿)

(4) I'm waiting for the train which goes to Shibuya.

(＿＿＿＿＿＿＿＿＿＿＿＿＿＿＿＿＿＿＿＿＿＿＿＿＿＿＿)

5 〔 〕内の語句を並べかえて，日本文に合う英文を書きなさい。

(1) これは私が向こうで見つけたカードです。

〔 I / this / over there / the card / found / is 〕.

(2) 私は留学したいと思っている生徒を知っています。

〔 who / to / I / a student / wants / know 〕 study abroad.

＿＿＿＿＿＿＿＿＿＿＿＿＿＿＿ study abroad.

(3) 彼らに何か食べるものをあげてくれますか。

Can 〔 you / them / give / to / eat / something 〕?

Can ＿＿＿＿＿＿＿＿＿＿＿＿＿＿＿＿＿＿＿＿ ?

Grammar for Communication 3

解答　p.24

 ステージ **1** 　**Stage Activity 2** **Discover Japan** 　読聞書話

教科書の 要点 　日本文化を紹介する表現　 a27

A *zabuton* is a Japanese cushion that **is used to** sit on the floor.　floor：床

「〜するために使われます」

ざぶとんは床にすわるために使われる日本のクッションです。

A *sensu* is **a kind of** fan.

「一種の〜」

せんすは一種のうちわです。

You can wear a *yukata* **instead of** a T-shirt and short pants.

「〜のかわりに」

あなたはTシャツと半ズボンのかわりにゆかたを着ることができます。

要点

● 日本独自のものを紹介する場合は，**be used to** 〜（〜するために使われる），**a kind of** 〜（一種の〜）など，具体的な用途や類似品に触れながら説明する。

● おすすめポイントや興味深い点なども加えながら，日本文化を自分なりに発信する。

Wordsチェック　次の英語は日本語に，日本語は英語になおしなさい。

□(1) behavior 　（　　　　　　　）　□(2) wrestling 　（　　　　　　　）

□(3) かわいい，きれいな _____　□(4) 布，服地 _____

□(5) 登場人物 _____　□(6) 〜を発見する　d_____

よく出る 1 次の日本文に合うように，____に適する語を書きなさい。

(1) バッグのかわりにふろしきを使いましょう。

　Let's use *furoshiki* _____ _____ bags.

(2) この本は私にとって一種の先生です。

　This book is a _____ _____ teacher for me.

(3) いすを折りたたんでから運びなさい。

　_____ _____ the chair and then carry it.

(4) 机の上に1枚の紙がありました。

　There was a _____ _____ paper on the desk.

まるごと暗記

● 「〜のかわりに」
　instead of 〜
● 「一種の〜」
　a kind of 〜
● 「〜を折りたたむ」
　fold up 〜 / fold 〜 up
● 「1つ[個, 本, 枚]の〜」
　a piece of 〜

レベルUP 2 〔　〕内の語を並べかえて，日本文に合う英文を書きなさい。

(1) 一部の日本文化は米国で人気があります。

　〔 is / Japanese / in / some / popular / culture 〕 the U.S.

　_____ the U.S.

(2) 幸運をさがすのは楽しいかもしれません。

　〔 fun / may / look / it / to / be 〕 for luck.

　_____ for luck.

ここがポイント

(1)「一部の〜，（中には）〜もいる」はsomeで表す。
(2)It is … to 〜. の文。「〜かもしれない」はmayを使う。

cloth は [klɔ́ːθ]，clothes は [klóuz] と発音するよ。意味も異なるから注意しよう。

3 次の日本文化を紹介するパンフレットの一部を読んで，あとの問いに答えなさい。

①ふろしきはものを包んで運ぶために使われる1枚の布です。It is wide and square, but you can fold it up（ ② ）keep it in your pocket.

Furoshiki are not only convenient,（ ③ ）good for the environment. ④If you use *furoshiki* instead of plastic bags, you won't waste resources.

(1) 下線部①の意味になるように，＿＿に適する語を書きなさい。

A *furoshiki* is a ＿＿＿＿＿＿ of cloth that is ＿＿＿＿＿＿ wrap and carry things.

(2) ②，③の（ ）内に適する語を下から選び，記号で答えなさい。

ア so　　イ and　　ウ also　　エ but

②（ ）　③（ ）

(3) 下線部④を日本語になおしなさい。

（ ）

(4) 次の質問に対する答えの＿＿に，本文中から適する語句を2語で抜き出して書きなさい。

Why are *furoshiki* good for the environment?

— Because we won't ＿＿＿＿＿＿ if we use them.

4 次の対話が成り立つように，＿＿に適する語を書きなさい。

(1) A: What has become an important part of Japanese culture?

B: The idea ＿＿＿＿＿ *mottainai* ＿＿＿＿＿.

(2) A: Where can I get *furoshiki*?

B: You can get them at general shops, department stores, or even ＿＿＿＿＿＿ internet.

まるごと暗記
●「～するために使われる」〈be動詞＋used to＋動詞の原形～〉
●「～だけでなく…もまた」not only ～ but (also) …

あと少し！

ことばメモ
(1)「～という…」… of ～
(2)general shop「雑貨店」department store「デパート」

Stage Activity 2

WRITING Plus

外国人観光客に日本文化について次のように質問されたとき，あなたならどう答えるか英語で書きなさい。

(1) What's your favorite *kawaii* thing?

(2) What do you usually do during *Shogatsu*?

定着のワーク　ステージ2　Unit 5 〜 Stage Activity 2　読 聞 書 話

🎧 **1 LISTENING**　英文を聞いて，内容に合う絵を選び，記号で答えなさい。　♪ 109

ア　　　　　イ　　　　　ウ　　　　　エ

(1)(　　　)　　(2)(　　　)　　(3)(　　　)　　(4)(　　　)

2 次の文の（　）内から適する語を選んで，○で囲みなさい。

(1)　Do you know that boy (who / which / when) has a bag?

(2)　I saw a movie (to / who / that) was made in India.

(3)　Show me the pictures (of / who / which) you took last Sunday.

(4)　Who's the man (that / which / where) Ken met last night?

3 次の文のあとに続く部分を下から選んで，（　）に記号を書きなさい。

(1)　This is a convenient product (　　　).

(2)　Mr. Suzuki is a teacher (　　　).

(3)　I like the poems (　　　).

(4)　Tom has a dog (　　　).

　　ア　who teaches us history　　　イ　which we call Kuro

　　ウ　that Nakahara Chuya wrote

　　エ　which is used when you clean the room

4 〔　〕内の語句を並べかえて，日本文に合う英文を書きなさい。

(1)　これは父が毎日使う車です。

　　〔 the car / every day / uses / this / my father / is 〕.

　　_____

(2)　私は彼女らをうれしくさせるニュースを聞きました。

　　〔 news / which / happy / I / them / heard / made 〕.

　　_____

(3)　エマは日本語をじょうずに話す女の子です。

　　〔 well / Japanese / who / is / Emma / a girl / speaks 〕.

　　_____

重要ポイント

2 すべて関係代名詞を使う文。

得点力をUP

関係代名詞の使い分け
「人」… who, that
「もの」… which, that

3 (1) a convenient product は「もの」。
(2) a teacher は「人」。
(3) the poems は「もの」。
(4) a dog は「もの（動物）」。

4

テストに出る！

●接触節
〈名詞＋主語＋動詞〉
の語順。

●関係代名詞（主格）
〈名詞＋関係代名詞＋
動詞〉の語順。

●関係代名詞（目的格）
〈名詞＋関係代名詞＋
主語＋動詞〉の語順。

5 次のジョシュの授業での発表の一部を読んで，あとの問いに答えなさい。

Look. This is a picture I found on the internet.
①〔 this / you / who / is / do / know 〕? His name is
Mahatma Gandhi. His image is printed on all Indian
rupee notes. He's a person Indian people respect
greatly.

(1) 下線部①が「あなたはこちらがだれかわかりますか」という意味になるように，〔 〕内の語を並べかえなさい。

_____

(2) 本文の内容に合うように，＿＿に適する語を書きなさい。

1．Gandhi is ＿＿＿＿＿＿ by Indian people greatly.

UP 2．Gandhi's image ＿＿＿＿＿＿＿＿ every
rupee note.

6 次の2文をほぼ同じ内容の1文に書きかえるとき，＿＿に適する語を書きなさい。

(1) This is a present. My aunt gave it to me.
This is a present my ＿＿＿＿＿＿ ＿＿＿＿＿＿ me.

(2) Ann is a girl. Everyone loves her.
Ann is a ＿＿＿＿＿＿ ＿＿＿＿＿＿ ＿＿＿＿＿＿ .

(3) Here is a picture. Tim took it.
Here is a ＿＿＿＿＿＿ ＿＿＿＿＿＿ ＿＿＿＿＿＿ .

7 次の英文を日本語になおしなさい。

(1) Soccer is the sport that is the most popular in my class.
( )

(2) This is the movie I watched last month.
( )

8 次の日本文を英語になおしなさい。

(1) 私はあなたが読んでいる本を知っています。

_____

UP (2) 私たちはどこで動物園へ行くバスに乗ればいいですか。

_____

(3) 彼は私がずっと会いたいと思っていた人です。

_____

ちょっと BREAK　英語で「高価な」は expensive です。では，その反意語は？　　➡答えは次のページ

重要ポイント

5 (1)「こちらがだれか」を間接疑問〈疑問詞＋主語＋動詞〉で表す。

(2) 1．受け身の文。2．「ガンディーの肖像はすべてのルピー紙幣にあります」という文に。

6 すべて接触節の文。
(1) it ＝ a present
(2) her ＝ a girl
(3) it ＝ a picture

7 (1) the sport を that 以下が後ろから説明するように訳す。

(2) the movie を接触節が後ろから説明するように訳す。

8 (2)「バスに乗る」take a bus
(3)「人」person

テストに出る！
●「～する…(名詞)」
→関係代名詞(主格)
●「―が～する…(名詞)」
→関係代名詞(目的格)，または接触節

Unit 5 〜 Stage Activity 2

実力判定テスト　ステージ3　Unit 5 〜 Stage Activity 2　30分　/100　読 聞 書 話

1 LISTENING　英文を聞いて，内容に合う人物を絵の中から1人ずつ選び，記号で答えなさい。

♪ l10　2点×5（10点）

(1)(　　　)

(2)(　　　)

(3)(　　　)

(4)(　　　)

(5)(　　　)

2 （　）内の語句が入る正しい位置の記号を○で囲みなさい。

2点×4（8点）

(1)　I would　like　something　hot　.　(to drink)
　　　　　ア　　イ　　　　　ウ　　エ

(2)　These　are　books　by young people　.　(read)
　　　　ア　　イ　　ウ　　　　　　　　エ

(3)　Sara is　a girl　wants　to be　a basketball player.　(who)
　　　　　　ア　　イ　　ウ　　エ

(4)　Is　there　anything　I can do　now ?　(that)
　　　ア　　イ　　　ウ　　　　エ

3 次の日本文に合うように，＿＿＿に適する語を書きなさい。

3点×4（12点）

(1)　ここにあなたを幸せにするコインが1枚あります。

　　＿＿＿＿＿＿＿＿＿＿ a coin ＿＿＿＿＿＿＿＿ makes you happy.

(2)　およそ20キロメートル歩いたあとに，私たちは海に到着しました。

　　＿＿＿＿＿＿＿＿＿ ＿＿＿＿＿＿＿＿＿ about 20 kilometers, we ＿＿＿＿＿＿＿ the sea.

(3)　ギターのかわりにピアノを演奏してくれますか。

　　Can you play the piano ＿＿＿＿＿＿＿ ＿＿＿＿＿＿＿ ＿＿＿＿＿＿＿ guitar?

(4)　たとえ明日が暑いとしても，私は出かけます。

　　＿＿＿＿＿＿＿ ＿＿＿＿＿＿＿ it ＿＿＿＿＿＿＿ hot tomorrow, I'll go out.

4 〔　〕内の語句を並べかえて，日本文に合う英文を書きなさい。

6点×2（12点）

(1)　これはクミが私にくれたTシャツです。

　　〔 Kumi / is / which / me / a T-shirt / gave / this 〕.

(2)　あなたが今読みたい本は何ですか。

　　〔 you / now / to / want / what's / read / the book 〕?

ちょっとBREAKの答え　cheap[tʃíːp] または inexpensive[inikspénsiv] で，「安い」という意味です。

目標 ● 関係代名詞の正しい使い分けを覚えましょう。名詞を後置修飾する語句や文の働き・語順を理解しましょう。

自分の得点まで色をぬろう!

0	60	80	100点
😣がんばろう!		😊もう一歩	😀合格!

5 次の朝美とジョシュの対話文を読んで，あとの問いに答えなさい。 (計19点)

Asami: Nice presentation, Josh.　That was interesting.

Josh: Thanks.　①Gandhi is 〔 who / influenced / people / has / around / a man / the world / a lot of 〕.

Asami: He worked for Indian independence, right?

Josh: Yes.　②Do you know how he did it?

Asami: Non-violence?

Josh: Right.　He never used (　③　), so he's still respected by people (　④　) fight for human rights.

Asami: I see.　I want to learn more about him.

(1) 下線部①が「ガンディーは世界中の多くの人々に影響を与えた人です」という意味になるように，〔　〕内の語句を並べかえなさい。 (5点)

Gandhi is _____ .

(2) 下線部②を，he did it の具体的な内容を明らかにして日本語になおしなさい。 (6点)

(　　　　　　　　　　　　　　　　　　　　　　　　　　　　　　　)

(3) ③，④の(　)に適する語を1語ずつ書きなさい。 4点×2(8点)

③ _____　　④ _____

6 次の日本文を英語になおしなさい。 6点×3(18点)

(1) イチロー(Ichiro)は私がいちばん好きな野球選手です。

_____

(2) 佐藤さん(Mr. Sato)は私にスキーのし方を教えてくれた男性です。

_____

レベルUP (3) あなたたちが学びたい外国語は何ですか。

_____

よく出る **7** 次のようなとき，英語でどのように言うか書きなさい。ただし，(　)内の語句で始めること。 7点×3(21点)

(1) 相手に京都は多くの人が訪れる都市だと伝えるとき。　(Kyoto is)

_____

(2) 相手に英語を話すのがじょうずな友人がいるかたずねるとき。　(Do you)

_____

(3) 相手に北海道で撮った写真を見せてもらいたいとき。　(Show me)

_____

Unit 5 ～ Stage Activity 2

定期テスト対策　予想問題　第5回 p.114～115，第6回 p.116～117

解答 ▶ p.27

Unit 6　Beyond Borders ①

📖 教科書の **要点**　仮定法① I wish 〜.　🎵 a28

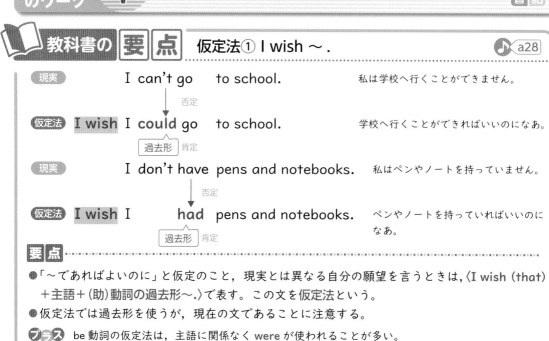

| 現実 | I can't go to school. | 私は学校へ行くことができません。 |

否定

| 仮定法 | I wish I could go to school. | 学校へ行くことができればいいのになあ。 |

過去形 | 肯定

| 現実 | I don't have pens and notebooks. | 私はペンやノートを持っていません。 |

否定

| 仮定法 | I wish I had pens and notebooks. | ペンやノートを持っていればいいのになあ。 |

過去形 | 肯定

要点 ......

● 「〜であればよいのに」と仮定のこと，現実とは異なる自分の願望を言うときは，〈I wish (that) ＋主語＋(助)動詞の過去形〜.〉で表す。この文を仮定法という。
● 仮定法では過去形を使うが，現在の文であることに注意する。

プラス　be動詞の仮定法は，主語に関係なく were が使われることが多い。
　　例　I wish I were a bird.　鳥であればよいのに。

Words チェック　次の英語は日本語に，日本語は英語になおしなさい。

□(1)　campaign　（　　　　　　）　　□(2)　relation　（　　　　　　）

□(3)　supplies　（　　　　　　）　　□(4)　unused　（　　　　　　）

□(5)　〜をこえたところに　＿＿＿＿　　□(6)　国境　＿＿＿＿

□(7)　〜を寄付する　＿＿＿＿　　□(8)　このように（2語）＿＿＿＿

1 絵を見て例にならい，「(私が)〜であればよいのに」という文を書きなさい。

| 例 | (1) | (2) | (3) |
| I can dance well | I have more friends | I can fly in the sky | I am young |

例　I wish I could dance well.

(1)　I wish I ＿＿＿＿＿＿ more friends.

(2)　I wish ＿＿＿＿＿＿ in the sky.

(3)　I ＿＿＿＿＿＿ .

ここがポイント

仮定法
〈I wish＋主語＋(助)動詞の過去形〜.〉で「〜であればよいのに」と現実とは異なる願望を表す。

解答 p.27

確認のワーク　ステージ 1　**Unit 6** Beyond Borders ②

読聞書話

教科書の 要点　仮定法② 〈If ＋主語＋ were ～, ….〉　♪ a29

If I **were** you, I **would** ask my friends for help.

過去形　　　過去形

もし私があなたなら，友達に助けを求めるでしょう。

要点

● 「もし～であれば…だろう(に)」と現実とは異なることを言うときは，〈If ＋主語＋ were ～, 主語＋助動詞の過去形＋動詞の原形….〉で表す。
● 助動詞の過去形は would や could がよく使われる。
● 仮定法では過去形を使うが，現在の文であることに注意する。

Wordsチェック　次の英語は日本語に，日本語は英語になおしなさい。

□(1)　definitely　　　（　　　　　　　　　）　　□(2)　group　　　（　　　　　　　　　）

□(3)　バックパック　＿＿＿＿＿＿＿＿＿　□(4)　傘

① 次の日本文に合うように，＿＿＿に適する語を書きなさい。

(1)　もし私が家にいれば，寝るだろうに。

　　If I ＿＿＿＿＿＿＿ at home, I ＿＿＿＿＿＿＿ go to bed.

(2)　もし今日が晴れなら，私たちは公園を散歩できるのに。

　　If it ＿＿＿＿＿＿＿ sunny today, we ＿＿＿＿＿＿＿ walk in

　the park.

(3)　これまで，私は1,000冊より多くの本を読んできました。

　　＿＿＿＿＿＿＿ ＿＿＿＿＿＿＿, I've read ＿＿＿＿＿＿＿

　　＿＿＿＿＿＿＿ 1,000 books.

ここが ポイント

「もし～であれば…だろう(に)」
〈If ＋主語＋ were ～, 主語＋助動詞の過去形＋動詞の原形….〉

「これまで，今まで」
so far

② 〔　〕内の語句を並べかえて，日本文に合う英文を書きなさい。

(1)　私が金持ちなら，家を買うことができるのに。

　　If I〔 could / rich / buy / I / were / a house / , 〕.

　　If I ＿＿＿＿＿＿＿＿＿＿＿＿＿＿＿＿＿＿＿＿ .

レベルUP (2)　彼がここにいれば，このパーティーはもっと楽しいだろうに。

　　〔 party / he / here / would / were / be / this / more / if / , 〕

　fun.

　　＿＿＿＿＿＿＿＿＿＿＿＿＿＿＿＿＿＿＿＿ fun.

(3)　ほかのものを寄付することで，彼らを助けましょう。

　　Let's〔 by / help / other / donating / them / things 〕.

　　Let's ＿＿＿＿＿＿＿＿＿＿＿＿＿＿＿＿＿＿ .

前置詞のあとは名詞か
動名詞を置く。

Unit 6

確認のワーク ステージ **1** ▶Unit 6 Beyond Borders ③ 読聞書話

教科書の **要点** 仮定法③〈If＋主語＋動詞の過去形 〜，…〉/ 主語を説明する関係代名詞 ♪ a30

あり得る If I have a school backpack, I will donate it.
もし私がランドセルを持っていれば，寄付するでしょう。

仮定法 If I had a school backpack, I would donate it.
あり得ない 過去形　　　　　　　　　　　　過去形
もし私がランドセルを持っていれば，寄付するでしょう。

要点1
● 「もし〜していれば，…するだろうに」と現実にはあり得ないことをいうときは，〈If＋主語＋動詞の過去形 〜，主語＋助動詞の過去形＋動詞の原形 …．〉で表す。

Many things come from overseas.
主語　　　　　　　　　　　　　　　動詞
多くのものが海外から来ています。

Many things that we see every day come from overseas.
主語　　関係代名詞　　　　　　　　　動詞
私たちが毎日目にする多くのものは海外から来ています。

要点2
● 関係代名詞のまとまり（関係代名詞節）が主語を修飾するときは，〈主語＋関係代名詞節＋動詞 〜〉の語順になる。

Wordsチェック 次の英語は日本語に，日本語は英語に直しなさい。

□(1) encourage （　　　　　　　） □(2) imagine （　　　　　　　）
□(3) receive （　　　　　　　） □(4) daily （　　　　　　　）
□(5) 建物，ビル ＿＿＿＿＿＿ □(6) 上着，コート ＿＿＿＿＿＿
□(7) 息子 ＿＿＿＿＿＿ □(8) 娘 ＿＿＿＿＿＿

1 次の日本文に合うように，＿＿＿に適する語を書きなさい。

(1) もし十分な時間があれば，もっと練習するだろうに。
　　If I ＿＿＿＿＿＿ enough time, I ＿＿＿＿＿＿ practice more.

(2) もし彼がここに来れば，このケーキが食べられたのに。
　　If he ＿＿＿＿＿＿ here, he ＿＿＿＿＿＿ eat this cake.

(3) 料理がじょうずな女の子はミカです。
　　The girl ＿＿＿＿＿＿ cooks well ＿＿＿＿＿＿ Mika.

(4) 一生懸命に勉強している男の子は私の兄です。
　　The boy ＿＿＿＿＿＿ ＿＿＿＿＿＿ studying hard ＿＿＿＿＿＿ my brother.

ここがポイント
「もし〜していれば，…するだろうに」
〈If＋主語＋動詞の過去形 〜，主語＋助動詞の過去形＋動詞の原形 …．〉

ミス注意
主語を説明する関係代名詞
〈主語＋関係代名詞節＋動詞 〜〉で表す。文の主語と動詞が離れるので注意。

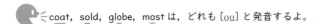
coat, sold, globe, most は，どれも [ou] と発音するよ。

② 次の海斗のスピーチの一部を読んで，あとの問いに答えなさい。

Imagine your life (①) school. ②If you (   ) study, you (   ) read or write. If you were illiterate, you couldn't get information (③) books or websites. In some parts of the world, there are children living like this.

Children like these in Afghanistan receive school backpacks from Japan. ④It makes them happy. ⑤It also [send / to / their parents / their sons and daughters / to / encourages] school.

⑥~の大部分 the backpacks come with pens and notebooks. So students will ⑦~の用意ができている school. In areas (⑧) no school buildings, children can use the backpacks as desks ⑨屋外で.

(1) ①，③，⑧の( )に適する語を下から選び，記号で答えなさい。
　　ア with　イ beyond　ウ through　エ without
　　①(   )　③(   )　⑧(   )

レベルUP (2) 下線部②が「もしあなたが勉強していなければ，読み書きができないでしょう」という意味になるように，( )に適する語を書きなさい。
　　＿＿＿＿＿＿＿＿，＿＿＿＿＿＿＿＿

(3) 下線部④を It と them の内容を明らかにして日本語になおしなさい。
　　(　　　　　　　　　　　　　　　　　　　　　　　　)

(4) 下線部⑤が「それはまた彼らの親たちに息子や娘を学校へ行かせるように促します」という意味になるように，〔 〕内の語句を並べかえなさい。
　　＿＿＿＿＿＿＿＿＿＿＿＿＿＿＿＿＿＿＿＿＿＿＿＿＿＿
　　＿＿＿＿＿＿＿＿＿＿＿＿＿＿＿＿＿＿＿＿＿＿＿＿＿＿

(5) 下線部⑥，⑦，⑨を( )内の語数の英語で書きなさい。
　　⑥＿＿＿＿＿＿＿＿＿＿＿＿＿＿（2語）
　　⑦＿＿＿＿＿＿＿＿＿＿＿＿＿＿＿＿＿＿（3語）
　　⑨＿＿＿＿＿＿＿＿＿＿＿＿＿＿＿＿＿＿（4語）

よく出る③ ＿＿にあてはまる英語を□から選び，必要があれば形を変えて書きなさい。

(1) Japan ＿＿＿＿＿＿＿＿ on foreign trade now.

(2) There is no ＿＿＿＿＿＿＿＿.

(3) My house is ＿＿＿＿＿＿＿＿ by trees.

(4) One-third of the pork is ＿＿＿＿＿＿＿＿ from Canada.

| surround | exception | depend | import |

ことばメモ

前置詞
● with（～のある）
● about（～について）
● through（～によって）
● without（～ なし で [に]）

Unit 6

まるごと暗記
●「～の大部分」
　most of ～
●「～の用意ができている」
　be ready for ～
●「屋外で」
　in the open air

解答 p.28

ステージ 1 **Let's Talk 3** 食品の選択 ― 賛成する・反対する ― 読聞書話

教科書の 要点 賛成・反対する表現 ♪ a31

賛成する I agree with Mike.   私はマイクの意見に賛成です。

「～に賛成です」

I think it's better to choose cheaper products and save money.

「～するほうがいいと思います」   より安い製品を選んでお金を節約するほうがいいと思います。

反対する I see your point, but we need to support domestic food, too.

「あなたの言おうとしていることはわかりますが，～」

あなたの言おうとしていることはわかりますが，国産食品を応援することも必要です。

要点
- 相手の意見を受けて賛成を表明するときは，I agree with ～. / I think so, too. / I also think (that) ～. などがよく使われる。
- 相手の意見に反対するときは，I disagree with ～. / I don't think so. などを使う。
- 自分の主張だけを述べるのではなく，相手の主張もしっかり聞いて議論を進める。

Wordsチェック 次の英語は日本語に，日本語は英語になおしなさい。

- □(1) seem （   ）
- □(2) transport （   ）
- □(3) 特徴，論点 _____
- □(4) そのうえ，さらに _____
- □(5) (品物・料金が)安い _____
- □(6) 国内の _____

① 次の日本文に合うように，___ に適する語を書きなさい。

(1) 旬な野菜を買ってください。
　　Buy vegetables that are _____ _____.

(2) ボブはハンバーガーを２つ食べました。そのうえサンドイッチも食べました。
　　Bob ate two hamburgers. _____, he ate sandwiches.

(3) このウェブサイトは安全なように見えます。
　　This website _____ _____.

(4) 輸入品の大部分は国内品よりも安いです。
　　Most imported goods are _____ than _____ goods.

(5) ミキに賛成です。 I _____ Miki.

(6) あなたと意見が合いません。
　　I _____ you.

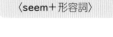
まるごと暗記
- 「(食べ物が)旬で」in season
- 「そのうえ」besides
- 「～のように見える」〈seem＋形容詞〉

ことばメモ
- 「国内の」domestic
- 「安い」cheap

表現メモ
- 「～に賛成だ」agree with ～
- 「～と意見が合わない」disagree with ～

 cheap ⇔ expensive, agree ⇔ disagree, domestic ⇔ imported など反対の意味を持つ語はペアで覚えよう。

❷ 次のようなとき，英語でどのように言いますか。例として適する
文を下から選び，記号で答えなさい。

(1) 相手の主張に同意することを表明するとき。 （　　　）

(2) 相手の考えに同意できない理由を述べるとき。 （　　　）

(3) 相手の意見に理解を示しながら別の主張をするとき。（　　　）

(4) 相手の意見に同意しないことを表明するとき。 （　　　）

(5) 相手にもっとよい考えを提示するとき。 （　　　）

ア　You may be right, but it's important to save money, too.

イ　I don't think so because we must depend on foreign
trade for our survival.

ウ　I think it's better to check on the website.

エ　I also think that you are right.

オ　I disagree with your opinion.

ここが **ポイント**

相手の主張を受ける表現

●「あなたの言おうとしていることはわかりますが，〜」
I see your point, but 〜

●「あなたが何を言いたいかはわかりますが，〜」
I see what you mean, but 〜

●「あなたは正しいかもしれませんが，〜」
You may be right, but 〜

❸ 〔　〕内の語句を並べかえて，日本文に合う英文を書きなさい。

(1) それについてはよくわかりません。

〔 that / sure / I'm / about / not 〕.

_____.

(2) より豊富な種類の食品が店で売られています。

〔 sold / foods / of / a / variety / are / wider 〕 at the shop.

_____ at the shop.

(3) あなたの言おうとしていることはわかりますが，国産の肉製品
はより安全なように思われます。

〔 point / I / but / see / your / domestic / seem / meat /
safer / products / , 〕.

_____

(4) 食べ物を輸送するのは環境にとってよいことですか。

〔 the environment / food / transporting / is / for / good 〕?

_____

よく使う表現
を覚えよう！

Let's Talk 3

WRITING Plus 🖊

次のように質問されたとき，あなたならどのように答えるか英語で書きなさい。

(1) What kind of food do you like?

_____

(2) Which do you want to eat, domestic food or imported food?

_____

Grammar for Communication 4 仮定法

解答 p.29

まとめ

① 仮定法〈I wish 〜 .〉

- 現実とは異なる願望を表すときは,〈I wish (that) ＋主語＋動詞の過去形 〜.〉で表す。
- 仮定法では be 動詞は主語に関係なく, were を使うことが多い。
- 過去形を使っているが現在の文であることに注意。

(現実)　　　　　I don't have a new bike.　　　　私は新しい自転車を持っていません。

仮定法 I wish I　　　had a new bike.　　　新しい自転車を持っていればよいのに。
(願望)　　　　　　　　過去形

(現実)　　　　　I am in Tokyo now.　　　　私は今, 東京にいます。

仮定法 I wish I were in New York now.　　今, ニューヨークにいればよいのに。
(願望)　　　　　　　　過去形

② 仮定法〈If 〜, …. 〉

- 現実とは異なることを仮定して言うときは,〈If ＋主語＋動詞の過去形 〜, 主語＋助動詞の過去形＋動詞の原形 ….〉で表す。
- 助動詞は would, could をよく使う。
- if のまとまりの中の be 動詞は主語に関係なく, were を使うことが多い。
- 過去形を使っているが現在の文であることに注意。

　　　　　　If I am free tomorrow, I will play tennis.　　もし明日ひまなら, 私はテニスをする
(あり得ること)　　　　　　　　　　　　　　　　　　　　　　つもりです。

仮定法 If I were free today,　　I would play tennis.　もし今日ひまなら, 私はテニスをする
(あり得ないこと) 過去形　　　　　　　　過去形　　　　　　　だろうに。

　　　　　　If you have time, you can go shopping.　　もし時間があれば, あなたは買い物に
(あり得ること)　　　　　　　　　　　　　　　　　　　　　　行くことができます。

仮定法 If you had time, you could go shopping.　　もし時間があれば, あなたは買い物に
(あり得ないこと) 過去形　　　　　　　　過去形　　　　　　　行くことができるだろうに。

練習

1 次の文の(　)内から適する語を選んで, ◯で囲みなさい。

(1) If you (are / were) happy, I'm also happy.

(2) I wish I (am / were) a little taller.

(3) If I (have / had) much money, I'd help poor people.

(4) I wish there (are / were) no illiterate children.

(5) If you (are / were) a bird, you (can / could) fly to her.

(6) Tim (didn't / would) call me if he (knows / knew) my phone number.

2 次の日本文に合うように，＿＿＿に適する語を書きなさい。

(1) 今日晴れていたら，あなたと外出するのに。

If it ＿＿＿＿＿＿ sunny today, I ＿＿＿＿＿＿ go out with you.

(2) 英語がじょうずに話せたらなあ。

I ＿＿＿＿＿＿ I ＿＿＿＿＿＿ speak English well.

(3) 車があれば，あなたはビルを迎えに行けるのに。

＿＿＿＿＿＿ you ＿＿＿＿＿＿ a car, you ＿＿＿＿＿＿ pick Bill up.

(4) クミの家への行き方を覚えていればなあ。

I ＿＿＿＿＿＿ ＿＿＿＿＿＿ ＿＿＿＿＿＿ the way to Kumi's house.

3 次の対話が成り立つように，＿＿＿に適する語を書きなさい。

(1) A: If you got 100,000 yen, how would you use it?

B: I ＿＿＿＿＿＿ buy nothing. If I ＿＿＿＿＿＿ 100,000 yen, I would save it.

(2) A: Is Tom in the U.S. now?

B: Yes. If I ＿＿＿＿＿＿ there, we ＿＿＿＿＿＿ play together.

(3) A: I ＿＿＿＿＿＿ I ＿＿＿＿＿＿ Ken.

B: Oh, no! You are you. I like you yourself.

4 次の英文を日本語になおしなさい。

(1) If I were not busy, I would help you.

( )

(2) I wish I could take a rest.

( )

(3) If I were you, I'd try sushi.

( )

(4) What will you do if you have free time?

( )

5 4つの願望を記したメモを見て例にならい，「私が〜であればよいのに」という文を書きなさい。

例 もっと速く走れればよいのに
(1) もっと時間があればよいのに (2) お金持ちであればよいのに
(3) 兄弟や姉妹がいればよいのに (4) 新しいカメラを買えればよいのに

例 I wish I could run faster.

(1) I wish ＿＿＿＿＿＿ more time.

(2) I wish ＿＿＿＿＿＿ .

(3) I wish ＿＿＿＿＿＿ and sisters.

(4) ＿＿＿＿＿＿ a new camera.

解答 p.29

確認のワーク ステージ1 Stage Activity 3 Let's Have a Mini Debate 読聞書話

教科書の 要点 ディベートで自分の主張とその理由を述べる ♪ a32

賛成側 **We think that** many people in Japan are friendly.
「私たちは〜だと思います」 日本の多くの人は好意的だと思います。

反対側 **We don't think that** they show how they really feel.
「私たちは〜ではないと思います」 彼らは実際にどう感じているかを見せないと思います。

理由を述べる **We have** three reasons. First, …. Second, …. Third, ….
「理由は〜つあります」 理由は3つあります。1つ目は…。2つ目は…。3つ目は…。

司会 **Let's move on to** questions and answers. 質疑応答に進みましょう。
「〜へ進みましょう」

要点

●ディベートでは，ある論題について賛成側と反対側にわかれて議論を行い，審判が両者の意見を聞いて最終的にどちらが説得力があるか判定する。
●実際にディベートを行い，論理的に考えながら説得力のある主張をできるようになろう。

Words チェック 次の英語は日本語に，日本語は英語になおしなさい。

□(1) uniform （ ） □(2) negative （ ）
□(3) colorful （ ） □(4) countryside （ ）
□(5) 審判員 ＿＿＿＿＿ □(6) 側，面 ＿＿＿＿＿
□(7) 〜を着ている ＿＿＿＿＿ □(8) 〜を発表する ＿＿＿＿＿

よく出る **1** 次の日本文に合うように，＿＿に適する語を書きなさい。

(1) いろいろな料理を食べられるなら，もっと楽しいでしょうに。
   If we ＿＿＿＿＿ eat different dishes, we ＿＿＿＿＿
   be happier.

(2) 外食するほうが安いかもしれません。
   It may be cheaper to ＿＿＿＿＿＿＿＿＿ .

(3) 次の話題に移りましょう。
   Let's ＿＿＿＿＿＿＿＿＿ the
   next topic.

(4) このバスは少しも混んでいません。
   This bus isn't crowded ＿＿＿＿＿ ＿＿＿＿＿ .

(5) どの少年もみな同じ制服を身につけています。
   Every ＿＿＿＿＿＿＿＿＿ the same uniform.

まるごと暗記
●「外食する」
 eat out
●「(次の話題などへ)移る，進む」
 move on to 〜
●「少しも〜ない」
 not 〜 at all

ことばメモ
everyのあとには名詞の単数形がくる。そのため，動詞は三人称単数現在形にする。

colorful, countryside, among は，どれも [ʌ] と発音するよ。

2 ディベートで次のようなとき，英語でどのように言いますか。例として適する文を下から選び，記号で答えなさい。

(1) 自分の意見を発表するとき。　　　　　　　　　（　　　）

(2) 根拠となる理由を明確にして自説を述べるとき。（　　　）

(3) 相手の弱点をついて反論するとき。　　　　　　（　　　）

(4) 相手に不明点を質問するとき。　　　　　　　　（　　　）

(5) 自説を補強するために実例を出すとき。　　　　（　　　）

　　ア　Let me give you an example.　Here are stationery goods.

　　イ　I think our houses are small, so we can save time to clean our houses.

　　ウ　You said trains are crowded, but don't you think they are punctual?　　　　　punctual：時間に正確な

　　エ　In my opinion, the food in Japan is amazing.

　　オ　What do you mean by "cool and pretty"?

表現メモ

● 「例をあげましょう」
Let me give you an example.
● 「私の意見では」
in my opinion
● 「～とは思いませんか」
Don't you think (that) ～?
● 「～というのはどういう意味ですか」
What do you mean by ～?

3 〔　〕内の語句を並べかえて，日本文に合う英文を書きなさい。

(1) 最初に，賛成する人たちから聞きます。

First, 〔 agree / we'll / who / from / people / hear 〕.

First, _____ .

(2) 反対する人たちがこのディベートの勝者です。

〔 who / of / the winners / people / disagree / are 〕 this debate.

_____ this debate.

(3) 家の中には人々が必要としないものがたくさんあります。

〔 many / are / don't / things / people / need / there 〕 in the house.

_____ in the house.

思い出そう

● 関係代名詞・主格
〈名詞＋関係代名詞＋動詞～〉
● 関係代名詞・目的格
〈名詞＋関係代名詞＋主語＋動詞～〉
● 接触節
〈名詞＋主語＋動詞～〉

Stage Activity 3

WRITING Plus 🖊

あなた自身がディベートに参加するつもりで，(1)日本のよい点，(2)日本のよくない点を英語で発表しなさい。

例　(1)　I think the four seasons in Japan are so beautiful.

　　(2)　I'm sure that many people in Japan are afraid to change.

(1) _____

(2) _____

解答 ▶ p.29

Try! READING ▶Let's Read 2 Power Your Future ①

読 聞
書 話

● 次のエネルギー問題に関する説明文を読んで，あとの問いに答えなさい。

　　Japan uses a lot of oil, coal, and natural gas to make electricity. ①These resources are called "fossil fuels." Fossil fuels have some good points. They are relatively cheap, and they can be used for many things. ②However, scientists say that we may (　　　)(　　　)(　　　) fossil fuels in 100 years. There are other problems, too. Fossil fuels release carbon dioxide and other 　5 dangerous chemicals. They increase ③地球温暖化 and damage our health.

　　Japan also makes electricity from nuclear power. ④Nuclear power produces a (　　　)(　　　)(　　　) energy without releasing carbon dioxide. However, it is difficult to control radiation and handle nuclear waste safely all the time.

　　Now many countries are using sunshine, wind, steam, rivers, and even ocean waves to make electricity. These are examples of "⑤再生可能エネルギー." Japan has many rivers, and their power is used to produce electricity. Their water is renewable and does not release dangerous chemicals. However, we need dams to use water power, and these dams can damage the environment. 　10　15

Question

(1) 下線部①を，These resources の内容を明らかにして日本語になおしなさい。
　　(　　　　　　　　　　　　　　　　　　　　　　　　　　　　　　　　　)

(2) 下線部②，④が次の意味になるように，＿＿に適する語を書きなさい。
　　②しかしながら，100年後には化石燃料を使い果たすかもしれないと科学者は言います。
　　　　However, scientists say that we may ＿＿＿＿＿＿＿ ＿＿＿＿＿＿＿
　　　　＿＿＿＿＿＿＿ fossil fuels in 100 years.
　　④原子力は二酸化炭素を放出することなく，大量のエネルギーを生み出します。
　　　　Nuclear power produces a ＿＿＿＿＿＿＿ ＿＿＿＿＿＿＿ ＿＿＿＿＿＿＿
　　　　energy without releasing carbon dioxide.

(3) 下線部③，⑤の日本語を，それぞれ2語の英語になおしなさい。
　　③ ＿＿＿＿＿＿＿＿＿＿＿　　⑤ ＿＿＿＿＿＿＿＿＿＿＿

(4) 本文の内容に合うように，＿＿に適する語を書きなさい。

1．Fossil fuels are relatively ＿＿＿＿＿＿．Besides, we can use ＿＿＿＿＿＿ for many things.

2．＿＿＿＿＿＿ is not easy ＿＿＿＿＿＿ handle nuclear waste safely.

3．The ＿＿＿＿＿＿ we need to produce electricity can ＿＿＿＿＿＿ the environment.

Word Box BIG

1 次の英語は日本語に，日本語は英語になおしなさい。

(1) control （　　　　　）　(2) renewable （　　　　　）

(3) electricity （　　　　　）　(4) release （　　　　　）

(5) 健康 ＿＿＿＿＿　(6) 日光 ＿＿＿＿＿

(7) 比較的 ＿＿＿＿＿　(8) 風 ＿＿＿＿＿

(9) ４分の１ ＿＿＿＿＿　(10) ～を解決する ＿＿＿＿＿

2 次の日本文に合うように，＿＿に適する語を書きなさい。

(1) 電気がなければ，私たちの生活に何が起こるのでしょうか。

If there ＿＿＿＿＿ no electricity, what ＿＿＿＿＿ ＿＿＿＿＿ to our lives?

(2) ボブはそのケーキの４分の１を食べました。

Bob ate ＿＿＿＿＿ of the cake.

(3) 地面の自然熱に関する研究はアイスランドで進んでいます。

＿＿＿＿＿ in the natural ＿＿＿＿＿ in the ground is ＿＿＿＿＿ in Iceland.

(4) エネルギーの未来をより明るくするために私たちは何ができますか。

What can we do to ＿＿＿＿＿ our energy future ＿＿＿＿＿？

(5) 持続可能なエネルギー技術のために何か私たちにできることはありますか。

Is there ＿＿＿＿＿ we can do for a ＿＿＿＿＿ energy technology?

(6) 祖父は常に自宅にいます。

My grandfather stays at home ＿＿＿＿＿ ＿＿＿＿＿ ＿＿＿＿＿．

3 次の英語を（　）内の指示にしたがって書きかえなさい。

(1) rain （形容詞に） ＿＿＿＿＿

(2) cut （過去分詞に） ＿＿＿＿＿

(3) cheap （反対の意味の語に） ＿＿＿＿＿

(4) invent （「～する人」の形に） ＿＿＿＿＿

(5) danger （形容詞に） ＿＿＿＿＿

(6) sea （ほぼ同じ意味の語に） ＿＿＿＿＿

(7) past （反対の意味の語に） ＿＿＿＿＿

Let's Read 2　Power Your Future ②

読聞書話

●次のエネルギー問題に関する説明文を読んで，あとの問いに答えなさい。

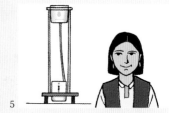

　　　Reyhan is a student in Azerbaijan.　When she was fifteen, Reyhan invented a device to make electricity from rain. Reyhan's device can power 22 LED lamps for 50 seconds.　Each device uses only 7 liters of rainwater.　Its battery can store power to use later.　Reyhan says she created the device to help poor people, especially in ①雨の多い国.　Her device is not expensive.　It does not even need ②電線.　③[many / can / it / help / electricity / get / people].

Question

(1)　下線部①，②の日本語を，それぞれ2語の英語になおしなさい。

　　①＿＿＿＿＿＿＿＿＿＿＿＿　②＿＿＿＿＿＿＿＿＿＿＿＿

(2)　下線部③が「それは多くの人々が電気を得る手助けとなり得ます」という意味になるように，〔　〕内の語を並べかえなさい。

＿＿＿＿＿＿＿＿＿＿＿＿＿＿＿＿＿＿＿＿＿＿＿＿＿＿＿＿＿

(3)　本文の内容に合うように，次の質問に英語で答えなさい。ただし，数字は英語で書くこと。

　１．How old was Reyhan when she invented the device? （3語）

　＿＿＿＿＿＿＿＿＿＿＿＿＿＿＿＿＿＿＿＿＿＿＿＿＿＿＿＿

　２．How long can the device power LED lamps? （3語）

　＿＿＿＿＿＿＿＿＿＿＿＿＿＿＿＿＿＿＿＿＿＿＿＿＿＿＿＿

　３．How much rainwater does each device need? （5語）

　＿＿＿＿＿＿＿＿＿＿＿＿＿＿＿＿＿＿＿＿＿＿＿＿＿＿＿＿

　４．Why did Reyhan create the device? （4語）

　＿＿＿＿＿＿＿＿＿＿＿＿＿＿＿＿＿＿＿＿＿＿＿＿＿＿＿＿

次の英語は日本語に，日本語は英語になおしなさい。

(1)　consumer　　（　　　　　）　(2)　battery　　（　　　　　）

(3)　chemical　　（　　　　　）　(4)　radiation　　（　　　　　）

(5)　雨　＿＿＿＿＿＿　(6)　〜を発明する　＿＿＿＿＿＿

(7)　秒　＿＿＿＿＿＿　(8)　持続可能な　＿＿＿＿＿＿

解答 ▶ p.30

Let's Read 3　A Graduation Gift from Steve Jobs ①　読 聞 書 話

WordBox BIG

1 次の英語は日本語に，日本語は英語になおしなさい。

(1) attend 　　（　　　　　　）　　(2) somehow 　　（　　　　　　）

(3) artistic 　　（　　　　　　）　　(4) dot 　　（　　　　　　）

(5) interest 　　（　　　　　　）　　(6) graduation 　（　　　　　　）

(7) （単科）大学 ＿＿＿＿＿＿＿　　(8) ちがい ＿＿＿＿＿＿＿

(9) 卒業する ＿＿＿＿＿＿＿　　(10) ～を信頼する ＿＿＿＿＿＿＿

2 次の日本文に合うように，＿＿に適する語を書きなさい。

(1) 私は彼女が何をしたいのか見当もつきません。

I have ＿＿＿＿＿＿＿ ＿＿＿＿＿＿＿ ＿＿＿＿＿＿＿ she wants to do.

(2) エミは音楽を学ぼうと決心しました。

Emi ＿＿＿＿＿＿＿ ＿＿＿＿＿＿＿ ＿＿＿＿＿＿＿ music.

(3) 彼は決して中退しませんでした。

He ＿＿＿＿＿＿＿ ＿＿＿＿＿＿＿ ＿＿＿＿＿＿＿.

(4) 毎日勉強することが大きなちがいを生みます。

Studying every day ＿＿＿＿＿＿＿ ＿＿＿＿＿＿＿ the ＿＿＿＿＿＿＿.

(5) トム，自分自身を信頼しなさい。

＿＿＿＿＿＿＿ ＿＿＿＿＿＿＿, Tom.

(6) そのコンピュータはインターネットにつなげられていません。

The computer ＿＿＿＿＿＿＿ ＿＿＿＿＿＿＿ to the internet.

3 〔　〕内の語を並べかえて，日本文に合う英文を書きなさい。

(1) 私たちは彼は大学を卒業すると期待しています。

〔 graduate / trust / college / will / we / that / he / from 〕.

(2) 私はハルカが書いた手紙をかばんに入れました。

〔 put / I / letter / the / wrote / into / Haruka 〕 the bag.

＿＿＿＿＿＿＿＿＿＿＿＿＿＿＿＿＿＿＿＿＿＿ the bag.

(3) 私は夏休みにどこへ行くべきか見当もつきません。

〔 where / I / no / I / have / should / during / idea / go 〕 the summer vacation.

＿＿＿＿＿＿＿＿＿＿＿＿＿＿＿＿＿ the summer vacation.

解答 ▶ p.31

Let's Read 3　A Graduation Gift from Steve Jobs ②　読聞書話

Word Box BIG

1 次の英語は日本語に，日本語は英語になおしなさい。

(1) garage （　　　　　　）　(2) focus(名詞) （　　　　　　）

(3) creative （　　　　　　）　(4) loss （　　　　　　）

(5) beginner （　　　　　　）　(6) employee （　　　　　　）

(7) 幸運な ＿＿＿＿＿＿＿＿　(8) 〜だけれども ＿＿＿＿＿＿＿＿

(9) 成功した(形容詞) ＿＿＿＿＿＿＿　(10) grow の過去形 ＿＿＿＿＿＿＿

2 次の日本文に合うように，＿＿＿に適する語を書きなさい。

(1) その犬はここから逃げました。

The dog ＿＿＿＿＿＿ ＿＿＿＿＿＿ from here.

(2) 私は解雇されませんでした。

I didn't ＿＿＿＿＿＿＿＿＿＿＿＿ .

(3) ボブはそのとき何をすべきかわかりませんでした。

Bob didn't know ＿＿＿＿＿＿ ＿＿＿＿＿＿ ＿＿＿＿＿＿ then.

(4) ユリは自分がしたことに満足しています。

Yuri is ＿＿＿＿＿＿ with the thing she ＿＿＿＿＿＿ .

(5) 年が過ぎるにつれ，彼女はしだいに健康になるでしょう。

She'll get ＿＿＿＿＿＿ and ＿＿＿＿＿＿ as the years ＿＿＿＿＿＿ on.

(6) 雨が降っていたけれども，アキラは外出しました。

＿＿＿＿＿＿ it was rainy, Akira ＿＿＿＿＿＿ ＿＿＿＿＿＿ .

3 〔　〕内の語を並べかえて，日本文に合う英文を書きなさい。

(1) あなたが大好きなことをさがし続けなさい。

〔 you / looking / the / keep / things / love / for 〕.

＿＿＿＿＿＿＿＿＿＿＿＿＿＿＿＿＿＿＿＿＿＿＿＿

(2) サッカーは私の人生の大きな部分になるでしょう。

〔 a / soccer / part / life / will / be / large / my / of 〕.

＿＿＿＿＿＿＿＿＿＿＿＿＿＿＿＿＿＿＿＿＿＿＿＿

(3) そのアニメーションスタジオは世界で最も創造力のある会社の一つです。

The animation studio 〔 of / is / creative / most / one / the / in / companies 〕 the world.

The animation studio ＿＿＿＿＿＿＿＿＿＿＿＿＿＿＿＿＿＿＿＿＿＿

the world.

Let's Read 3　A Graduation Gift from Steve Jobs ③ 読 聞 書 話

WordBox BIG

1 次の英語は日本語に，日本語は英語になおしなさい。

(1) cancer 　（　　　　　　　　）　(2) mirror 　（　　　　　　　　）

(3) foolish 　（　　　　　　　　）　(4) inner 　（　　　　　　　　）

(5) 限られた 　＿＿＿＿＿＿＿＿　(6) （その）ほかの 　e＿＿＿＿＿＿

(7) 雑誌 　＿＿＿＿＿＿＿＿

(8) だれか 　＿＿＿＿＿＿＿＿

2 次の日本文に合うように，＿＿に適する語を書きなさい。

(1) だれもその食べ物を食べたいと思いませんでした。

＿＿＿＿＿＿＿＿＿ ＿＿＿＿＿＿＿＿＿ wanted to eat the food.

(2) ボブは「私は勇気があるだろうか」と自分自身にたずねました。

Bob asked ＿＿＿＿＿＿＿＿, "Do I have ＿＿＿＿＿＿＿＿?"

(3) これはタクのものではありません。それはほかのだれかのものです。

This isn't Taku's.　It's ＿＿＿＿＿＿＿＿ ＿＿＿＿＿＿＿＿.

(4) メアリーは何かを変える必要がありました。

Mary ＿＿＿＿＿＿＿＿ ＿＿＿＿＿＿＿＿ ＿＿＿＿＿＿＿＿ something.

(5) トムはTシャツを買い，ボブも同じものを買いました。

Tom bought a T-shirt, and Bob bought ＿＿＿＿＿＿＿＿ ＿＿＿＿＿＿＿＿.

(6) このスピーチは「愚かなままでいなさい[愚か者であれ]」という言葉で終わっています。

This speech ends ＿＿＿＿＿＿＿＿ the words: "＿＿＿＿＿＿＿＿ Foolish."

3 〔 〕内の語を並べかえて，日本文に合う英文を書きなさい。

(1) 田中先生は私に時間は限られていると言いました。

Ms. Tanaka〔 that / me / told / limited / is / time 〕.

Ms. Tanaka ＿＿＿＿＿＿＿＿＿＿＿＿＿＿＿＿＿＿＿＿＿.

(2) あなたが今日計画していることは何ですか。

〔 today / the / are / are / you / things / planning / do / to / what 〕?

＿＿＿＿＿＿＿＿＿＿＿＿＿＿＿＿＿＿＿＿＿＿＿

(3) ほかのだれかの考えに従う必要はありません。

You〔 someone / don't / follow / to / idea / else's / need 〕.

You ＿＿＿＿＿＿＿＿＿＿＿＿＿＿＿＿＿＿＿＿.

Let's Read 3

解答 p.31

定着のワーク ステージ **2** **Unit 6** ～ **Let's Read 3**

読 聞 書 話

🎧 **❶ LISTENING** 対話を聞いて，内容に合う英文を選び，記号で答えなさい。

♪ [11]

ア Ann and Ken will go shopping this afternoon.

イ Ken has to do his homework this afternoon.

ウ Ann is too busy to go shopping.

エ If Ken were free, Ann could go shopping with him.

( )

❷ 次の英語の反意語または対語を書きなさい。

(1) expensive ＿＿＿＿＿＿＿ (2) son ＿＿＿＿＿＿＿

(3) send ＿＿＿＿＿＿＿ (4) agree ＿＿＿＿＿＿＿

❸ 次の文の ＿＿ に適する語を下から選び，適する1語の形にかえて書きなさい。

(1) I wish I ＿＿＿＿＿＿＿ rich.

(2) Bill ＿＿＿＿＿＿＿ out of energy and fell down.

(3) I looked in the mirror and ＿＿＿＿＿＿＿ myself.

(4) A lot of products are ＿＿＿＿＿＿＿ in Japan.

| ask | be | sell | run |

よく出る **❹** 次の日本文に合うように，＿＿ に適する語を書きなさい。

(1) そのキャンペーンが大きなちがいを生みました。

The campaign ＿＿＿＿＿＿ ＿＿＿＿＿＿ the

＿＿＿＿＿＿.

(2) 逃げることを考えてはいけません。

Don't think about ＿＿＿＿＿＿ ＿＿＿＿＿＿.

(3) 解雇されたことは私の人生を変えませんでした。

＿＿＿＿＿＿ ＿＿＿＿＿＿ didn't change my life.

❺ 〔 〕内の語句を並べかえて，日本文に合う英文を書きなさい。

(1) 私は何をしたらよいか見当もつきませんでした。

〔 idea / had / to / do / what / I / no 〕.

＿＿＿＿＿＿＿＿＿＿＿＿＿＿＿＿＿＿＿＿＿＿＿

(2) クミが公園で見かけた少年はティムです。

〔 that / saw / is / in / Kumi / the park / the boy 〕Tim.

＿＿＿＿＿＿＿＿＿＿＿＿＿＿＿＿＿＿＿ Tim.

重要ポイント

❶ イ has to ～「～しなければならない」

ウ too ～ to …「…するには～すぎる」

エ 仮定法の文。

❷ (1)「高価な」

(2)「息子」

(3)「送る」

(4)「賛成する」

❸ (1)仮定法の文。

(4)空所の前に be 動詞がある。

得点力を UP

進行形と受け身の区別

・「～している」→進行形 〈be動詞＋動詞のing形〉

・「～される」→受け身 〈be動詞＋過去分詞〉

❹ (1)「ちがい」は名詞。different は形容詞。

(2)「逃げる」run away

(3)「解雇される」get fired

❺ (1)

テストに◎出る!

●「見当もつかない」 have no idea

(2)主語を説明する関係代名詞節。

6 次の広告の一部を読んで，あとの問いに答えなさい。

"I wish I could go to school." "I wish I had pens and notebooks." Children in some parts of the world ①feel this way. We are ②(run) a campaign to help them. Send us unused school supplies, and we will give ③them to those children.

レベルUP (1) 下線部①の具体的な内容を表すように，（　）に適する日本語を書きなさい。

「（　　　　　　　　　　　　）ができればよいのに」とか，

「（　　　　　　　　　　）を持っていればよいのに」と感じている。

(2) ②の（　）内の語を適する形にかえなさい。　＿＿＿＿＿＿

(3) 下線部③の them が指すものを，本文中から3語の英語で抜き出して書きなさい。

＿＿＿＿＿＿＿＿＿＿＿＿＿＿＿＿＿＿＿＿

よく出る 7 次の2文を that を使って1文にするとき，＿＿に適する語句を書きなさい。

(1) English is a subject. I like it the best.
English is a subject ＿＿＿＿＿＿＿＿＿＿ .

(2) The pictures are fantastic. Tom took them in Nara.
＿＿＿＿＿＿＿＿＿＿＿＿＿＿ are fantastic.

(3) The girl is Emma. She won first place.
The girl ＿＿＿＿＿＿＿＿＿＿ is Emma.

(4) Here are some examples. They show global warming.
Here are some ＿＿＿＿＿＿＿＿＿＿ .

8 次の日本文を英語になおしなさい。

(1) 傘を持っていればよいのに。

＿＿＿＿＿＿＿＿＿＿＿＿＿＿＿＿＿＿＿＿

レベルUP (2) 私は国産食品を食べたほうがよいと思います。

＿＿＿＿＿＿＿＿＿＿＿＿＿＿＿＿＿＿＿＿

(3) 質疑応答へ移ってくれますか。

＿＿＿＿＿＿＿＿＿＿＿＿＿＿＿＿＿＿＿＿

(4) カラオケ(karaoke)があれば，いっしょに歌えるのですが。

＿＿＿＿＿＿＿＿＿＿＿＿＿＿＿＿＿＿＿＿

重要ポイント

6 (1) this way は「このように」という意味。

(2) すぐ前の be 動詞に注目。

(3) 〈give ＋もの＋to＋人〉「（人）に（もの）を与える」

7 あとの文の代名詞を関係代名詞にかえて，説明を加える名詞のあとに置く。

テストに出る！
主語を説明する関係代名詞
●主格
〈名詞＋that[who, which]＋動詞 〜〉が文の主語。
●目的格
〈名詞＋that[which]＋主語＋動詞 〜〉が文の主語。

8 (1) 実際は傘を持っていない。

(2) I think (that) 〜. の文を使う。「国産食品」domestic food

(3) Can you 〜? の文などを使う。

(4) 実際はカラオケがない。

Unit 6 〜 Let's Read 3

解答 p.32

実力判定テスト ステージ **3** 　**Unit 6** 〜 **Let's Read 3** 　**30**分 　/100 　読聞書話

1 LISTENING 対話を聞いて，対話中のチャイムが鳴るところに入る適切な英文を選び，記号で答えなさい。　　　l12 2点×3（6点）

(1) 　ア　I want a new bag, too. 　　イ　I will show you some pictures.

　　　ウ　I know what time it is. 　　エ　I wish I had such a nice one. 　　（　　　）

(2) 　ア　I hope they'll get well soon. 　　イ　I think each has its own good points.

　　　ウ　I live with my parents. 　　　エ　I don't know where they live. 　　（　　　）

(3) 　ア　If she were at home, she would say yes. 　　イ　I'm sorry, she's out.

　　　ウ　If it is rainy tomorrow, I will stay at home. 　エ　I'm too busy now. 　　（　　　）

2 次の文の＿＿＿に，（　）内の語を適する形にかえて書きなさい。　　3点×4（12点）

(1) 　If I ＿＿＿＿＿＿＿ a camera, I would take pictures of you. 　(have)

(2) 　I wish I ＿＿＿＿＿＿＿ a famous singer. 　(be)

(3) 　Do you have any unused school ＿＿＿＿＿＿＿? 　(supply)

(4) 　A variety of goods are ＿＿＿＿＿＿＿ on the street. 　(sell)

3 次の日本文に合うように，＿＿＿に適する語を書きなさい。　　3点×5（15点）

(1) 　ほかのだれかに聞いてください。

　　　Please ask ＿＿＿＿＿＿＿ ＿＿＿＿＿＿＿.

(2) 　避難訓練の用意はできていますか。

　　　Are you ＿＿＿＿＿＿＿ ＿＿＿＿＿＿＿ the evacuation drill?

(3) 　これらのいすはじょうぶで安全そうに見えます。

　　　These chairs ＿＿＿＿＿＿＿ ＿＿＿＿＿＿＿ and ＿＿＿＿＿＿＿.

(4) 　その装置は大量の水を必要とします。

　　　The device needs a large ＿＿＿＿＿＿＿ ＿＿＿＿＿＿＿ water.

(5) 　昨夜見た映画は少しもわくわくしませんでした。

　　　The movie I watched last night was ＿＿＿＿＿＿＿ exciting ＿＿＿＿＿＿＿

　　　＿＿＿＿＿＿＿.

4 〔　〕内の語句を並べかえて，日本文に合う英文を書きなさい。　　5点×2（10点）

(1) 　私がよく訪れた動物園はこのあたりにあります。

　　　〔 visited / here / often / around / I / is / the zoo 〕.

(2) 　ガンディーは人々に自分の権利を守るように促しました。

　　　〔 Gandhi / people / rights / to / their / encouraged / protect 〕.

目標 ●現実とは異なる願望や仮定を表す文，主語を説明する関係代名詞の文，ディベートで使える表現などを覚えましょう。

自分の得点まで色をぬろう！

😣がんばろう！	😓もう一歩	😊合格！
0	60	80 100点

5 次の海斗とメグの対話文を読んで，あとの問いに答えなさい。 (計25点)

Kaito: Have you ever heard of groups (①) collect Japanese school backpacks? They send them overseas.

Meg: I've never heard of them, but it's a great idea. Japanese school backpacks are cool.

Kaito: They send them to children in Afghanistan. ②So far, more than 200,000 backpacks have been sent. I've already sent ③mine.

Meg: Wow. ④If I were a Japanese student, I would send my old backpack.

(1) ①の（ ）に適する語を書きなさい。 _____ (3点)

(2) 下線部②，④を日本語になおしなさい。 6点×2(12点)

② （ ）

④ （ ）

(3) 下線部③は具体的には何か，2語で書きなさい。 (4点)

_____ _____

(4) 本文の内容に合うように，次の質問に5語の英語で答えなさい。 (6点)

What does Meg think of Japanese school backpacks?

— _____

6 次の日本文を英語になおしなさい。 6点×3(18点)

(1) 彼は自分のエネルギーを使い果たしました。

(2) このように生活する人々がいます。

(3) その子供たちの大部分はカナダ出身です。

7 次のようなとき，英語でどのように言いますか。ただし，（ ）内の語句で始めること。

(1) サッカーがじょうずにできればよいのにと願望を述べるとき。 （I wish） 7点×2(14点)

(2) 現実は雨が降っているが，もし晴れていれば花火が見られるのに，とあり得ない仮定をするとき。 （If it）

Unit 6 ～ Let's Read 3

不規則動詞変化表

⭐ 不規則動詞の変化形をおさえましょう。　　　　　　　　　　　　　　[　]は発音記号。

		原形	意味	現在形	過去形	過去分詞
A・B・C型	☐	be	～である	am, is / are	was / were	been [bín]
	☐	begin	始める	begin(s)	began	begun
	☐	do	する	do, does	did	done [dʌ́n]
	☐	drink	飲む	drink(s)	drank	drunk
	☐	eat	食べる	eat(s)	ate	eaten
	☐	give	与える	give(s)	gave	given
	☐	go	行く	go(es)	went	gone [gɔ́ːn]
	☐	know	知っている	know(s)	knew	known
	☐	see	見る	see(s)	saw	seen
	☐	sing	歌う	sing(s)	sang	sung
	☐	speak	話す	speak(s)	spoke	spoken
	☐	swim	泳ぐ	swim(s)	swam	swum
	☐	take	持っていく	take(s)	took	taken
	☐	write	書く	write(s)	wrote	written
A・B・B型	☐	bring	持ってくる	bring(s)	brought	brought
	☐	build	建てる	build(s)	built	built
	☐	buy	買う	buy(s)	bought	bought
	☐	feel	感じる	feel(s)	felt	felt
	☐	find	見つける	find(s)	found	found
	☐	get	得る	get(s)	got	got, gotten
	☐	have	持っている	have, has	had	had
	☐	hear	聞く	hear(s)	heard	heard
	☐	keep	保つ	keep(s)	kept	kept
	☐	make	作る	make(s)	made	made
	☐	say	言う	say(s)	said [séd]	said [séd]
	☐	stand	立っている	stand(s)	stood	stood
	☐	teach	教える	teach(es)	taught	taught
	☐	think	思う	think(s)	thought	thought
A・B・A型	☐	become	～になる	become(s)	became	become
	☐	come	来る	come(s)	came	come
	☐	run	走る	run(s)	ran	run
A・A・A型	☐	hurt	傷つける	hurt(s)	hurt	hurt
	☐	read	読む	read(s)	read [réd]	read [réd]
	☐	set	準備する	set(s)	set	set

アプリで学習！
Challenge! SPEAKING

- ●この章は，付録のスマートフォンアプリ『文理のはつおん上達アプリ　おん達 Plus』を使用して学習します。
- ●右の QR コードより特設サイトにアクセスし，アプリをダウンロードしてください。
- ●アプリをダウンロードしたら，アクセスコードを入力してご利用ください。

おん達 Plus
特設サイト

アプリアイコン

アプリ用アクセスコード C064347

※アクセスコード入力時から 15 か月間ご利用になれます。

アプリの特長

- ●アプリでお手本を聞いて，自分の英語をふきこむと，AIが採点します。
- ●点数は「流暢度」「発音」「完成度」の 3 つと，総合得点が出ます。
- ●会話の役ごとに練習ができます。
- ●付録「ポケットスタディ」の発音練習もできます。

アプリの使い方

①ホーム画面の「かいわ」を選びます。
②学習したいタイトルをタップします。

 トレーニング

① 🔊 をタップしてお手本の音声を聞きます。
② 🎤 をおして英語をふきこみます。
③点数を確認します。
- ・点数が高くなるように何度もくりかえし練習しましょう。
- ・ 🔄 をタップするとふきこんだ音声を聞くことができます。

 チャレンジ

①カウントダウンのあと，会話が始まります。
② 🎤 が光ったら英語をふきこみます。
③ふきこんだら 🎤 をタップします。
④ "Role Change!" と出たら役をかわります。

利用規約・お問い合わせ　https://www.kyokashowork.jp/ontatsuplus/terms_contact.html

 Challenge! SPEAKING❶

海外旅行について

●付録アプリを使って，発音の練習をしましょう。 読 聞 書 話

 ☆トレーニング 🎵 s01

海外旅行について英語で言えるようになりましょう。

□ Have you ever been abroad?	あなたは外国へ行ったことがありますか。 abroad：外国に [へ，で]
□ No, I haven't.	いいえ，行ったことがありません。
□ What country do you want to visit?	あなたはどこの国を訪れたいですか。
□ I want to visit Australia. └─ Singapore / China / Peru	私はオーストラリアを訪れたいです。
□ Why?	なぜですか。
□ Because I want to visit Uluru. └─ see the Merlion / visit the Great Wall / visit Machu Picchu	なぜならウルルを訪れたいからです。 the Merlion：マーライオン the Great Wall：万里の長城 Machu Picchu：マチュピチュ
□ I see.	わかりました。

🎵 s02 チャレンジ

海外旅行についての英語を会話で身につけましょう。 □ に言葉を入れて言いましょう。

A: Have you ever been abroad?

B: No, I haven't.

A: What country do you want to visit?

B: I want to visit ☐ .

A: Why?

B: Because I want to ☐ .

A: I see.

Challenge! SPEAKING❷
遊びに誘う

 ●付録アプリを使って，発音の練習をしましょう。 読 聞 書 話

 アプリで学習

♪ トレーニング s03
遊びに誘う英語を言えるようになりましょう。

☐ Do you have any plans for tomorrow?	明日は何か予定がありますか。 plan：予定
☐ No, I'm free tomorrow.	いいえ，明日はひまです。
☐ I have two tickets for <u>a movie.</u> 　　　 the museum / 　　　 the aquarium / 　　　 the amusement park	私は映画のチケットを2枚持っています。 aquarium：水族館 amusement park：遊園地
☐ Why don't we go together?	いっしょに行きませんか。
☐ Wow! Sounds good!	わあ！　いいですね！
☐ What time do you want to meet, and where?	何時にどこで会いたいですか。
☐ How about <u>nine</u> at <u>the theater</u>? 　 one / ten /　　 the city hall / the bus stop / 　 eight　　　　　 the station	映画館に9時ではどうですか。
☐ Got it.	わかりました。

♪ チャレンジ s04
遊びに誘う英語を会話で身につけましょう。☐に言葉を入れて言いましょう。

A: **Do you have any plans for tomorrow?**
B: **No, I'm free tomorrow.**
A: **I have two tickets for ☐ .**
　 Why don't we go together?
B: **Wow! Sounds good!**
　 What time do you want to meet,
　 and where?
A: **How about ☐ at ☐ ?**
B: **Got it.**

Challenge! SPEAKING❸
ファストフード店で注文

● 付録アプリを使って，発音の練習をしましょう。

読 聞 書 話

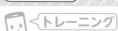

🎵 s05
〈トレーニング〉
ファストフード店で注文する英語を言えるようになりましょう。

☐ May I take your order?	ご注文はお決まりですか。 order：注文
☐ Can I have a hamburger and a small French fries, please?	ハンバーガーとＳのフライドポテトをいただけますか。

　　　a cheeseburger and a coffee /
　　　a large French fries and a soda /
　　　two hamburgers and two orange juices

☐ All right.	わかりました。
☐ Anything else?	他にご注文はありますか。
☐ That's it.	それだけです。
☐ For here, or to go?	こちらでお召し上がりですか，それともお持ち帰りですか。
☐ For here, please.　　To go	こちらで食べます。
☐ Your total is 7 dollars.　　8 / 5 / 14	お会計は７ドルになります。
☐ Here you are.	はい，どうぞ。
☐ Thank you.	ありがとう。

🎵 s06
〈チャレンジ〉
ファストフード店で注文する英語を会話で身につけましょう。☐ に言葉を入れて言いましょう。

A: May I take your order?
B: Can I have ☐ , please?
A: All right. Anything else?
B: That's it.
A: For here, or to go?
B: ☐ , please.
A: Your total is ☐ dollars.
B: Here you are.
A: Thank you.

Challenge! SPEAKING❹
観光地について

 ●付録アプリを使って，発音の練習をしましょう。

読 聞
書 話

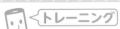 アプリで学習

📱 ⟨**トレーニング**⟩　♪ s07
観光地についての英語を言えるようになりましょう。

☐ What are you going to do during the summer vacation?

あなたは夏休みの間に何をする予定ですか。

☐ I'm thinking of visiting Okinawa.
　　Hokkaido / Nagasaki / Iwate

私は沖縄を訪れることを考えています。

☐ Do you recommend any places there?

そこでおすすめの場所はありますか。

☐ There is a famous aquarium.
　　is a popular farm /
　　are many old churches /
　　are famous mountains

有名な水族館があります。
aquarium：水族館　farm：農場
church：教会

☐ You can see many sea animals there.
　　enjoy delicious food /
　　see beautiful scenery /
　　see beautiful nature

そこでたくさんの海の動物をみることができます。
scenery：景色　nature：自然

☐ Sounds great.

いいですね。

📱 ⟨**チャレンジ**⟩　♪ s08
観光地についての英語を会話で身につけましょう。□に言葉を入れて言いましょう。

A: What are you going to do during the summer vacation?
B: I'm thinking of visiting ☐ .
　 Do you recommend any places there?
A: There ☐ .
　 You can see ☐ there.
B: Sounds great.

Challenge! SPEAKING❺

ショッピングモールでの案内

● 付録アプリを使って，発音の練習をしましょう。

読 聞
書 話

 トレーニング 🎵 s09

ショッピングモールでの案内の英語を言えるようになりましょう。

☐ Excuse me.	すみません。
☐ How can I get to the bookstore? └ the *sushi* restaurant / the fruit shop / the shoe shop	書店へはどのようにしたら行くことができますか。
☐ Well, you are here.	ええと，あなたはここにいます。
☐ Take the escalator and go up to the third floor. └ the elevator 　　 fifth / second / fourth	エスカレーターに乗って，3階へ上がってください。 escalator：エスカレーター elevator：エレベーター
☐ OK.	わかりました。
☐ Then turn right, and you can see it. └ left	それから右に曲がると見つかります。
☐ I see. Thank you.	わかりました。ありがとう。

チャレンジ 🎵 s10

ショッピングモールでの案内の英語を会話で身につけましょう。□□□に言葉を入れて言いましょう。

A: Excuse me.
　 How can I get to □□□ ?
B: Well, you are here.
　 Take the □□□ and go up to
　 the □□□ floor.
A: OK.
B: Then turn □□□ , and you can see it.
A: I see. Thank you.

Challenge! SPEAKING⑥

誕生日パーティー

Plus ● 付録アプリを使って，発音の練習をしましょう。 読 聞 書 話

アプリで学習

Challenge! SPEAKING

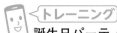 トレーニング ♪ s11

誕生日パーティーでの英語を言えるようになりましょう。

☐ Welcome to my birthday party!	ようこそ私の誕生日パーティーへ！
☐ Thank you for inviting me to the party.	このパーティーに招待してくれてありがとう。
☐ I'm happy to have you here.	ここにお迎えできてうれしいです。
☐ Please make yourself at home.	どうぞ楽にしてください。
☐ Here is a present for you.	これはあなたへのプレゼントです。
☐ Thank you so much!	どうもありがとう！
☐ Can I open it?	開けてもいいですか。
☐ Sure.	もちろんです。
☐ Wow, a beautiful scarf!	わあ，何て美しいマフラーでしょう！
☐ I love it.	とても気に入りました。

 チャレンジ ♪ s12

誕生日パーティーでの英語を会話で身につけましょう。

A: Welcome to my birthday party!
B: Thank you for inviting me to the party.
A: I'm happy to have you here.
　 Please make yourself at home.
B: Here is a present for you.
A: Thank you so much!
　 Can I open it?
B: Sure.
A: Wow, a beautiful scarf!
　 I love it.

●付録アプリを使って，発音
の練習をしましょう。

読 聞
書 話

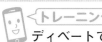
s13

ディベートでの英語を言えるようになりましょう。

☐ Let's start a debate.

ディベートを始めましょう。

☐ Today's topic is "electric energy".

今日の話題は電気エネルギーです。
electric：電気の

☐ I think it's convenient for us to use electric
machines.

私は私たちにとって電気機器を使うこと
は便利だと思います。
machine：機械

☐ You may be right, but saving energy is also
important.

あなたは正しいかもしれませんが，
エネルギーを節約することも大切です。

☐ It's better to use sustainable energy, such as
solar energy.

太陽光エネルギーのような持続可能な
エネルギーを使うことがより良いです。
sustainable：持続可能な

☐ I have a question about sustainable energy.

持続可能なエネルギーについて質問が
あります。

☐ How many countries is it used in?

いくつの国でそれは使われていますか。

☐ According to this article, sustainable energy
is now used by many countries.

この記事によると，持続可能なエネル
ギーは今，多くの国で使われています。

s14

ディベートでの英語を会話で身につけましょう。

A: Let's start a debate. Today's topic is "electric energy".
B: I think it's convenient for us to use electric machines.
A: You may be right, but saving energy is also important.
　　It's better to use sustainable energy, such as solar energy.
B: I have a question about sustainable energy.
　　How many countries is it used in?
A: According to this article,
　　sustainable energy is now used
　　by many countries.

● 現在完了形

過去からつながる現在の動作・状態は〈have[has]＋過去分詞〉で表す。この形を現在完了形という。

肯	主語＋have[has]＋過去分詞 ～．
否	主語＋have[has] not＋過去分詞 ～．
疑	Have＋主語＋過去分詞 ～？ — Yes, 主語＋have[has]．/ No, 主語＋have[has] not．　※答えるときもhave[has]を使う。

■ 継続用法

「ずっと～している」のように過去のあるときに始まった状態が今も続いていることを表す。

I **have lived** in Tokyo **since** 2013.　私は2013年から東京に住んでいます。

● 継続用法でよく使われるforとsince

・〈for＋期間を表す語句〉　for three days　3日間
・〈since＋ある一時点〉　since 2020　2020年以来

● 継続用法でよく使われる疑問文

How long ～？　どれくらいの間～
How long have you lived in Japan?
どれくらいの間あなたは日本に住んでいますか。

■ 経験用法

「～したことがある」のように過去から現在までに経験したことを表す。

Yuki **has visited** America **three times**.　ユキはアメリカを3回訪れたことがあります。

● 経験用法でよく使われる語句

never	一度も～ない	→ 過去分詞の前に置く
ever	これまでに(疑問文で)	
before	以前に　　once　一度, かつて	→ 文末に置く
twice	2回　　～ times　～回	

● 経験用法でよく使われる疑問文

Have[Has]＋主語＋ever＋過去分詞 ～？　これまでに～
Have you ever played *shogi*?
あなたはこれまでに将棋をしたことがありますか。
How many times[How often] ～？　何回～
How many times have you visited Kyoto?
何回あなたは京都を訪れたことがありますか。

■ 完了用法

「～したところだ」「～してしまった」のように現時点で動作が完了したことを表す。

I **have just read** the book.　私はちょうどその本を読んだところです。

● 完了用法でよく使われる語句

just　ちょうど / already　すでに, もう → 過去分詞の前
yet　[否定文]まだ～しない　[疑問文]もう → 文末

● 完了用法でよく使われる疑問文

Have[Has]＋主語＋過去分詞 ～＋yet?　もう～
Have you finished your homework yet?
あなたはもう宿題を終えましたか。

● 現在完了進行形

過去から現在まで継続している動作・行為は〈have[has] been＋動詞の -ing 形〉で表す。この形を現在完了進行形という。

It **has been snowing** since last Sunday.　先週の日曜日からずっと雪が降り続いています。

● いろいろな文の形

■ 〈call[name]＋～(人)＋…(名前)〉で「～を…と呼ぶ[名づける]」を表す。
〈make＋～(人)＋…(形容詞)〉で「～を…の状態にする」を表す。
We **call** *the boy* Ken.　私たちはその男の子をケンと呼びます。
The news **made** *me* happy.　そのニュースは私を幸せにしました。

⚠ この2つの文の形では, the boy=Ken, me=happy の関係になる。

■ 〈tell[show, teach]＋～(人)＋that ...〉で「～に…を見せる[伝える, 教える]」を表す。
I will **tell** *Tom* **that** our team won the game.　私はトムに私たちのチームが試合に勝ったことを伝えるつもりです。

● いろいろな不定詞

■ 〈want[ask, tell]＋人＋to＋動詞の原形〉で「…(人)に～してほしい[するように頼む, 言う]」を表す。

want＋人＋to＋動詞の原形 ～	人に～してほしい
ask＋人＋to＋動詞の原形 ～	人に～するように頼む
tell＋人＋to＋動詞の原形 ～	人に～するように言う

⚠ I want to read the book. → 本を読むのは, I
私はその本を読みたいです。
I want you to read the book. → 本を読むのは, you
私はあなたにその本を読んでもらいたいです。

〈It is＋形容詞＋(for ...)＋to＋動詞の原形.〉で「(…にとって)～することは—だ」を表す。
It is difficult **for** me **to** speak English.　英語を話すことは私にとって難しい。

●〈It is＋形容詞＋(for ...)＋to＋動詞の原形.〉でよく使われる形容詞

difficult　難しい	hard　難しい	easy　簡単な	important　重要な

⚠ It は to ～以下を指す。for のあとに代名詞がくるときは目的格にする。

● 間接疑問文

疑問詞で始まる疑問文が別の文の中に組み込まれるとき，〈疑問詞＋主語＋動詞〉の語順になる。この形を間接疑問という。〈疑問詞＋主語＋動詞〉は動詞の目的語になる。
　　　Who is that girl?　あの女の子はだれですか。
I know **who that girl is.**　私はあの女の子がだれか知っています。

⚠ 疑問詞が主語になる文を間接疑問の文で表すときは，語順は同じ。
Who made this cake?
→ I don't know who made this cake.
私はだれがこのケーキを作ったのか知らない。

● 関係代名詞

2 つの文をつなぎ，名詞を後ろから修飾する文を導くものを関係代名詞という。修飾される名詞は先行詞という。関係代名詞には **who, which, that** があり，先行詞が「人」のときは who，「もの」のときは which を使う。that は先行詞が何であっても使うことができる。

■ 主格の関係代名詞

関係代名詞が主語の働きをし，あとに動詞が続く。〈先行詞＋関係代名詞＋動詞 ～〉の形。

先行詞	関係代名詞	
人	who	I know *a girl* who speaks English well.　私は英語を上手に話す女の子を知っています。
もの	which	*The house* which stands there is Ken's.　そこに立っている家はケンのです。
人・もの	that	I have *a friend* that lives in Osaka.　私には大阪に住んでいる友人がいます。

⚠ 関係代名詞のあとの動詞は先行詞の人称・数に一致させる。
I have *a girl* who speaks English well.　※ a girl が 3 人称単数で現在の文なので who のあとの動詞は speaks。

■ 目的格の関係代名詞

関係代名詞が目的語の働きをし，あとに〈主語＋動詞〉が続く。〈先行詞＋関係代名詞＋主語＋動詞 ～〉の形。

先行詞	関係代名詞	
もの	which	*The movie* which I saw was exciting.　私が見たその映画はわくわくしました。
人・もの	that	*The boy* that I met yesterday is Tom.　私が昨日会った男の子はトムです。

⚠ 目的格の関係代名詞は省略できる。※主格の関係代名詞は省略できない。
This is *the book* (**that**) I wanted. これは私が欲しかった本です。

● 後置修飾

現在分詞(動詞の ing 形)や過去分詞が名詞を後ろから修飾して，「～している…」「～された…」という意味を表す。
I have *a friend* **living** in Kyoto.　私には京都に住んでいる友人がいます。
This is *a letter* **written** in English.　これは英語で書かれた手紙です。

⚠ 現在分詞や過去分詞が 1 語で名詞を説明するときは，名詞の前に置く。
a crying baby(泣いている赤ちゃん)
a broken window(壊れた窓)

● 仮定法

「～ならいいのに」と現実とは異なる願望を言うときは，〈I wish[If 主語＋過去形] ～, 主語＋過去形 ....〉で表す。
I wish I **could** speak French.　フランス語を話せればいいのに。
If I **had** a lot of money, I **would** buy a car.
もしたくさんお金を持っていれば，車を買うのに。

⚠ 仮定法では，be 動詞は主語に関わらず were を使うことが多い。
I wish I were a bird.
私が鳥ならいいのに。

定期テスト対策

得点アップ！ 予想問題

1 この「予想問題」で実力を確かめよう！
時間もはかろう

2 「解答と解説」で答え合わせをしよう！

3 わからなかった問題は戻って復習しよう！
この本での学習ページ

スキマ時間でポイントを確認！
別冊「スピードチェック」も使おう

●予想問題の構成

回数	教科書ページ	教科書の内容	この本での学習ページ
第1回	4〜17	Unit 0 / Unit 1 〜 Let's Write 1	4〜17
第2回	19〜31	Unit 2 〜 Grammar for Communication 1	18〜31
第3回	35〜55	Unit 3 〜 Let's Read 1	32〜47
第4回	57〜67	Unit 4 〜 Let's Talk 2	48〜59
第5回	71〜86	Unit 5 〜 Stage Activity 2 ①	60〜75
第6回	71〜86	Unit 5 〜 Stage Activity 2 ②	60〜75
第7回	89〜113	Unit 6 〜 Let's Read 3	76〜95

英語3年　東京書籍版

解答 ▶ p.34

第 **1** 回 予想問題 — Unit 0 / Unit 1 〜 Let's Write 1

読 聞 書 話 **30**分 /100

🎧 **1** **LISTENING** ボブとアキの対話を聞いて，その内容に合うように（　）に適する日本語を書きなさい。

♪ t01 5点×3（15点）

(1) ボブはアキに（　　　　　　　　）にどこへ行ったかをたずねています。

(2) アキは彼女の（　　　　　　　　）を訪ねました。

(3) アキは一度も（　　　　　　　　）へ行ったことがありません。

(1)		(2)	
(3)			

2 次の日本文に合うように，＿＿に適する語を書きなさい。 4点×4（16点）

(1) あなたはより幅広い商品から選ぶべきです。

You should choose from a ＿＿＿＿ ＿＿＿＿ of goods.

(2) この歌は私たちに希望を抱かせてくれます。

This song ＿＿＿＿ us ＿＿＿＿.

(3) 私はそのアスリートたちのパワーとスピードに驚かされました。

I was ＿＿＿＿ ＿＿＿＿ the athletes' power and speed.

(4) あなたは苦難の時代をどうやって乗りこえましたか。

How did you ＿＿＿＿ ＿＿＿＿ your hard times?

(1)		(2)	
(3)		(4)	

3 次の文を（　）内の指示にしたがって書きかえなさい。 4点×4（16点）

(1) People speak Spanish in Peru. （Spanish で始めてほぼ同じ内容の文に）

(2) When I ski, I get happy. （Skiing で始めてほぼ同じ内容の文に）

(3) Mike has been to New York. （疑問文にかえて，No で答える）

(4) You have tried sushi five times. （下線部をたずねる疑問文に）

(1)	
(2)	
(3)	
(4)	

4　次の英文を読んで，あとの問いに答えなさい。　　(計23点)

Technology Makes Sports Possible for Everyone

There is a special wheelchair company in Chiba, Japan.　①It was established by Ishii Shigeyuki.　He himself was a wheelchair user, and ②～に満足しなかった ordinary types.　So he ③～しようと決心した design custom-made wheelchairs. They were lighter, stronger, and sportier.　Kunieda Shingo and Kamiji Yui use his company's wheelchairs in their matches.　These athletes show the world that wheelchairs can be functional and stylish.

(1)　次の文が下線部①の意味を表すように，It の内容を明らかにして（　）に当てはまる日本語を書きなさい。　　(5点)

（　　　　　　　　　　　　　　　）は石井重行によって（　　　　　　　　　　　　）。

(2)　下線部②は４語，③は２語でそれぞれ英語になおしなさい。　　4点×2(8点)

(3)　本文の内容に合うように，＿＿に適する語句を３語ずつ書きなさい。　　5点×2(10点)

Kunieda Shingo and Kamiji Yui use the custom-made wheelchairs ＿＿1＿＿.

They ＿＿2＿＿ that there are functional and stylish wheelchairs.

(1)			
(2)	②		③
(3)	1		2

5　次の日本文を英語になおしなさい。　　6点×3(18点)

(1)　父はよく私に外国語はおもしろいと言います。（接続詞 that を使って）

(2)　サッカーの練習は彼らを疲れさせました。（Practicing で始めて）

(3)　こんなに美しい日の出(sunrise)を見たことがありません。（I've で始めて）

(1)	
(2)	
(3)	

6　次のようなとき，英語でどのように言うか書きなさい。　　6点×2(12点)

(1)　相手に外国へ行ったことがあるかどうかをたずねるとき。

(2)　ジム(Jim)は病気だそうだと人づての話を言うとき。（It で始めて）

(1)	
(2)	

第2回
予想問題

Unit 2 〜 Grammar for Communication 1 | 読聞書話 | 30分 | /100

解答 p.34

1 LISTENING 　アキラとエマの対話を聞いて，その内容に合うものを２つずつ選び，記号で答えなさい。

t02　3点×4（12点）

(1)　ア　エマは３か月間日本に滞在しています。　　イ　エマはすでに日本を離れています。
　　　ウ　アキラは来週，カナダを訪れる予定です。　エ　エマは来週カナダへ帰ります。
(2)　ア　アキラは新しいバッグを持っています。　　イ　エマは新しいバッグを持っています。
　　　ウ　アキラはデパートへ行くところです。　　　エ　エマはデパートで買い物をしました。

(1)			(2)		

2 　次の日本文に合うように，＿＿＿に適する語を書きなさい。

4点×4（16点）

(1)　あなたの仕事は私の仕事とはちがっています。
　　　Your job is ＿＿＿＿ ＿＿＿＿ mine.
(2)　あなただけでなく私もまた元気です。
　　　Not ＿＿＿＿ you ＿＿＿＿ also I am fine.
(3)　私は必ずしも日曜日がひまとは限りません。
　　　I'm ＿＿＿＿ ＿＿＿＿ free on Sundays.
(4)　何かが必要になったら，遠慮なく電話してください。
　　　＿＿＿＿ ＿＿＿＿ to call me if you need anything.

(1)		(2)	
(3)		(4)	

3 　次の文を（　）内の指示にしたがって書きかえなさい。

4点×4（16点）

(1)　I've had my lunch.　（「まだ食べていない」という否定文に）
(2)　I got up very early, so I'm sleepy.　（so 〜 that … の文に）
(3)　Taro has already read the article.　（疑問文にかえて，No で答える）
(4)　You've known Mr. Baker <u>for seven years</u>.　（下線部をたずねる疑問文に）

(1)		
(2)		
(3)		
(4)		

4 次の英文を読んで，あとの問いに答えなさい。 (計26点)

The rules for English haiku are less strict than the Japanese rules.　For example, ①[is / word / necessary / seasonal / not / a / always].　It's not always necessary to count syllables, either.

②Haiku in English are not only easy to write, but also easy to read.　Actually, there are a lot of haiku websites.　There are so many sites that you can even find birthday haiku or pop culture haiku.

(1)　下線部①の〔　〕内の語を並べかえて，意味の通る英文にしなさい。 (5点)

(2)　下線部②を日本語になおしなさい。 (6点)

(3)　本文の内容に合うように，＿＿に適する語を書きなさい。 5点×3(15点)

　１．You don't always ＿＿＿＿ ＿＿＿＿ count syllables in English haiku.

　２．The rules for Japanese haiku are ＿＿＿＿ ＿＿＿＿ those for English haiku.

　３．There are ＿＿＿＿ ＿＿＿＿ for English haiku, so you can even find pop culture haiku.

(1)	
(2)	
(3)	1　　　　　　　　　　　　　　　2
	3

5 次の日本文を英語になおしなさい。 6点×3(18点)

(1)　私の父は１週間ずっと忙しいです。

(2)　あなたは２時間ずっとジョギングしているのですか。

(3)　アン(Ann)はちょうど水泳の練習をしたところです。

(1)	
(2)	
(3)	

6 次の質問に，あなたならどのように答えるか英語で書きなさい。 6点×2(12点)

(1)　Have you finished your homework yet?　（５語以上で）

(2)　How long have you lived in your town?　（５語以上で）

(1)	
(2)	

解答 ▶ p.35

Unit 3 〜 Let's Read 1

読 聞
書 話　**30**分　/100

1 LISTENING　次のようなとき，英語でどのように言うか，最も適するものをア〜ウから選び，記号で答えなさい。

♪ t03　3点×4（12点）

(1) 東京の中学校に通いたいと言うとき。

(2) みんなにたくさんの本を読んでもらいたいとき。

(3) 夕食を料理するのを相手に手伝ってほしいとき。

(4) 早起きは重要であることをみんなに伝えるとき。

(1)		(2)		(3)		(4)	

2 次の日本文に合うように，＿＿に適する語を書きなさい。　4点×4（16点）

(1) しばらくして，マイクは走るのをやめました。

＿＿＿＿＿＿ a ＿＿＿＿＿, Mike stopped running.

(2) 1人ずつ彼らを調査しましょう。

Let's check them out one ＿＿＿＿＿ ＿＿＿＿＿.

(3) 多くの動物が絶滅の危険があるかもしれません。

Many animals may be ＿＿＿＿＿ ＿＿＿＿＿ of extinction.

(4) 私に自己紹介させてくれますか。

Can you ＿＿＿＿＿ me ＿＿＿＿＿ myself?

(1)		(2)	
(3)		(4)	

3 次の文を（　）内の語句で始めて，ほぼ同じ内容の文に書きかえなさい。　4点×4（16点）

(1) I said to Sara, "Clean the kitchen." （I told）

(2) Shall I carry those boxes? （Do you want）

(3) Please tell us your opinion. （Please let）

(4) Playing video games is exciting for me. （It is）

(1)	
(2)	
(3)	
(4)	

4　次の英文を読んで，あとの問いに答えなさい。 (計26点)

　　Some gorillas are also on the Red List.　①~によれば a study, the largest gorillas in the Congo may die out soon.　There are many reasons, such as hunting, logging, and mining.　Surprisingly, our electronic devices are one of ②these reasons.

（中略）

　　③Why do we have to protect these animals?　Each animal has its own role in the ecosystem.　If we lose one species, it affects many others.　Human beings are also part of this ecosystem.　We are all ④たがいに関係して.　So it is important for us to take action now.　Let's help the animals survive.

(1)　下線部①を２語，④を４語の英語になおしなさい。 3点×2(6点)

(2)　下線部②の具体例として挙げられているものを，our electronic devices 以外に，日本語で３つ書きなさい。 4点×3(12点)

(3)　下線部③の理由を表すように，（　）に適する日本語を書きなさい。 4点×2(8点)

　　（　　　　　　　）を失うことは，（　　　　　　　　）に影響を与えるから。

(1)	①		④	
(2)				
(3)				

5　次の日本文を英語になおしなさい。 6点×3(18点)

(1)　質問があれば，お知らせください。

(2)　政府は私たちが安全に生活する手助けをすべきです。

(3)　彼がその問題を理解するのは難しい。

(1)	
(2)	
(3)	

6　次の質問に，あなたならどのように答えるか英語で書きなさい。 6点×2(12点)

(1)　What is important for you to do every day?　（It's で始めて）

(2)　What do you think about texting and walking?　（think を使って）

(1)	
(2)	

第**4**回
予想問題

Unit 4 〜 Let's Talk 2

 読書 聞話 **30**分

/100

1 LISTENING　ケイトとソウタの対話とその内容についての質問を聞いて、質問の答えとして適するものを1つ選び、記号で答えなさい。　　t04　4点×3（12点）

(1)　ア　Yes, he is.　イ　No, he isn't.　ウ　Yes, he does.　エ　No, he doesn't.

(2)　ア　He knows where she lives.　イ　He knows how old she is.
　　ウ　He knows what sport she plays.　エ　He knows what food she likes.

(3)　ア　Kate.　　　　イ　Sota.　　　　ウ　Kate's brother.　エ　Sota's brother.

(1)		(2)		(3)	

2 次の日本文に合うように、＿＿＿に適する語を書きなさい。　　4点×4（16点）

(1)　私は通り過ぎようとしている男性に話しかけました。

　　I spoke to a man ＿＿＿＿＿ ＿＿＿＿＿.

(2)　妹はあまりにもこわがっていたので家から出られませんでした。

　　My sister was ＿＿＿＿＿ scared ＿＿＿＿＿ get out of the house.

(3)　マイクはアメリカ製の車を運転しています。

　　Mike is driving a car ＿＿＿＿＿ ＿＿＿＿＿ America.

(4)　あなたをそこにお連れしましょうか。

　　＿＿＿＿＿ you like ＿＿＿＿＿ to take you there?

(1)		(2)	
(3)		(4)	

3 次の対話が成り立つように、〔　〕内の語句を並べかえなさい。　　6点×3（18点）

(1)　*A:*　Shall I carry your bag for you?

　　B:　Thank you so much.　〔 you / very / of / kind / that's 〕.

(2)　*A:*　Could you 〔 me / where / I / tell / get / can / an umbrella 〕?

　　B:　All right.　There is a shop at the station.

(3)　*A:*　〔 who / is / don't / woman / I / know / that 〕.

　　B:　She is Ms. Kobayashi, a new Japanese teacher.

(1)	
(2)	
(3)	

4 次の英文を読んで，あとの問いに答えなさい。　　　　　　　　　　　　（計26点）

　　Wakaba City had an evacuation drill for foreign residents and visitors yesterday. In the drill, they experienced some simulations and ①[they / protect / can / how / themselves / learned].　They followed instructions ②(give) in English and easy Japanese.

　　The city handed out an evacuation map ③(make) by Wakaba Junior High School students.　The map uses simple symbols and pictures.　④It shows people where they should go in a disaster.

　　We interviewed some students at the school.　One said,"We're glad to help foreign people.　⑤It's important [other / to / for / each / help / everyone] and work together."

(1)　下線部①，⑤の[ ]内の語を並べかえて，意味の通る英文にしなさい。　5点×2(10点)

(2)　②，③の( )内の語を適する1語の形にかえなさい。　　　　　　　　　3点×2(6点)

(3)　下線部④を，It の内容を明らかにして日本語になおしなさい。　　　　　　（5点）

(4)　本文の内容に合うように，次の質問に5語の英語で答えなさい。　　　　　（5点）

　　What did Wakaba City do for foreign residents and visitors yesterday?

(1)	①	
	⑤	
(2)	②		③		
(3)					
(4)					

5 次の日本文を英語になおしなさい。　　　　　　　　　　　　　　　7点×4(28点)

(1)　テーブルの下で眠っているネコはマロ(Maro)と呼ばれています。

(2)　あなたがいつ日本に来たのか，私にはわかりません。

(3)　トムが撮った写真を見たことがありますか。

(4)　ホワイト先生(Ms. White)は私にいつも何時にねるのかたずねました。

(1)	
(2)	
(3)	
(4)	

解答 ▶ p.37

第5回 予想問題　Unit 5 〜 Stage Activity 2 ①

読 聞 書 話　30分　／100

🎧 **1 LISTENING** 英文と質問を聞いて，質問の答えとして適するものを1つ選び，記号で答えなさい。

🎵 t05　4点×3（12点）

(1) ア　It's baseball.　イ　It's soccer.　ウ　It's tennis.　エ　It's swimming.

(2) ア　She's a doctor.　　　　　　　イ　She's a nurse.
　　ウ　She's a vet.　　　　　　　　エ　She's a police officer.

(3) ア　About *Tanabata*.　　　　　　イ　About *Setsubun*.
　　ウ　About *Tsukimi*.　　　　　　エ　About *Hanami*.

(1)		(2)		(3)	

2 次の文の（　）内から適する語句を選んで，記号で答えなさい。　3点×4（12点）

(1) Even if it（ ア sunny　イ snows　ウ will snow ）tomorrow, I'll go out.

(2) I want to take a taxi instead（ ア of　イ to　ウ with ）a bus.

(3) This is a book（ ア who　イ what　ウ which ）makes people happy.

(4) The woman（ ア writes　イ written　ウ writing ）a letter is Ms. Ueda.

(1)		(2)		(3)		(4)	

3 次の文のあとに続く部分を右から選んで，記号で答えなさい。　3点×4（12点）

(1) Languages used in Canada（　　　　）.　　ア　are English and French

(2) Mr. Yamada is a doctor（　　　　）.　　　イ　who is liked by children

(3) I like the movies（　　　　）.　　　　　ウ　which she named Pi-chan

(4) Kumi has a bird（　　　　）.　　　　　　エ　that Kurosawa Akira made

(1)		(2)		(3)		(4)	

4 次の対話が成り立つように，〔　〕内の語句を並べかえなさい。　5点×2（10点）

(1) *A:* What a nice cup!　Where did you get it?
　　B: 〔 a present / me / is / gave / Ken / this / which 〕.

(2) *A:* 〔 you / what / the sport / the best / like / is / that 〕?
　　B: Let's see.　My favorite sport is kendo.

(1)	
(2)	

5 次の英文を読んで，あとの問いに答えなさい。 (計24点)

　　Gandhi returned to India in 1915.　India was also a British colony.　①In those days, there was a law that the British made for salt.　According to the law, only the British could produce or sell salt.　They put a heavy tax on it.　The Indians were very poor, but they had to buy expensive salt.　The money went to the British. ②Gandhi thought it was unfair.

(1)　下線部①を日本語になおしなさい。 (6点)

(2)　下線部②でガンディーが不公平と思った内容を表すように，（　）に適する日本語を書きなさい。 4点×3(12点)

　　イギリス人だけが塩の（　　1　　）と販売ができ，塩には（　　2　　）をかけて，とても貧しいインド人が（　　3　　）な塩を買わなければならなかったこと。

(3)　本文の内容に合うように次の問いに英語で答えるとき，＿＿＿に適する語を書きなさい。

　　Was India a colony when Gandhi came back in 1915? (6点)

　　— ＿＿＿＿＿, it ＿＿＿＿＿.

(1)					
(2)	1		2		3
(3)					

6 次の2文を，関係代名詞 that を使って1文に書きかえなさい。 6点×2(12点)

(1)　The man is Yuki's brother.　You saw him near the park.

(2)　I bought a camera.　It was sold at the shop near the station.

(1)	
(2)	

7 次のようなとき，英語でどのように言うか書きなさい。ただし，（　）内の語句で始めること。 6点×3(18点)

(1)　相手にサラは英語をじょうずに話す生徒だと伝えるとき。 （Sara is）

(2)　相手に東京に住んでいる友人がいるかたずねるとき。 （Do you）

(3)　相手に自分が覚えておくべきルールを教えてもらいたいとき。 （Tell me）

(1)	
(2)	
(3)	

第6回 予想問題　Unit 5 〜 Stage Activity 2 ②

読聞書話　30分　/100

1 LISTENING 対話を聞いて，対話中のチャイムが鳴るところに入る適切な英文を選び，記号で答えなさい。

t06　4点×3(12点)

(1)　ア　I want to go to Hawaii, too.　　イ　Can you show me some of the pictures?

　　ウ　This is a picture taken there.　　エ　How much was your camera?

(2)　ア　It's too old to use.　　イ　It will go on sale next week.

　　ウ　You will be bored with it.　　エ　Use it for a while.

(3)　ア　We often wear it in summer.　　イ　We wear it in the bath.

　　ウ　We usually wear it at night.　　エ　We wear it when we're eating.

(1)		(2)		(3)	

2 次の日本文に合うように，＿＿に適する語を書きなさい。

4点×4(16点)

(1)　湯川秀樹は日本ではじめてノーベル賞を受賞した科学者です。

　　Yukawa Hideki is the scientist ＿＿＿＿ ＿＿＿＿ the Nobel Prize for the first time in Japan.

(2)　私たちが尊敬する人物はネルソン・マンデラです。

　　The person ＿＿＿＿ ＿＿＿＿ is Nelson Mandela.

(3)　彼らは差別に反対して立ち上がりました。

　　They ＿＿＿＿ ＿＿＿＿ against discrimination.

(4)　24時間開いているレストランがあります。

　　There is a restaurant ＿＿＿＿ ＿＿＿＿ open 24 hours.

(1)		(2)	
(3)		(4)	

3 （　）内の指示にしたがって，ほぼ同じ内容の文に書きかえなさい。

5点×3(15点)

(1)　I know those girls playing volleyball.　（主格の関係代名詞 who を使って）

(2)　The hat made by Lily was cool.　（目的格の関係代名詞 which を使って）

(3)　My favorite subject is music.　（The subject を主語にして接触節の文に）

(1)	
(2)	
(3)	

4 次の英文を読んで，あとの問いに答えなさい。 (計24点)

In 1930, Gandhi decided 〔 salt / to / to / himself / make / walk / the sea / and 〕.
He started with 78 followers. Thousands of people joined him on the way.　After
walking almost 400 kilometers, he reached the sea.　This non-violent march was
called the Salt March.

(1)　下線部が「ガンディーは海まで歩いて自ら塩を作ろうと決心しました」という意味にな
　　るように，〔　〕内の語句を並べかえなさい。 (6点)

(2)　本文の内容に合うように，次の質問に6語の英語で答えなさい。 (6点)
　　What was Gandhi's march called?

(3)　行進の経過を表すように，（　）に適する日本語を書きなさい。 4点×3(12点)
　　ガンディーは当初（　　1　　）とともに出発したが，途中で（　　2　　）が合流した。
　ほぼ（　　3　　）を歩いたところで，やっと海に到達した。

(1)	
(2)	
(3)	1 　　　　　　　2 　　　　　　　3

5 次の2文を，適切な関係代名詞を使って1文に書きかえなさい。 5点×3(15点)

(1)　Here is a bag.　It was made in Italy.

(2)　This the book.　I read it last night.

(3)　Look at the man and his dog.　They are playing with a ball.

(1)	
(2)	
(3)	

6 次の日本文を，（　）内の語句で始めて英語になおしなさい。 6点×3(18点)

(1)　彼女は多くの人々に愛されているアスリートです。　(She is)

(2)　あなたはこれまでに名古屋行きのバスに乗ったことがありますか。　(Have you ever)

(3)　あなたが昨日助けた女性は私のおばです。　(The woman you)

(1)	
(2)	
(3)	

1 **LISTENING**　次のようなとき，英語でどのように言うか，ア〜ウの中から最も適するものを選び，記号で答えなさい。　t07　2点×4（8点）

(1)　今日は休日ではないが，休日ならいいのにという願いを表すとき。

(2)　自転車を持っていない相手に，自転車があれば10分で来られるのにと言うとき。

(3)　相手の意見に例を出して反論しようとするとき。

(4)　地球の未来のためにできることが何かあるかたずねるとき。

(1)		(2)		(3)		(4)	

2 次の日本文に合うように，＿＿＿に適する語を書きなさい。　3点×4（12点）

(1)　これらの野菜は今が旬です。　These vegetables are ＿＿＿＿ ＿＿＿＿ now.

(2)　ケンには同行する人がだれかほかにいます。

　　Ken has ＿＿＿＿ ＿＿＿＿ to go with.

(3)　ビルは少し疲れているように見えます。

　　Bill ＿＿＿＿ a ＿＿＿＿ tired.

(4)　最良の決断が大きなちがいを生むでしょう。

　　The best decision will make ＿＿＿＿ the ＿＿＿＿.

(1)		(2)	
(3)		(4)	

3 次の対話が成り立つように，〔 〕内の語句を並べかえなさい。　4点×3（12点）

(1)　*A:* 〔 to / could / you / the Philippines / if / go 〕 this summer, what would you do?

　　B: Well, I would try scuba diving.

(2)　*A:* Your cat looks sad, doesn't it?

　　B: Yes, I think so, too. 〔 understood / I / I / my / wish / feelings / cat's 〕.

(3)　*A:* My brother doesn't study very hard.

　　B: Really? 〔 you / I / I / were / would / him / to / encourage / study / if / , 〕 harder.

(1)	
(2)	
(3)	

4　次の英文を読んで，あとの問いに答えなさい。　(計20点)

　Like most countries, Japan depends （　①　） foreign trade （　②　） its survival.
③Many things that we see every day come from overseas, such as food and clothes.
For example, one-third of the chicken that we eat comes from other countries, like
Brazil and Thailand.　④If we didn't import chicken from these countries, fried
chicken would be quite expensive in Japan.　We depend （　①　） foreign countries
even more for beef and pork.

　Also, about 90 percent of our clothes, shirts, pants, and coats, for example, are
imported from China and other Asian countries.　Actually, many products that are
sold by Japanese companies are made in other countries.

(1)　①，②の（　）内に適する語を次から1語ずつ選び，記号で答えなさい。　2点×2(4点)

　　ア　in　　イ　on　　ウ　of　　エ　for

(2)　下線部③，④を，それぞれ日本語になおしなさい。　4点×2(8点)

(3)　輸入肉類や日本製品の実状に合うように，（　）に適する日本語を書きなさい。2点×4(8点)

　　1．日本人が食べる鶏肉の（　　　　　　　　　）は，ブラジルや（　　　　　　　　　）などから輸
　　　入されている。

　　2．（　　　　　　　　　）が販売する多くの製品は（　　　　　　　　　）で製造されている。

(1)	①		②		
(2)	③				
	④				
(3)	1				
	2				

5　次の文を（　）内の指示にしたがって書きかえなさい。　4点×3(12点)

(1)　The man with some flowers is Mr. Oka.　（関係代名詞 who を使って同じ内容の文に）

(2)　The book written in Chinese is very old.　（関係代名詞 that を使って同じ内容の文に）

(3)　If I am free tomorrow, I will visit you.
　　（下線部を now にかえて現実とは異なる仮定を表す文に）

(1)	
(2)	
(3)	

120

6 次の英語を（　）内の指示にしたがって書きかえなさい。　　　　　2点×6（12点）

(1)　go　　　　　　　　（形容詞［過去分詞］に）　＿＿＿＿＿＿＿＿

(2)　animated　　　　　（名詞に）　　　　　　　　＿＿＿＿＿＿＿＿

(3)　heavy　　　　　　 （反対の意味の語に）　　　 ＿＿＿＿＿＿＿＿

(4)　loss　　　　　　　 （動詞に）　　　　　　　　＿＿＿＿＿＿＿＿

(5)　difference　　　　 （形容詞に）　　　　　　　＿＿＿＿＿＿＿＿

(6)　graduation　　　　（動詞に）　　　　　　　　＿＿＿＿＿＿＿＿

(1)		(2)		(3)	
(4)		(5)		(6)	

7 次の日本文を英語になおしなさい。　　　　　　　　　　　　　　　4点×3（12点）

(1)　逃げることは必ずしも悪いとは限りません。

(2)　水力は大量のエネルギーを生み出しました。

(3)　今日が休日だったら，正午まで寝ているのですが。

(1)	
(2)	
(3)	

8 次のようなとき，英語でどのように言うか書きなさい。　　　　　　4点×3（12点）

(1)　自分にもっと時間とお金があればなあという願望を述べるとき。

(2)　先月オープンした店（shop）はとても混んでいると伝えるとき。

(3)　世界をもっとよくするために私たちに何ができるか相手にたずねるとき。

(1)	
(2)	
(3)	

教科書ワーク 英語　特別ふろく

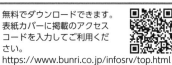

中学教科書ワーク

解答と解説

この「解答と解説」は，取りはずして 使えます。

東京書籍版 ニューホライズン

英語3年

Unit 0

p.4〜5 ステージ1

Wordsチェック (1)頭脳　(2)事実，現実

(3) believe　(4) wide　(5) increase

(6) researcher

1 (1) is washed　(2) is cooked

(3) is read

2 (1) visited　(2) studied　(3) taken

3 (1) liked by　(2) was invited

(3) Are, opened　(4) wasn't cleaned

4 (1) it wasn't　(2) is used

5 (1) variety of　(2) said that

(3) second, number

6 **WordBox** (1) Chinese is spoken

(2) Portuguese is spoken

(3) English and French are spoken

━━ 解説 ━━

1 「〜されます」は〈be動詞＋過去分詞〉で表す。

(1)(2)は規則動詞。(3)は不規則動詞。read の過去分詞 read は [red] と発音する。

2 (1)(2)は規則動詞。語尾が〈子音字＋y〉で終わる語は y を i にかえて ed をつける。(3) take は不規則動詞。take-took-taken と変化する。

3 (1)受け身の文〈be動詞＋過去分詞〉で表す。動作をする人は by 〜で表す。

(2)過去の受け身は，〈was[were]＋過去分詞〉で表す。主語が I なので was を使う。

(3)受け身の疑問文は，〈Be動詞＋主語＋過去分詞 〜?〉で表す。

(4) **ミス注意** 受け身の否定文は，〈主語＋be動詞＋not＋過去分詞 〜.〉で表す。空所が2つなので，was not の短縮形 wasn't を使う。

4 (1)受け身の疑問文に答えるときは，〈Yes, 主語＋be動詞.〉や〈No, 主語＋be動詞＋not.〉で答える。疑問文の soccer は it にかえる。過去の

文なので，be動詞は was を使う。

(2)「ここでは英語が使われています」と答えているので，「ここでは何語が使われていますか」とたずねる文にする。

5 (1)「…な種類の〜」a (…) variety of 〜

(2)「〜であると言われている」It is said that 〜.

(3)「〜番目に…」は〈the ＋序数＋最上級〉で表す。「2番目(に)」は second。greatest は great (大きな)の最上級。「〜の数」number of 〜

6 **WordBox** (1)「中国では中国語が話されています」という意味。

(2)「ブラジルではポルトガル語が話されています」という意味。

(3)「カナダでは英語とフランス語が話されています」という意味。

ポイント1 受け身の文

・「〜される」は〈be動詞＋過去分詞〉で表す。

・規則動詞の過去分詞は (e)d をつける。

・不規則動詞の過去分詞は不規則に変化する。

ポイント2 受け身の疑問文・否定文

【疑問文】〈be動詞＋主語＋過去分詞 〜?〉

【答え方】〈Yes, 主語＋be動詞.〉

〈No, 主語＋ be動詞＋not.〉

【否定文】〈主語＋be動詞＋not＋過去分詞 〜.〉

Unit 1 〜 Let's Write 1

p.6〜7 ステージ1

Wordsチェック (1)どこかに [へ，で]

(2)題名，表題　(3) apply　(4) above

(5) below　(6) seen

1 (1) visited　(2) have read

(3) has made onigiri once

2 (1) climbed　(2) used　(3) practiced

3 (1) have played　(2) has seen

(3) never visited

2

④ (1) **have stayed** (2) **has watched**

(3) **has never**

⑤ (1) **have listened to your song before**

(2) **Josh has never seen koalas.**

(3) **What sports is Emi interested in?**

⑥ 📦Word Box (1) **list below** (2) **above**

(3) **somewhere before[once]**

────── 解説 ──────

❶ 「～したことがあります」は現在完了形〈have[has] ＋過去分詞〉で表す。「かつて，1度」は once。(1)visit の過去分詞は visited。(2)read の過去分詞は read[réd]。(3)Judy が三人称単数の主語なので has を使う。make の過去分詞は made。

❷ (1)「富士山に3度登ったことがあります」という意味の文に。現在完了形(経験用法)で表す。climb の過去分詞は climbed。

(2)「一度も～したことがない」という現在完了形(経験用法)の否定文は，〈has[have] never ＋過去分詞〉で表す。

(3)often(しばしば，よく)の前に have があるので，〈have ＋過去分詞〉の現在完了形にする。often は have[has]と過去分詞の間に置く。

❸ (1)(2)「～したことがある」は現在完了形〈have[has] ＋過去分詞〉で表す。

(2)主語 Meg は三人称単数なので has を使う。see の過去分詞は seen。

(3)**ミス注意!**「一度も～ない」という意味の never は，have[has]のあとに置く。

❹ (1)「かつて，1度」，(2)「数回」，(3)「一度も～ない」など回数を表す語句は，現在完了形(経験用法)でよく使われる。主語によって have か has かを使い分け，動詞を過去分詞にする。

❺ (1)「～したことがある」は，〈have[has] ＋過去分詞〉で表す。listen to ～「～を聞く」

(2)「一度も～したことがない」は〈has[have] never ＋過去分詞〉で表す。

(3)「～に興味がある」は be interested in ～で表す。Emi が主語なので，be を is にかえる。

❻ 📦Word Box (1)**ミス注意!** below は「下に，下記に［の］」などの意味を表す副詞。

(2)above は「上に，上記に［の］」などの意味を表す副詞。

(3)somewhere は「どこかに［へ，で］」という

意味の副詞。「以前に」before

ポイント 現在完了形(経験用法)の肯定文・否定文
【肯定文】〈主語＋have[has]＋過去分詞 ～.〉
【否定文】〈主語＋have[has] never＋過去分詞 ～.〉

p.8～9 🌟ステージ**1**

Words チェック (1)運動選手，アスリート

(2)試合，競技 (3)ever (4)internet

❶ (1) **Have, visited / have**

(2) **Has, ever seen / has not**

(3) **Have, ever climbed / I[we] haven't**

❷ (1) **have been** (2) **ever heard**

(3) **many times** (4) **check, out**

❸ (1) **Has, eaten / has**

(2) **Have, seen / haven't / I've**

❹ (1) **Have you ever watched tennis on**

(2) **Has David ever eaten fried noodles?**

(3) **How many times have you been**

WRITING Plus✏ 例(1) **Yes, I have. [No, I haven't.]**

(2) **I have joined it twice [three times].**

────── 解説 ──────

❶ 「これまでに～したことがありますか」は，〈Have[Has] ＋主語＋ ever ＋過去分詞～?〉で表す。

(2)主語が he なので has を使う。

(3)答えの文では空所の数から短縮形を使う。

❷ (1)「～に行ったことがある」は have[has] been to ～で表す。

(2)「～のことを聞く，～について聞く」は hear of ～で表す。hear は hear – heard – heard と変化する。

(3)**ミス注意!**「何回～したことがありますか」は，〈How many times have[has] ＋主語＋過去分詞～?〉で表す。

(4)「～を調査する」は check ～ out で表す。

❸ 現在完了形の疑問文は have[has]を主語の前に置き，答えるときは，Yes, ～ has[have]. または No, ～ has[have] not. を使う。

(1)主語 Meg が三人称単数なので has を使う。

(2)**ミス注意!** 答えの文の空所が1つなので，have not の短縮形 haven't を使う。あとに続く否定文では I have の短縮形 I've を使う。

❹ (1)(2)「これまでに～したことがありますか」は〈Have[Has] ＋主語＋ ever ＋過去分詞～?〉で表

す。

(1) watch は過去分詞 watched にする。「テレビで」on TV

(2) eat は，eat – ate – eaten と変化する。

(3)「何回」は how many times を使う。「～に行ったことがある」は have been to ～ で表し，疑問文なので have を主語の前に置く。be の過去分詞は been。

WRITING Plus (1)「あなたはこれまでに外国へ行ったことがありますか」という意味。Yes, I have. か No, I have not[haven't]. で答える。

(2)「あなたはこれまでに何回文化祭に参加したことがありますか」という意味。I've joined it several times. など，参加した回数を答える。Many times.（何度もです）と回数のみ答えてもよい。

> **ポイント** 現在完了形(経験用法)の疑問文
> ・「～したことがありますか」
> 〈Have[Has] ＋主語＋ ever ＋過去分詞 ～?〉
> 【答え方】Yes, ～ have[has].
> 　　　　　No, ～ have[has] not.
> ・「何回～したことがありますか」
> 〈How many times have [has] ＋主語＋過去分詞 ～ ?〉

p.10～11 ステージ1

Words チェック (1)驚くべき　(2)心地よくない

(3) positive　(4) well-known[famous]

(5) winner　(6) championship

❶ (1) makes, tired　(2) makes them excited

(3) makes Judy sad

❷ (1)その歌を歌うことは私を前向きにします。

(2)野球の試合を見ることは私たちをわくわくさせます。

❸ (1)① won　④ playing

(2) was amazed[surprised]

(3)人々がときどき，車いすに乗ってテニスをするのは驚くべきことだと言うこと。

(4) Yes, there are.

❹ (1) made, happy　(2) keep trying

(3) reminds, of

❺ (1) We were amazed at your idea.

(2) You should keep yourself clean.

(3) That movie made me uncomfortable.

■ 解説 ■

❶ 「～を…にする[させる]」は〈make ＋(代)名詞＋形容詞〉で表す。動名詞は三人称単数扱い。

(1)「その部屋をそうじすることはミキを疲れさせます」という意味。

(2)「サッカーの試合を見ることは彼らをわくわくさせます」という意味。

(3)「その映画はジュディを悲しくさせます」という意味。

❷ 〈主語＋ make ＋ A ＋ B〉は「～は A を B の状態にする[させる]」という意味。

(1)主語は Singing the song，A は me，B は positive。

(2)主語は Watching baseball games，A は us，B は excited。

❸ (1)①直前に has があるので，〈has ＋過去分詞〉の現在完了形にする。win の過去分詞は won。

④直前に We're があるので，現在進行形〈be 動詞＋動詞の ing 形〉にする。

(2)「～に驚かされる」は，be amazed[surprised] at ～で表す。過去の文なので，be 動詞は was を使う。

(3) **ミス注意** 下線部を含む文は「そのことは私を心地悪くさせる」という意味。It は直前の Sometimes ～ amazing. を指している。

(4)質問は「日本には有名な車いすテニス選手が何人かいますか」という意味。There are ～. の疑問文 Are there ～? には，Yes, there are. / No, there are not[aren't]. で答える。2 行目に Japan has some really famous players. とある。

❹ (1)「A を B の状態にする」は make A B で表す。

(2)「～し続ける」keep ～ing

(3)「～に…を思い出させる」remind ～ of …

❺ (1)「～に驚かされる」は be amazed at ～で表す。

(2) **ミス注意** keep A B で「A を B の状態にしておく」という意味。A は「あなたの体(＝あなた自身)」，B は「清潔に」。should「～すべきだ」

(3) make A B で「A を B の状態にする」という意味。A は「私」，B は「心地が悪い」。

> **ポイント** 〈動詞＋(代)名詞＋形容詞〉
> ・〈make ＋ A ＋ B〉「A を B の状態にする」
> ・〈keep ＋ A ＋ B〉「A を B の状態にしておく」

4

Ｗordsチェック (1)実用的な　(2)ふつうの

(3)opinion[idea]　(4)support　(5)possible

(6)establish

❶ (1)This article shows us that English

(2)told me that I should

(3)taught her that math was interesting

❷ (1)satisfied with　(2)More and

━━━━━━━━━ 解 説 ━━━━━━━━━

❶ 〈動詞＋人＋ that ＋主語＋動詞～〉で「(人)に

(～ということ)を…する」という意味を表す。

(1)「—に～(ということ)を示す」show — that ～

(2)「—に～(ということ)を言う[話す，教える]」

tell — that ～,「～すべきだ」should

(3)「—に～(ということ)を教える」teach — that

～

❷ (1)「～に満足する」be satisfied with ～

(2)「ますます多くの～」more and more ～

Ｗordsチェック (1)希望を持っている

(2)とても，すごく　(3)audience

(4)bright

❶ (1)fan of yours　(2)Write, back

(3)the best　(4)made us

❷ (1)I was impressed with your speech.

(2)How do you get over a challenge?

━━━━━━━━━ 解 説 ━━━━━━━━━

❶ (1)**ミス注意** 「あなたの大ファン」は，a big fan

of yours で表す。of のあとは「～のもの」を表

す語がくる。

(2)「～に手紙の返事を書く」は write ～ back。

(3)All the best,(万事うまくいきますように)は

手紙の結びの言葉としてよく使われる。

(4)「～に希望を持たせてくれる」は make ～

hopeful で表す。

❷ (1)「～に感動する」be impressed with ～

(2)「～を乗りこえる」get over ～,

「難問」a challenge

❶ **LISTENING** ウ

❷ (1)established　(2)satisfied　(3)been

(4)spoken

❸ (1)Which applies　(2)on TV

(3)amazed[surprised] at

❹ (1)has seen your mother before

(2)We have never tried

❺ (1)Kyoto is visited by a lot of people.

(2)Has Sara (ever) eaten Sapporo ramen

before?

(3)How many times have you been to Nara?

❻ (1)① seven thousand

③ one[a] hundred thousand

(2)約7,000の異なる言語の約80パーセント

(3)英語は３番目に多くの(数の)人々に使われ

ています。

(4)Chinese

❼ (1)makes him　(2)she has　(3)that

❽ (1)Japanese is spoken here.

(2)We have seen your uncle many times.

(3)This book shows us that the Earth is

important.

━━━━━━━━━ 解 説 ━━━━━━━━━

❶ **LISTENING** ニュージーランドは行ったことが

なく，オーストラリアでコアラを見たことがある。

> ♪ **音声内容**
> A: Have you ever visited New Zealand?
> B: No, I haven't. But I've been to Australia
> twice. I saw koalas there.

❷ (1)(2)規則動詞。satisfy は〈子音字＋ y〉で終

わるので y を i にかえて ed をつける。(3)(4)不規

則動詞。speak は，speak - spoke - spoken と変

化する。

❸ (1)**ミス注意** 「～に当てはまる」は apply to ～。

疑問詞 which が主語なので，三人称単数現在形

applies にする。

(2)「テレビで」は on TV。the を TV につけない。

(3)「～に驚かされる」は be amazed[surprised]

at ～で表す。

❹ (1)「～したことがある」は現在完了形

〈have[has]＋過去分詞〉で表す。「以前」の

before は文末に置く。

(2)「一度も～したことがない」は，〈have never

＋過去分詞〉で表す。「食べてみる」は「試す」

という意味の try を使う。

❺ (1)目的語の Kyoto を主語にして，〈be 動詞＋過

去分詞〉を続ける。もとの文の主語の A lot of

people は by をつけて文末に置く。

(2)「これまでに～したことがありますか」という

意味の現在完了形の疑問文。〈Has[Have]＋主語＋ ever ＋過去分詞～?〉で表す。

(3)「何回～したことがありますか」と回数をたずねるときは，How many times で文を始め，現在完了形の疑問文を続ける。

❻ (1)① 7,000は「1,000」という意味の thousand を使い，前に数字を表す言葉を置く。このとき thousand には複数形の s をつけない。

③100,000は1×100[hundred]×1,000[thousand]と考えて one[a] hundred thousand で表す。

(2)～ percent of …は「…の～パーセント」という意味。them は前の文の about 7,000 different languages を指している。about「約」

(3)文末に of people が省略されている。the third greatest number of people((世界で) 3 番目に多くの人々)ということ。

(4)「最大数の人々が第1言語として何語を使いますか」という問い。

❼ (1)「～を…の状態にする」という意味の〈make＋(代)名詞＋形容詞〉で表す。疑問文の your brother は，答えの文では him にかえる。

(2)現在完了形の疑問文に答えるときは，Yes, ～ has[have]. や No, ～ hasn't[haven't]. を使う。

(3)**ミス注意！**「(人)に(もの)を言う」という意味の〈tell ＋人＋もの〉のものの部分に接続詞 that のまとまりを置いた文。

❽ (1)「～されています」という受け身の文。主語 Japanese のあとに〈be 動詞＋過去分詞〉を続ける。speak の過去分詞は spoken。

(2)「～したことがある」は現在完了形〈have[has]＋過去分詞〉で表す。「何度も」は many times で表し，文末に置く。

(3)「～に…(ということ)を示す」は〈show ＋人＋ that ＋主語＋動詞 …〉で表す。「私たちに」us

p.16〜17 ■ステージ3

❶ 🎧LISTENING (1)エ (2)イ (3)イ

❷ (1)supporting (2)made
(3)spoken (4)heard

❸ (1)checked, out on (2)got over
(3)Have, ever been (4)was satisfied with
(5)More and more

❹ (1)I've[I have] played video games many times.

(2)Many flowers can be seen in this park.
(3)How many times has Mr. Toda tried scuba diving?
(4)The book made me happy.

❺ (1)① seen ③ best
(2)私はテレビでたくさんの車いすテニスの試合を見たことがあります。
(3)1．○ 2．× 3．○ 4．○

❻ (1)Her songs keep me positive.
(2)My father often tells me that practice is important.

❼ (1)I have[I've] never visited foreign countries.[I have never been to foreign countries.]
(2)How many times have you (ever) camped?
(3)It is said that there is a beautiful lake in the[that] mountain.

◆━━━━━━━ 解説 ◆━━━━━━━

❶ 🎧LISTENING (1)現在完了形の疑問文には have[has] を使って答える。アキの発言に I've never visited it(＝ the zoo). とある。
(2)ジムの発言に I've skied three times. とある。
(3)チャーリーの発言に Reading comic books about sports makes me happy. とある。

> ♪ **音声内容**
> (1) A: Aki, did you go to the zoo last Sunday?
> B: No, I didn't. I've never visited it.
> Question: Has Aki ever visited the zoo?
> (2) A: I've never tried skiing. Jim, how about you?
> B: I've skied three times.
> Question: How many times has Jim skied?
> (3) A: Charlie, you look so happy.
> B: I am. Reading comic books about sports makes me happy.
> Question: What makes Charlie happy?

❷ (1)現在進行形の文。「ボランティアは多くの子供たちを支援しています」という意味。
(2)**ミス注意！**「先週はたくさんの宿題が私をひどく疲れさせました」という過去の文。make の過去形 made を使う。
(3)受け身の文。speak の過去分詞 spoken を使う。
(4)現在完了形の疑問文。〈Have you ever ＋過去分詞～?〉は「あなたはこれまでに～したことがありますか」という意味。hear の過去分詞

heard を使う。

❸ (1)「～を調査する」は check ～ out または check out ～ で表す。「インターネットで」on the internet

(2)「～を乗りこえる」get over ～

(3) ミス注意 「～に行ったことがある」は have been to ～ で表す。go を使った have gone to ～ は「～へ行ってしまった」という意味になるので注意。現在完了形(経験用法)の疑問文では ever (今まで，かつて)をよく使う。

(4)「～に満足する」be satisfied with ～

(5)「ますます多くの」more and more

❹ (1)「～したことがある」は現在完了形〈have[has] ＋過去分詞〉で表す。「何度も」という意味の many times は文末に置く。

(2) ミス注意 「この公園では多くの花々が見られます」という意味の受け身の文に。many flowers を主語にして，〈助動詞＋ be ＋過去分詞〉を続ける。もとの文の主語はふつう by ～ で表すが，ここでの you は一般的な人なので，省略可。

(3)「何回」とたずねるときは how many times を使い，あとに現在完了形の疑問文を続ける。

(4) ミス注意 「その本を読んだとき，私はうれしくなりました」→「その本は私をうれしくさせました」という意味の文にする。「～を…の状態にする」は〈make ＋（代）名詞＋形容詞〉で表す。過去の文なので，make の過去形 made を使う。

❺ (1)① 〈Have you ever ＋過去分詞～?〉で「あなたはこれまでに～したことがありますか」という意味。see を過去分詞 seen にかえる。③〈one of the ＋最上級＋名詞の複数形〉で「いちばん～な…の１人［１つ］」という意味。good を最上級の best にかえる。

(2) I've watched ～なので現在完了形の文。lots of ～「たくさんの～」，on TV「テレビで」

(3) 1．朝美の Have you been to a Paralympic event? という質問に，ジョシュは No, I haven't と答えている。2．朝美の3つ目の発言に Who's Kunieda Shingo? とある。3．ジョシュの2つ目の発言に I'm a big fan of Kunieda Shingo. とある。4．ジョシュの3つ目の発言に He's a great athlete. とある。

❻ (1)「私を前向きでいさせてくれます」→「私を前向きの状態にしておきます」と考え，「～を…

の状態にしておく」という意味の〈keep ＋（代）名詞＋形容詞〉で表す。

(2)「（人）に～（ということ）を言う」は〈tell ＋人＋ that ＋主語＋動詞…〉で表す。「よく」often

❼ (1)「一度も～したことがない」は〈have[has] never ＋過去分詞〉で表す。have visited または have been to ～ で表す。foreign countries は a foreign country としても可。

(2)「あなたは何回～したことがありますか」は，〈How many times have you (ever) ＋過去分詞～?〉で表す。camp の過去分詞は camped。「何回」は how often を使っても可。

(3)「～であると言われている」は It is said that ～で表す。「～がある」は there is[are] ～で表す。

Unit 2

p.18～19 ステージ**1**

Wordsチェック (1)もう，すでに
(2)まだ，今のところは (3) sleep
(4) just (5) already (6) read

❶ (1) finished (2) have just cleaned
(3) has just read

❷ (1) studied (2) cooked (3) heard

❸ (1) has ∧ started　そのパーティーはちょうど始まったところです。
(2) has ∧ checked　彼女はもうそれらの箱を調べました。
(3) dishes ∧ .　私はまだ皿[食器]を洗っていません。

❹ (1) sleeping, called (2) to read
(3) It's difficult

❺ (1) Has, yet / has
(2) Have, yet / haven't / yet

❻ (1) The bus has already arrived at the station.
(2) Have the children finished their homework yet?
(3) I've not read everyone's haiku yet.

7

━━━ 解説 ━━━

❶ 「ちょうど〜したところです」は現在完了形〈have[has] just ＋過去分詞〉の完了用法で表す。
(1)「私はちょうど宿題を終えたところです」という意味。
(2)「私たちはちょうど教室をそうじしたところです」という意味。
(3) ミス注意！ 「アヤはちょうどその本を読んだところです」という意味。主語 Aya は三人称単数で，現在の文なので has を使う。

❷ (1)〈have[has] already ＋過去分詞〉で，「すでに〜してしまった」という意味を表す。
(2)〈have[has] just ＋過去分詞〉で，「ちょうど〜したところです」という意味を表す。
(3)〈Have you ＋過去分詞〜 yet?〉で「あなたはもう〜しましたか」という意味を表す。

❸ (1)(2) just, already は過去分詞の前に置く。
(3) ミス注意！ yet は否定文や疑問文で使い，文末に置く。否定文では「まだ（〜していない）」，疑問文では「もう」という意味を表す。

❹ (1)「寝ていました」なので，過去進行形〈was[were] ＋動詞の ing 形〉で表す。when のまとまりの中の動詞は過去形にする。「電話をかける」call
(2)「〜するのが待ちきれない」と言いたいときは，can't[cannot] wait to 〜 を使う。
(3)「〜するのは難しい」は，It is difficult to 〜. の文で表す。ここでは空所が２つなので，It is の短縮形 It's を使う。

❺ 現在完了形の疑問文は have[has] を主語の前に置く。答えるときも have[has] を使う。完了用法の疑問文や否定文では文末に yet をよく使う。
(1) Tom が主語なので has を使う。疑問文の文末に yet を置く。
(2)疑問文の文末に yet を置く。No で答えるときは haven't を使う。否定文の文末に yet を置く。

❻ 全て現在完了形の文。動詞を過去分詞にする。
(1)「すでに〜しています」は〈has[have] already ＋過去分詞〉で表す。「〜に着く」arrive at 〜
(2)「もう〜しましたか」は，〈Have[Has] ＋主語＋過去分詞〜 yet?〉で表す。
(3) ミス注意！ read の過去分詞 read は [réd] と発音する。

━━━ ポイント ━━━ 現在完了形（完了用法）でよく使う副詞
【肯定文】just「ちょうど，まさに」「たった今」
　　　　　already「すでに，もう」
【否定文】yet「まだ，今のところは」
【疑問文】yet「もう，すでに」

p.20〜21 ■■ ステージ1

Words チェック (1)像，肖像，印象
(2)詩人　(3) since　(4) curious
(5) brought　(6) first

❶ (1) have played　(2) has studied Japanese
(3) have practiced judo for two years

❷ (1) for　(2) since　(3) last week　(4) long

❸ (1) have known　(2) has loved
(3) Have, been

❹ (1) Has, for　(2) No, haven't
(3) How long

❺ (1) We have known each other for ten years.
(2) How long have you wanted a new car?
(3) I've been your fan since I read

WRITING Plus (1)例 Yes, I have.[No, I haven't.]
(2)例1 I have studied it for five years.
　　例2 I have studied it since I was in elementary school.

━━━ 解説 ━━━

❶ 「ずっと〜しています」は現在完了形（継続用法）〈have[has]＋過去分詞〉で表す。「〜の間」for 〜。
(1)「私は２年間ずっとサッカーをしています」という意味。
(2) ミス注意！ 「ブラウンさんは２年間ずっと日本語を勉強しています」という意味。主語 Mr. Brown は三人称単数なので，has を使う。
(3)「私たちは２年間ずっと柔道を練習しています」という意味。

❷ (1) ten years は期間を表す語句なので for を使う。「１本の高い木が10年間ずっとあそこに立っています」という意味。
(2) yesterday は過去の起点を表す語なので since を使う。「ベイカー先生は昨日以来ずっと頭痛がします」という意味。
(3) since のあとは過去の起点を表す語句を置く。「あなたは先週以来ずっと疲れているように見えます」という意味になる。

8

(4)期間をたずねるときは how long を使う。「あなたはどのくらい長く新しい自転車をほしいと思っていますか」という意味。

❸ 現在完了形は〈have[has] ＋過去分詞〉で表す。(1) know の過去分詞は known。「私はあなたを5年間ずっと知っています」→「私はあなたとは5年来の知り合いです」という意味。

(2)主語が Aki なので has を使う。since のあとに〈主語＋動詞〜〉が続いているので，この since は接続詞。「アキは子供だったときからずっと着物が大好きです」という意味。

(3)**ミス注意！** 現在完了形の疑問文は have[has] を主語の前に置く。be 動詞の過去分詞は been。「あなたは今朝からずっと図書館にいるのですか」という意味。

❹ (1)過去分詞 been があることから現在完了形の疑問文だとわかる。主語が Tom なので has をその前に置く。a week は期間を表す言葉なので for を使う。

(2)現在完了形の疑問文には，have[has] を使って答える。あとの文に Since yesterday. とあるので，No で答える。

(3)期間をたずねるときは how long（どのくらい長く）を使う。

❺ (1)「10年来の知り合いです」→「10年間ずっとたがいを知っている」と考える。know の過去分詞は known。

(2)**ミス注意！**「いつから」→「どれくらいの間」と考える。

(3)be 動詞の過去分詞は been。この since は接続詞。あとに〈主語＋動詞〜〉を続ける。

WRITING Plus✐ (1)問いは「あなたは10年より長くあなたの町に住んでいますか」という意味。Yes, I have. / No, I have not[haven't]. で答える。

(2)問いは「あなたはどのくらい長く英語を勉強していますか」という意味。〈for ＋期間〉や〈since ＋起点〉を使って答える。

ポイント 現在完了形（継続用法）
・〈主語＋ have[has] ＋過去分詞＋ for[since] 〜 .〉で表す。
・期間をたずねるときは how long を使う。

---

p.22〜23 **ステージ1**

Ｗ ords チェック (1)行　(2)詩　(3)include
(4) rhythm　(5) you've　(6) written

❶ (1) been studying　(2) has been writing
(3) have been running for

❷ (1)メグは2時間ずっとテレビを見ています。
(2)佐藤先生は5歳のときからずっと大阪に住んでいます。

❸ (1) for centuries
(2)俳句は伝統的な英語の詩とはちがっています。
(3) 1．×　　2．○　　3．○
(4) Since ten a.m.

❹ (1) It has been snowing for two days.
(2) I have been listening to music since

❺ **Ｗord Box** (1)明治時代　(2)5音節
(3)季語　(4)他方では，これに反して

━━━━━━━━━ **解 説** ━━━━━━━━━

❶「ずっと〜しています」は現在完了進行形〈have[has] been ＋動詞の ing 形〉で表す。
(1)**ミス注意！** study の ing 形は studying。
(2)主語 Jane は三人称単数なので，has を使う。write の ing 形は writing。
(3) run の ing 形は running。an hour の前に for(〜の間) を置く。

❷ (1)〈have[has] been ＋動詞の ing 形〉は「ずっと〜しています」という意味。for two hours「2時間」
(2)あとに〈主語＋動詞〜〉が続くので，この since は接続詞。

❸ (1)「何世紀も（の間）」for centuries
(2) be different from 〜「〜とはちがっている」
(3)**ミス注意！** 1．父親の発言に You've been reading that since 10 a.m. とある。2．メグの発言に it's interesting(it ＝ a book about haiku) とある。3．本に Haiku have been an important part of Japanese culture since the Edo period. とある。
(4)質問は「メグはどのくらい俳句についての本を読んでいますか」という意味。父親の発言に You've been reading that since 10 a.m. とある。

❹ (1)(2)現在も動作や行為が続いているので，現在完了進行形で表す。

❺ **Ｗord Box** (1) period「時代」
(2) syllable「音節」　(3) seasonal「季節の」

(4) on the other hand 「一方では」

ポイント 現在完了進行形
・〈have[has] been ＋動詞の ing 形〉
　過去のある時から現在まで動作が続いていることを表す。

p.24 **≡ステージ1**

Wordsチェック (1)もっと少なく，より～でなく
(2)かなり，相当　(3) actually
(4) either　(5) strict　(6) become

❶ (1) never[not], either　(2) isn't always
(3) so, that

❷ (1) Haiku have become attractive to
(2) Bill speaks not only English but also

■■■■■■■■ **解説** ■■■■■■■■

❶ (1)**ミス注意** 否定文で「～もまた（…ない）」
と言うときは，too ではなく either を使う。
(2)「必ずしも～とは限らない」は not always ～
で表す。このような否定の形を部分否定という。
(3)「とても～なので…だ」と言うときは，so ～
that … を用いる。

❷ (1)**ミス注意** 「～になっている」は
have[has] become ～ で表す。この become は
過去分詞。become は become-became-become
と変化する。
(2)「～だけでなく…もまた」は，not only ～
but (also) …で表す。also はしばしば省略される。

p.25 **≡ステージ1**

Wordsチェック (1)さようなら
(2)もっと遅く，あとで　(3) free　(4) we've

❶ (1) Make yourself　(2) to hear
(3) time skiing　(4) Welcome to

❷ (1) We've been looking forward to next
　Sunday.
(2) free to tell me if there's anything

■■■■■■■■ **解説** ■■■■■■■■

❶ (1)「どうぞ楽にしてください」は Make
yourself at home. と言う。
(2)「それを聞いてうれしい」は I'm glad to hear
that. と言う。不定詞の副詞的用法（原因）。
(3)**ミス注意** 「～するのははじめてですか」は，
Is this your first time ～ing? で表す。time のあ
とに動名詞がくることに注意。
(4)「～へようこそ」は Welcome to ～. で表す。

❷ (1)現在完了進行形の文。「～を楽しみに待つ」

は look forward to ～。
(2)**ミス注意** 「遠慮なく～する」は feel free to
～で表す。「何か必要なものがあれば」を接続詞
if でまとめる。

p.26～27 **≪ 文法のまとめ① ≫**

1 (1) have　(2) just　(3) before　(4) long
2 (1) known, since　(2) already finished
(3) ever heard　(4) been reading, for
3 (1) Have / Since　(2) many times, been
(3) Is, playing / been
4 (1)私はあなたのお父さんに一度も会ったこと
　がありません。
(2)メグはたった今，皿[食器]を洗ったところです。
(3)私たちは午前7時からずっとバスケットボー
　ルの練習をしています。
5 (1) I've not[I haven't] read this article
　yet.
(2) Has the bus arrived at the stop yet?
(3) How many times has your father visited
　China?

■■■■■■■■ **≪ 解説 ≫** ■■■■■■■■

1 (1)主語は Mike and I で複数。あとに過去分詞
been が続くので，have を選ぶ。継続用法。
(2)完了用法。just「ちょうど，たった今」
(3)経験用法。before「以前に，かつて」
(4)継続用法。期間をたずねるときは，how long
を使う。

2 (1) I've のあとは know の過去分詞を続ける。
「2020年から」は since を使って表す。
(2) already(すでに)は，過去分詞の前に置く。
(3) ever(これまでに)は，過去分詞 heard の前に
置く。
(4)現在完了進行形の文。has のあとには been ～
ing が続く。「2時間ほど」は for ～で表す。

3 (1)「あなたは先週からずっと忙しいのですか」
―「いいえ，ちがいます。昨日からです」
(2)「戸田先生は何度アメリカ合衆国に行ったこと
がありますか」―「2度です」
(3)**ミス注意** Ａの文は現在進行形，Ｂの文は現
在完了進行形。それぞれの意味のちがいに注意す
る。「マイクは公園でテニスをしているのですか」
―「はい，そうです。3時間ずっとタロウとテニ
スをしています」

4 (1)経験用法の否定文。never「一度も～ない」

10

(2)完了用法。just「ちょうど，たった今」

(3)現在完了進行形。since ～「～（して）以来」

⑤ (1)完了用法の否定文。「まだ（～していない）」は yet で表し，ふつう文末に置く。

(2)完了用法の疑問文。「もう（～しましたか）」は yet で表し，ふつう文末に置く。

(3)回数をたずねるときは，How many times または How often を使う。

p.28～29 ステージ2

❶ 🎧LISTENING ア

❷ (1) read (2) taught (3) written

(4) become

❸ (1) different from (2) not always

(3) Feel free

❹ (1) have known Ken for eight years

(2) has just bought a new bag

❺ (1) We've[We have] been playing baseball since this morning.

(2) Mike has not[hasn't] finished his breakfast yet.

(3) How long have you stayed here?

❻ (1) your English homework

(2)私はみんなの俳句を読むのが待ちきれません。

(3) Saturday, Sunday

(4) Because, when

❼ (1) I've been (2) Has, yet

(3) ever / went

❽ (1) I was so tired that I came home early.

(2) My father has never visited Okinawa.

(3) Ms. Sato plays not only the piano but (also) the guitar.

解説

❶ 🎧LISTENING 「アキはもう昼食をすませましたか」―「いいえ，まだです。今それを作っています」という意味。

> 🎵音声内容
> A: Has Aki finished her lunch yet?
> B: No, she has not. She's making it now.

❷ (1) read[ríːd]-read[réd]-read[réd]

(2) teach-taught-taught

(3) write-wrote-written

(4) become-became-become

❸ (1)「～とはちがっている」be different from ～

(2)「必ずしも［いつも］～とは限らない」not

always ～

(3) ミス注意 「遠慮なく～する」feel free to ～

❹ (1)「私は8年間ずっとケンを知っています」と言いかえる。know の過去分詞は known。

(2)「たった今」の just は，過去分詞の前に置く。buy は buy-bought-bought と変化する。

❺ (1)「私たちは今朝からずっと野球をしています」という現在完了進行形〈have[has] been ＋動詞の ing 形〉の文にする。

(2)「マイクはまだ朝食をすませていません」という完了用法の否定文にする。not ～ yet「まだ～ない」

(3)「あなたはどのくらいの間ここに滞在しているのですか」と期間をたずねる継続用法の疑問文にする。「どのくらいの間」how long

❻ (1)この yours は前の文の my English homework に対応している。具体的には your English homework ということ。

(2) can't wait to ～は，「～することが待てない」→「～するのが待ちきれない」という意味。

(3) 1行目に From Meg, on Saturday evening，5行目に From Kaito, on Sunday morning とある。

(4) why の疑問文には because で答える。7行目に I was sleeping when it(= your message) came. とある。

❼ (1)「トム，あなたは何をしていますか」―「私は午後3時からずっと勉強しています」という意味。現在完了進行形で表す。空所が2つなので，I have の短縮形 I've を使う。

(2)「ミカはもう洗車しましたか」―「はい，しました」という意味。完了用法の疑問文。文末に yet(もう)を置く。

(3) ミス注意 「あなたはこれまでにその公園へ行ったことがありますか」―「はい，あります。先月そこへ行きました」という意味。A は経験用法の疑問文，B は過去の文。意味のちがいに注意して答える。

❽ (1)「とても～なので…だ」は so ～ that …で表す。「早く帰宅した」は came[went] home early で表す。

(2)「一度も～したことがない」は〈have[has] never ＋過去分詞〉で表す。have[has] been to ～（～に行ったことがある）に never を加えても可。

yet?

(2) A: Is that your computer, Hiromi?

  B: Yes, it is. I've been using it for six months.

  Question: How long has Hiromi been using her computer?

(3) A: Mike, have you ever been to the U.S.?

  B: Yes, I've been there four times. But I've never been to Canada.

  Question: How many times has Mike been to the U.S.?

---

(3)「〜だけでなく…もまた」は，not only 〜 but (also) …で表す。楽器名の前の the はそれぞれにつける。

p.30〜31 ステージ3

1 🎧LISTENING (1)ウ (2)イ (3)エ

2 (1) looked (2) taking
(3) seen (4) written

3 (1) is different from
(2) been waiting, since
(3) Have, studied, yet
(4) haven't studied, yet

4 (1) I've[I have] never played the game.
(2) We don't always get up early.
(3) How long has your sister stayed in Japan?
(4) Bill has been playing the guitar since this morning.

5 (1) how long (2)ウ
(3) wanted to learn more about Japan
(4) He learned about it[haiku] when he was in elementary school.

6 (1) was so free that he walked to the station
(2) I've often been to the museum by

7 (1) My brother has already read your message.
(2) I have[I've] wanted to eat[have] curry since last week.

解説

1 🎧LISTENING (1)質問は「トムはもう宿題を終わらせましたか」という意味。現在完了形（完了用法）の疑問文なので，has[have]を使った答えの文を選ぶ。

(2)質問は「ヒロミはどのくらいの間コンピュータを使っていますか」という意味。現在完了進行形の疑問文。対話中の期間を表す言葉に注意する。

(3)質問は「マイクは何回アメリカ合衆国に行ったことがありますか」という意味。回数をたずねる疑問文。対話中の回数を表す言葉に注意する。

🎵 音声内容
(1) A: Tom, are you doing your homework now?
  B: No, I'm not. I've already finished it.
  Question: Has Tom finished his homework

2 (1)継続用法の現在完了形の文。has のあとは過去分詞にする。〈look ＋形容詞〉で「〜（のよう）に見える」という意味。

(2)**ミス注意** 現在完了進行形の文。been のあとは動詞の ing 形にする。take pictures「写真を撮る」

(3)経験用法の現在完了形の文。We've は We have の短縮形。have のあとは過去分詞にする。somewhere before「以前どこかで」

(4)完了用法の現在完了形の文。just の前に has があるので，過去分詞にする。

3 (1)「〜とはちがう」be different from 〜
(2)「ずっと〜している」と動作を継続しているので，現在完了進行形 have[has] been 〜ing で表す。「〜から」since

(3)完了用法の現在完了形の疑問文は，Have[Has] 〜 yet? と文末に yet(もう)を置く。

(4)完了用法の現在完了形の否定文は，have[has] not 〜 yet と文末に yet(まだ)を置く。

4 (1)「一度も〜したことがない」は never を使い，〈have[has] never ＋過去分詞〉で表す。現在完了形（経験用法）の否定文。

(2)「必ずしも〜とは限らない」は not always 〜で表す。部分否定。

(3)「どれくらいの間〜していますか」と期間をたずねるときは，How long で文を始め，現在完了形の疑問文の形を続ける。

(4)**ミス注意** 過去のある時から動作が継続しているので現在完了進行形 has[have] been 〜ing で表す。

5 (1)「どのくらい長く」とたずねるときは，how long を使う。

(2)②は「何があなたをここへ連れてきましたか」という意味。「あなたはなぜ（どうして）ここへ

来たのですか」と言いかえる。

(3)「～したい」は want to ～ を使う。「もっと」は more で表す。「～について」about ～

(4)質問は「ベイカー先生はいつ俳句について学びましたか」という意味。ベイカー先生の２つ目の発言に，I learned about haiku <u>when I was in elementary school</u> とある。

6 (1)「とても～なので…だ」は so ～ that …で表す。that のあとは〈主語＋動詞～〉の文を続ける。

(2)「～したことがあります」は経験用法の現在完了形〈have[has]＋過去分詞〉で表す。often はふつう have[has] と過去分詞の間に置く。

7 (1)完了用法の現在完了形で表す。肯定文で「すでに」は already で表し，ふつう過去分詞の前に置く。

(2)「ずっと～しています」は継続用法の現在完了形で表す。「～したい」want to ～，「～から」since ～

Unit 3

p.32 ■■■ステージ**1**

Words チェック (1)生き残る (2)状況

(3) climate (4) protect

1 (1) easy, to swim

(2) difficult for me to play

(3) hard for me to get up early

2 (1) for me (2) Practice, or (3) in danger

■■■■■■■ 解 説 ■■■■■■

1 「（人）が～することは…です」は〈It is … for ＋人＋ to ＋動詞の原形～.〉で表す。

(1)「私が泳ぐことは簡単です」という意味。

(2)「私がサッカーをすることは難しいです」という意味。

(3)「私が早起きすることは難しいです」という意味。

2 (1)「～にとって」は〈for ＋人〉で表す。代名詞は「～に[を]」の形にする。

(2)「～しなさい，さもないと…」は〈命令文 , or ….〉で表す。

(3)「～の危険がある」be in danger of ～。

ポイント 「（人など）が～することは…だ」
・〈It is … for ＋人など＋ to ＋動詞の原形 ～ .〉
・〈for ＋人など〉が不定詞の意味上の主語。

p.33 ■■■ステージ**1**

Words チェック (1)国際自然保護連合 (2)チーター

(3) information (4) newspaper

1 (1) want you to sing the song

(2) wants us to get up early

(3) Mr. Sato wants the students to study harder.

2 (1) Why don't (2) For example (3) so on

■■■■■■■ 解 説 ■■■■■■

1 「（人など）に～してほしい」は〈want ＋人など＋ to ＋動詞の原形～〉で表す。

2 (1)「いっしょに～しませんか」Why don't we ～？

(2)「例えば」for example

(3)「～など」～ and so on

ポイント 「（人など）に～してほしい」
・〈主語＋want＋人など＋to＋動詞の原形 ～ .〉
・to の前の人などが不定詞の意味上の主語。

p.34～35 ■■■ステージ**1**

Words チェック (1)安全に (2)環境 (3) fly

(4) die (5) rapidly (6) destroy

1 (1) clean (2) Bill learn

(3) helped her practice the piano

2 (1)私に休憩をとらせてください。

(2)私はその子供が自転車に乗るのを助けました。

3 (1) Let, give (2)②エ ⑤ア

(3)③トキが生き残るのは難しかったのです。

④人々は５羽のトキが安全に暮らす手助けをしようとしました。

(4) beautiful feathers

4 (1) Let me play the video game.

(2) We helped ibises breed on the island.

5 **Word Box** (1)明治時代 (2)トキの個体数

(3)中国生まれの (4)日本政府

■■■■■■■ 解 説 ■■■■■■

1 「（人など）が～するのを助ける」は，〈help ＋人など＋動詞の原形〉で表す。

(1)「私は彼が台所をそうじするのを助けました」

(2)「私はビルが日本語を学ぶのを助けました」

(3)「私は彼女がピアノを練習するのを助けました」

2 (1)〈let ＋人など＋動詞の原形〉は「（人など）に～させる」という意味を表す。take a break「休憩する」

(2) ride a bike「自転車に乗る」

❸ (1)**ミス注意！**「（人など）に～させる」は〈let＋人など＋動詞の原形〉で表す。「一例をあげる」→「あなたたちに一例を与える」と考え，give を使う。

(2)② up until ～「～まで」

⑤ one by one「1人ずつ，1つずつ」

(3)**ミス注意！** ③〈It is … for＋人など＋to＋動詞の原形～.〉で「（人など）にとって～することは…だ」という意味。them は 2 文前の ibises。

④〈help＋人など＋動詞の原形～〉で「（人など）が～するのを助ける」という意味。them は前の文の five ibises。try to ～「～しようと試みる，努力する」，live safely「安全に暮らす」

(4)質問は「トキはなぜ狩られたのですか」という意味。5 ～ 6 行目に People hunted them <u>for their beautiful feathers</u> とある。

❹ (1)「（人など）に～させる」は〈let＋人など＋動詞の原形〉で表す。

(2)「（人など）が～するのを助ける」は，〈help＋人など＋動詞の原形〉で表す。「島で繁殖する」は breed on the island。

❺ **Word Box** (1) era「時代」(2) population「人口，（動物の）個体数」(3) Chinese-born「中国生まれの」(4) Japanese government「日本政府」

ポイント 〈動詞＋人など＋動詞の原形〉
・〈let＋人など＋動詞の原形〉「（人など）に～させる」
・〈help＋人など＋動詞の原形〉「（人など）が～するのを助ける」

p.36 **ステージ1**

Words チェック (1)人間（全体）

(2)驚いたことには (3)金属 (4)採鉱，採掘

(5)装置 (6)電子の (7) affect (8) relate

(9) ecosystem (10) species

❶ (1) die out (2) related to

(3) electronic devices (4) More of

❷ (1) Logging was related to their extinction.

(2) It is necessary for us to take

(3) Let's help the gorillas survive.

解説

❶ (1)「絶滅する」die out

(2)「～に関係する」be related to ～

(3)「電子機器」は electronic device。前に many があるので複数形にする。

(4)「もっと多くのもの［こと］」は代名詞の

more で表す。「～のうちの…」は… of ～で表す。

❷ (1)「～と関連がある」be related to ～，「伐採」logging，「絶滅」extinction

(2)「（人など）が～することは…だ」は〈It is … for＋人など＋to＋動詞の原形～.〉で表す。「行動を起こす」take action，「必要な」necessary

(3)「（人など）が～するのを助ける」は〈help＋人など＋動詞の原形〉で表す。「生き残る」survive

p.37 **ステージ1**

Words チェック (1)効果的な (2)違法な

(3) drive (4) law

❶ (1) about, use (2) working on

(3) own decision(s)

❷ (1) accidents are common on this street

(2) do not think we should ban everything

解説

❶ (1)**ミス注意！**「～についてはどう思いますか」と相手に意見を求めるときは，What about ～? を使う。computer use は「コンピュータの使用」という意味で，この use は名詞であることに注意する。

(2)「～に取り組む」work on ～

(3) make ～'s own decision(s) で「自分で決定する，自分の意志で決める」の意味。

❷ (1)形容詞の common は「ふつうの」「よくある」→「よく起こる」という意味を表す。

(2)「私は～と思わない」は I don't think ～. で表す。think のあとの接続詞 that が省略された形。

p.38～39 **文法のまとめ②**

1 (1) him (2) ask (3) for (4) to get

(5) make

2 (1) wants, to (2) helping, live

(3) It, us (4) Let me talk[speak]

3 (1) for, to (2) wanted, to come

(3) It, for, practice (4) told, to, my

4 (1) told everyone to be quiet

(2) Let me know when you go

5 (1) for me to listen to music

(2) difficult for me to use

(3) easy for me to get up

(4) It is interesting[fun] for me to read

《 解説 》

1 (1) 〈want ＋人など＋ to ＋動詞の原形〜〉で「（人など）に〜してほしい」という意味。「（人など）」が代名詞のときは「〜に［を］」の形を使う。

(2) 〈let ＋人など＋動詞の原形〜〉で「（人など）に〜させる」という意味。

(3) 〈It is … for ＋人など＋ to ＋動詞の原形〜.〉で「（人など）が［にとって］〜することは…です」という意味。

(4) 〈tell ＋目的語（人など）＋ to ＋動詞の原形〜〉で「（人など）に〜するように言う」という意味。

(5) 〈help ＋目的語（人など）＋動詞の原形〜〉で「（人など）が〜するのを助ける」という意味を表す。

2 (1) **ミス注意** 「（人など）に〜してほしい」は〈want ＋人など＋ to ＋動詞の原形〜〉で表す。主語が三人称単数で現在の文なので，wants とすることに注意。

(2) **ミス注意** 「（人など）が〜するのを助ける」は〈help ＋目的語（人など）＋動詞の原形〜〉で表す。be 動詞の are があるので，現在進行形〈be 動詞＋動詞の ing 形〉にすることに注意。

(3) 「（人など）が［にとって］〜することは…です」は〈It is … for ＋人など＋ to ＋動詞の原形〜.〉で表す。「必要な」necessary

(4) 「（人など）に〜させる」は〈let ＋人など＋動詞の原形〜〉で表す。

3 (1) It is … for ― to 〜. の文に書きかえる。

(2) want を過去形の wanted にする。不定詞の to のあとの動詞は必ず原形。

(3) It is … for ― to 〜. の文に書きかえる。

(4) **ミス注意** 「リリーは私に（私の）部屋をそうじするように言いました」という文に書きかえる。過去の文なので tell は told に。me とあるのでそうじするのは「私の部屋」。よって my room となる。

4 (1) 「（人など）に〜するように言う」は〈tell ＋人など＋ to ＋動詞の原形〉で表す。be 動詞の原形 be を to のあとに続ける。

(2) 「（人など）に〜させる」は〈let ＋人など＋動詞の原形〉で表す。「外出するときは」を接続詞 when のまとまりで表す。

5 「（人など）が［にとって］〜することは…です」は〈It is … for ＋人など＋ to ＋動詞の原形

〜.〉で表す。

(1) 「音楽を聞く」listen to music

(2) 「コンピュータを使う」use a computer

(3) 「早く起きる」get up early

(4) 「英語の本を読む」read English books

p.40 ステージ1

Wordsチェック (1)トーナメント，選手権大会

(2)コーナーキック (3) report (4) they'll

1 (1) national tournament

(2) beginning, ending[end]

(3) starter of (4) They'll be

2 (1) to tell you about my club activities

(2) has been studying hard since last spring

解説

1 (1) 「（トーナメント方式の）全国大会」
national tournament

(2) 「発端」beggining，「結末」ending

(3) 「先発メンバー」starter

(4)空所が2つなので，they will の短縮形を使う。

2 (1) 「（人）に〜について話す」は〈tell ＋人＋ about 〜〉で表す。

(2)現在完了進行形 have[has] been 〜ing で表す。

p.42~43 Try! READING

Question (1)① lives ⑦ began

(2)② all over, bodies
⑥ Some, already dead

(3)③ fell down ⑤ all right

(4) told them to

(5)彼女はそのかわいそうな幼い男の子の母親になろうとしました。

(6) held him in her arms like

(7) 1．It felt very sad.
2．She was singing a lullaby.
3．She was very weak.

WordBox BIG 1 (1)死んだ (2)平和

(3)〜を傷つける (4)勇気 (5) sky (6) war

(7) cry (8) road (9) real (10) arm

2 (1) After, while (2) more tightly

(3) and weaker (4) Through, years

(5) looked, sounded (6) Some[About], ago

3 (1) death (2) rose (3) weak

(4) quietly (5) meant (6) close (7) left

解説

Question (1)① f や fe で終わる語の複数形は，

語尾の f, fe を v にかえて es をつける。⑦文章全体が過去の文。begin を過去形の began にする。

(2) **ミス注意！** ②「～のいたるところに」は，all over ～ で表す。body の複数形は bodies。⑥「すでに死んでいる」は，形容詞の dead を使って〈be 動詞＋already dead〉と表す。

(3)③「倒れる」は fall down。過去形 fell down を使う。⑤「だいじょうぶな」all right

(4)〈say to ＋人，"命令文."〉は〈tell ＋人＋ to ＋動詞の原形〉「（人）に～するように言う」を使って言いかえられる。

(5) try to be ～「～になろうと（努力）する」

(6) hold ～ in her arms は「～を抱きしめる，両腕で～を抱く」，前置詞の like は「～のように」という意味。

(7)1.「傷ついた人々を目にしたとき，その木はどう感じましたか」という意味。3行目に I was very sad when I saw those people. とある。

2.「その若い少女は幼い男の子に何を歌っていましたか」という意味。7行目に It was a lullaby. とある。

3.「幼い男の子に歌を歌っていたとき，その若い少女はどんな様子でしたか」という意味。11行目に She was very weak とある。

WordBox BIG **2** (1)「しばらくして」after a while

(2)「もっとしっかりと」more tightly

(3)「ますます弱く」weaker and weaker

(4)「何年もの間」through the years

(5)「～に見える」look，「～に聞こえる」sound

(6)「およそ30年前」some[about] thirty years ago

p.44～45 ■ステージ2

1 🔊**LISTENING** ウ

2 (1) weak (2) peace

(3) rapidly[fast, quickly] (4) beginning

3 (1) others (2) wanted (3) cried (4) doing

4 (1) wants, to come

(2) Let, introduce himself

(3) told, to help

5 (1) easy for me to read English books

(2) My mother helped the boy take a bath.

6 (1) Many kinds of animals are in danger

(2)気候の変化［気候変動］，人間の活動

(3)絶滅危惧動物［絶滅の危機にさらされている動物］，生き残る

7 (1) It is interesting for Akira to read comic books.

(2) I told Bill to open the window.

(3) Let me know your idea.

8 (1) We want you to come to Japan soon.

(2) I do not[don't] think (that) it will rain[be rainy] tomorrow.

(3) I helped my mother cook[make] dinner.

■■■■■■■■■■■■■■ **解 説** ■■■■■■■■■■■■■■

1 🔊**LISTENING** マイクの Shall I carry it for you? との申し出に，エミは Yes, please と答えている。

♪**音声内容**
A: Hi, Emi. Your bag looks heavy. Shall I carry it for you?
B: Yes, please, Mike. It's too heavy for me.

2 (1)「強い」⇔「弱い」 (2)「戦争」⇔「平和」

(3)「ゆっくりと」⇔「急速に」

(4)「終わり」⇔「最初」

3 (1) **ミス注意！** others と複数形にすると，「ほかの人々」の意味になる。

(2)〈want ＋人など＋ to ＋動詞の原形～〉の形で，「（人など）に～してほしい」という意味を表す。yesterday があるので，want を過去形にする。

(3)前に became があるので，cry を過去形にする。

(4) keep ～ing で「～し続ける」という意味。do ～'s best「最善を尽くす」

4 (1)「（人など）に～してほしい」は〈want ＋人など ＋to ＋動詞の原形～〉で表す。

(2)「（人など）に～させる」は〈let ＋人など ＋ 動詞の原形～〉で表す。「自己紹介する」introduce ～self

(3)「（人など）に～するように言う」は〈tell ＋人など＋ to ＋動詞の原形～〉で表す。

5 (1)「（人など）が～するのは…だ」は〈It is … for ＋人など＋ to ＋動詞の原形～.〉で表す。「…ではありません」なので否定文。

(2)「（人など）が～するのを手伝う」は，〈help ＋人など＋動詞の原形～〉で表す。「入浴する」take a bath

6 (1)「多くの種類の～」many kinds of ～，「～の危険にさらされている」be in danger of ～

(2)すぐ後の such as に注目。～ such as …は「…

15

解答と解説

16

のような〜」という意味。such as climate change and human activities とある。

(3) 1つ前の文 It is difficult for endangered animals to survive in these conditions. をまとめる。

❼ (1)〈It is … for ＋人など＋ to ＋動詞の原形〜.〉「(人など) が〜するのは…だ」で言いかえる。動名詞の主語 Reading comic books は不定詞 to read comic books にして文末に置く。to Akira は for Akira とする。

(2)〈say to ＋人,“命令文〜.”〉は〈tell ＋人＋ to ＋動詞の原形〉「(人) に〜するように言う」を使って言いかえられる。

(3) **ミス注意!**「私にあなたの考えを教えてください」→「私にあなたの考えを知らせてください」と言いかえる。「(人など) に〜させる」は〈let ＋人など＋動詞の原形〜〉で表す。

❽ (1)「(人など) に〜してほしい」は〈want ＋人など＋ to ＋動詞の原形〜〉で表す。「すぐ日本に来る」は come to Japan soon。

(2)「私は〜ではないと思う」は I don't think (that) 〜. で表す。that のまとまりの中は未来を表す文。

(3)「(人など) が〜するのを手伝う」は,〈help ＋人など＋動詞の原形〜〉で表す。

p.46〜47 ■ステージ3

❶ 🎧**LISTENING** (1)ウ (2)イ (3)ア

❷ (1) them (2) stopped (3) lives
(4) found (5) me

❸ (1) After a while (2) What[How] about
(3) one by one (4) in danger of
(5) related to each

❹ (1) We must help the animals live safely.
(2) I want people in the world to know about Japan.

❺ (1)① and so on ③ for example
(2) What animals are on the list?
(3)動物や鳥, レッドリスト, みんな

❻ (1) My sister told me to eat[have] breakfast.
(2) Let the students learn about climate change(, please).
(3) It is[It's] necessary for us to play sports.

❼ 例(1) I want you to join our team.

(2) **Is it easy for you to speak English?**
(3) **Can you help me wash the dishes?**

■ 解説 ■

❶ 🎧**LISTENING** (1) Are you a starter?という質問にジムは Yes. と答えている。ウの「昨年の秋から先発メンバーです」が最適。

(2)エリカの it's(＝to make a cake is) also useful 〜.への Why?の疑問文に対する答え。ケーキ作りは楽しいことのほかにどんな役に立つのか。

(3)チャイムの前の Is she?は, Is she[＝ Yuki] good at math?の後半を省略したもの。ユキが宿題を手伝ってくれるだろうと言うと考える。

> **♪ 音声内容**
> (1) A: Are you a member of the basketball team, Jim?
> B: Yes, I am. I've been a member for three years.
> A: Are you a starter?
> B: Yes. （チャイム音）
> (2) A: Is it a lot of fun to make a cake, Erika?
> B: Yes, it is. And it's also useful to know how to make a cake.
> A: Why?
> B: （チャイム音）
> (3) A: Gaku, can you help me with my math homework?
> B: Math homework? No, I can't. But Yuki is good at math.
> A: Is she?
> B: Yes. （チャイム音）

❷ (1) for のあとの代名詞は「〜に [を]」の形(目的格)を使う。

(2) **ミス注意!** あとの動詞がhad と過去形を使っているのでstop を過去形の stopped にする。
stop 〜ing「〜するのをやめる」

(3)前に their(彼らの)とあるので複数形にする。fe で終わる語の複数形は fe を v にかえて es をつける。

(4)空所の前に be 動詞があることに注目。受け身〈be 動詞＋過去分詞〉で表す。

(5)動詞 let の目的語なので,「〜に」の形を使う。

❸ (1)「しばらくして」after a while
(2)「〜についてはどう思いますか」What about 〜?
(3)「1つずつ」one by one
(4)「〜の危険がある」は be in danger of 〜で表す。

of は前置詞なので，あとに続く動詞は動名詞になる。

(5)「〜と関連している」be related to 〜，「たがいに」each other

❹ (1)「(人など)が〜するのを手伝う」は，〈help ＋人など＋動詞の原形〜〉で表す。

(2) **ミス注意！**「(人など)に〜してほしい」は〈want ＋人など＋ to ＋動詞の原形〜〉で表す。「世界中の人々」は people in the world，「日本のことを知る」は know about Japan で表す。

❺ (1)① 「〜など」は and so on，③「例えば」は for example で表す。

(2) **ミス注意！** what animals が疑問詞をかねた主語。そのあとに be 動詞を続ける。

(3) that は直前の文 Some animals and birds in Japan are also on it(＝ the Red List). を指している。

❻ (1)「(人など)に〜するように言う」は〈tell ＋人など＋ to ＋動詞の原形〜〉で表す。

(2)「(人など)に〜させる」は〈let ＋人など＋動詞の原形〜〉で表す。

(3)「(人など)が[にとって]〜することは…です」は〈It is … for ＋人など＋ to ＋動詞の原形〜.〉で表す。「必要な」necessary

❼ (1)「私はあなたに私たちのチームに入ってほしい」という意味の文に。〈want ＋人など＋ to ＋動詞の原形〜〉で表す。

(2)「あなたが[にとって]英語を話すのは簡単ですか」という意味の文に。〈It is … for ＋人など＋動詞の原形〜.〉の疑問文で表す。

(3)「食器を洗うのを手伝ってくれますか」という意味の文に。「〜してくれますか」は Can you 〜? を使い，あとに〈help ＋人など＋動詞の原形〜〉を続ける。

Unit 4

p.48〜49 ステージ1

Words チェック (1)災害 (2)消火器 (3)store
(4) survey (5) prepared (6) shelter

❶ (1) who, is (2) she left home
(3) how much this bag is

❷ (1) when (2) who (3) old

❸ (1) where you (2) when, will
(3) what, did (4) who made

❹ (1) how, comes (2) what language

❺ (1) know how much that hat is
(2) you know how tall Bill is
(3) don't know what time it is

❻ **Word Box** (1) in case (2) how to
(3) What[Which] number

◀━━ 解説 ━━▶

❶ 間接疑問文は〈疑問詞＋主語＋動詞〉で表す。この部分が I don't know の目的語になっている。
(1)「その男性がだれか」，(2)「彼女がいつ家を出発したか」，(3)「このかばんがいくらか」という意味。

❷ (1)「今度の休日がいつか知りません」という意味の間接疑問文にする。
(2)「私たちはあの女性がだれか知っています」という意味の間接疑問文にする。
(3)「あなたはマイクが何歳か知っていますか」という意味の間接疑問文にする。

❸ 間接疑問文は〈疑問詞＋主語＋動詞〉で表す。
(1)「あなたがどこに住んでいるか」を間接疑問文で表す。
(2)「アンがいつ帰宅するのか」を間接疑問文で表す。助動詞は動詞の前に置く。
(3) **ミス注意！**「あなたが昨夜何をしたか」を間接疑問文で表す。過去の文なので動詞は過去形にする。
(4) **ミス注意！**「だれがあなたの昼食を作ったのか」を間接疑問文で表す。疑問詞が主語の間接疑問文は〈疑問詞(＝主語)＋動詞〉で表す。

❹ (1)「私は彼女がどのようにして学校に来るのか知りません」という意味。疑問詞は「交通手段」をたずねる how を使う。
(2)「ティムが何語を話しているのかわかりますか」という意味。「何語」は what language。

❺ (1)「いくら」と値段をたずねるときは，how much を使う。
(2)身長をたずねるときは，how tall を使う。
(3)「何時」と時刻をたずねるときは，what time を使う。時刻を言うときは it を主語にする。

❻ **Word Box** (1)「〜の場合には」in case of 〜
(2)「〜する方法，〜のし方」how to 〜
(3)「(電話番号の)何番」what number

ポイント 間接疑問文
・〈疑問詞＋主語＋動詞〉で表す。
・疑問詞が主語のときは〈疑問詞＋動詞〉。

p.50〜51 ■■■ステージ**1**

Words チェック (1)道具 [用具] 一式
(2)リンク，接続　(3)emergency
(4)contact　(5)done　(6)hasn't

❶ (1)what　(2)what, bought
(3)me what the students have done

❷ (1)how　(2)Tim has　(3)will

❸ (1)what you　(2)where, lives
(3)me how I　(4)you who wrote

❹ (1)me, had
(2)us why　(3)me, when

❺ (1)us how you cook curry
(2)tell me how long that bridge is
(3)me what language he usually speaks

WRITING Plus (1)例1 Please tell me whose
book this is.
例2 Can you tell me whose book this is?
(2)例1 I want to show you how I feel.
例2 I'd like to show you how I feel.

■■■ 解説 ■■■

❶ 〈Tell me what＋主語＋have[has]＋過去分詞．〉で表す。

❷ (1)「あなたがどのように絵をかくか」という意味。
(2)間接疑問文では疑問詞のあとに〈主語＋動詞〉を続ける。「ティムは何を作ったところか」という意味。
(3)疑問詞が主語の間接疑問文。「来年は何が人気になるか」という意味。

❸ 〈動詞＋人＋もの〉の「もの」の部分に〈疑問詞＋主語＋動詞〉を置いた文。
(1)疑問詞＝what，主語＝you
(2)**ミス注意** 疑問詞＝where，動詞＝lives。主語 Sara が三人称単数で現在の文なので，動詞は三人称単数現在形を使うことに注意。
(3)人＝me，疑問詞＝how，主語＝I
(4)人＝you，疑問詞・主語＝who，動詞＝wrote 疑問詞が主語の役割をしている。

❹ (1)**ミス注意** 〈teach＋人＋疑問詞＋主語＋(助)動詞〉の文。人＝me。「〜しなければならない」は have to 〜。過去の文なので had を使う。
(2)〈tell＋人＋疑問詞＋主語＋動詞〉の文。人＝

us，疑問詞＝why
(3)「(人) に〜させる」は〈let＋人＋動詞の原形〉で表す。人＝me。know の目的語を間接疑問文〈疑問詞＋主語＋動詞〉で表す。

❺ (1)〈show＋人＋もの〉の「もの」の部分に〈疑問詞＋主語＋動詞〉を置いた文。
(2)〈tell＋人＋もの〉の「もの」の部分に〈疑問詞＋主語＋動詞〉を置いた文。「どれくらいの長さ」は how long を使う。「〜してくれますか」Can you 〜?
(3)〈tell＋人＋もの〉の「もの」の部分に〈疑問詞＋主語＋動詞〉を置いた文。「何語」は what language を使う。usually はふつう一般動詞の前に置く。

WRITING Plus (1)「これはだれの本なのか私に教えてください」などの文に。
(2)「私がどんな気持ちなのかあなたに示したい」などの文に。

ポイント 「(人) に―が…かを〜する」
・〈動詞＋人＋もの〉の「もの」の部分に間接疑問文を置いた形。
・〈動詞＋人＋疑問詞＋主語＋動詞〉で表す。

p.52〜53 ■■■ステージ**1**

Words チェック (1)最近の，最新の　(2)幸運にも
(3)finally　(4)terrible　(5)scared
(6)drove

❶ (1)eating　(2)man singing
(3)the girls playing volleyball

❷ (1)dancing　(2)swimming
(3)playing

❸ (1)イ　(2)エ　(3)ウ　(4)エ

❹ (1)friends living　(2)too, to
(3)scared, get[go]

❺ (1)That smiling baby is my sister.
(2)is the man speaking to a traveler
(3)told me how to go back

❻ **Word Box** (1)way back[home]
(2)passes by　(3)parking lot

■■■ 解説 ■■■

❶ 「〜している…(名詞)」は〈名詞＋現在分詞(動詞の ing 形) 〜〉で表す。
(1)「男の子」←「ハンバーガーを食べている」，
(2)「男性」←「ステージで歌っている」，(3)「女の子たち」←「バレーボールをしている」と後ろ

から修飾するように現在分詞を使って表す。

❷ (1)「ケンとおどっている女の子」という意味にする。The girl 〜 Ken が主語。

(2) ミス注意！「川を泳いでいる男性」という意味にする。swim の ing 形は m を重ねて ing をつける。

(3)「じょうずにサッカーをしている男の子」という意味にする。

❸ (1) standing by the window(窓のそばに立っている)が girls を修飾する。

(2) reading a book on the bench(ベンチで本を読んでいる)が woman を修飾する。

(3) ミス注意！ sleeping(眠っている)が boy を修飾する。現在分詞 1 語で名詞を修飾する場合は，名詞の前に置く。

(4) flying slowly in the sky(ゆっくりと空を飛んでいる)が birds を修飾する。

❹ (1)「たくさんの友達」←「カナダに住んでいる」と後ろから修飾するように現在分詞を使って表す。

(2)「あまりにも〜なので…できない」は too 〜 to …で表す。

(3) ミス注意！「とても〜なので…だ」は，so 〜 that …で表す。that のあとには文が続くことに注意する。「外へ出る」get[go] out

❺ (1)「ほほえんでいる」が「赤ん坊」を 1 語で修飾するので，現在分詞は名詞の前に置く。

(2)「男性」←「旅行者に話しかけている」と後ろから修飾するように現在分詞を使って表す。

(3)「(人)に〜の方法を教える」は〈tell ＋人＋ how to ＋動詞の原形〉で表す。「戻る」go back

❻ 📦WordBox (1)「帰る途中で」は on the way back または on 〜's way back で表す。

(2)「通り過ぎる」は pass by。pass の三人称単数現在形は passes となる。

(3)「駐車場」は parking lot。

> **ポイント** 「〜している…(名詞)」
> ・〈名詞＋現在分詞＋語句〉
> ・〈現在分詞 1 語＋名詞〉

p.54 ◆◆ステージ❶

✓**Words チェック** (1)指示 (2)住民，居住者

(3)観光客 (4)シミュレーション

(5) simple (6) interview (7) themselves

(8) given

❶ (1) dog called (2) handed out

(3) evacuation drill

❷ (1) A language spoken in Australia is

(2) pictures taken by Tom were wonderful

◆◆◆ 解説 ◆◆◆

❶ (1)〈名詞＋過去分詞＋語句〉で「〜される[された]…(名詞)」という意味。「呼ぶ」call

(2)「〜を配る」は hand out。過去の文なので hand の過去形 handed を使う。

(3)「避難訓練」evacuation drill

❷ (1)「言語」←「オーストラリアで話されている」と後ろから修飾するように現在分詞を使って表す。

(2)「トムが撮った写真」を「トムによって撮られた写真」と言いかえる。

> **ポイント** 「〜される[された]…(名詞)」
> ・〈名詞＋過去分詞＋語句〉
> ・〈過去分詞 1 語＋名詞〉

p.55 ◆◆ステージ❶

❶ (1) Can[Shall] I (2) Would, me

(3) kind of

❷ (1) Do you need some help?

(2) I would like you to carry my bag.

WRITING Plus✏ (1) 例1 Could you tell me where Yamada Junior High School is?

例2 Please show me how to get to Yamada Junior High School.

(2) 例1 Shall I take you to the station?

例2 Would you like me to take you to the station?

◆◆◆ 解説 ◆◆◆

❶ (1)(2)「〜しましょうか」は Can[Shall] I 〜? や Would you like me to 〜? で表す。

❷ (1)ここでの help は名詞。相手に申し出るときは疑問文でも some を使う。

(2)「(人)に〜してほしい(のですが)」は〈would like ＋人＋ to ＋動詞の原形〜〉で表す。

WRITING Plus✏ (1)「山田中学校がどこにあるか私に教えてくださいますか」という意味の文などにする。

(2)「私があなたを駅まで連れていきましょうか」という意味の文などにする。「(人)を(場所)へ連れていく」は〈take ＋人＋ to ＋場所〉で表す。

p.56〜57 ステージ2

❶ 🎧LISTENING (1)エ (2)ア (3)ウ (4)イ

❷ (1) given (2) done (3) held (4) written

❸ (1) waiting (2) gets (3) made (4) sleeping

❹ (1) where I can (2) who came
(3) made by

❺ (1) I know when your birthday is.
(2) show me how you use this device

❻ (1) Tell me what you've done.
(2) 非常持出袋を作って自宅に保管しておくこと／災害時の連絡方法を決めておくこと
(3) No, they have not[have't].

❼ (1) written by (2) tree standing
(3) too tired to

❽ (1) I have a picture[pictures] taken by Ken.
(2) Do you know who that[the] tall girl is?
(3) That woman drinking tea is a famous photographer.

◆ 解説 ◆

❶ 🎧LISTENING (1)「音楽を聞いている女の子はエミです」という意味。
(2)「コウジはみんなに好かれている歌手です」という意味。
(3)「あれはおよそ100年前に建てられた家です」という意味。
(4)「あれは多くのギターを売っている店です」という意味。

♪**音声内容**
(1) The girl listening to music is Emi.
(2) Koji is a singer liked by everyone.
(3) That is a house built about one hundred years ago.
(4) That is a shop selling many guitars.

❷ 原形―過去形―過去分詞は次のとおり。
(1) give-gave-given (2) do-did-done
(3) hold-held-held (4) win-won-won

❸ (1)〈名詞＋現在分詞（動詞のing形）＋語句〉の形。wait for ～「～を待つ」
(2)**ミス注意** 〈動詞＋人＋もの〉の「もの」の部分に間接疑問文を置いた形。主語Akiが三人称単数で現在の文なので，間接疑問文の動詞を三人称単数現在形にする。get up「起きる」
(3)〈名詞＋過去分詞＋語句〉の形。
(4)現在分詞1語のみのときは，現在分詞を名詞の前に置く。

❹ (1)「どこでバスに乗れるか」を助動詞を含む間接疑問文〈疑問詞＋主語＋助動詞＋動詞の原形〉で表す。
(2)**ミス注意** 「だれがパーティーに来たのか」を間接疑問文で表す。疑問詞whoが主語をかねている。「来た」とあるので過去形を使う。
(3)「エマが作った」→「エマによって作られた」と言いかえ，〈名詞＋過去分詞＋語句〉で表す。「～によって」by ～

❺ (1) I know のあとに間接疑問文〈疑問詞＋主語＋動詞〉を続ける。「あなたの誕生日」が主語。
(2)「（人）に（もの）を見せる」は〈show＋人＋もの〉で表す。「もの」の部分に間接疑問文を置いた形。

❻ (1)「（人）に（もの）を教える」は〈tell＋人＋もの〉で表す。「あなたたちが何をしたところか」を間接疑問文で表し，「もの」の部分に置く。
(2) 朝美の2つ目の発言にwe've made an emergency kit. We keep it in our home. とあり，またWe've also decided how to contact each other during a disaster. とある。
(3)**ミス注意** 問いは「メグの家族はもう非常持出袋を作りましたか」という意味。メグの最後の発言にmy family hasn't made an emergency kit yet とある。

❼ (1)〈名詞＋過去分詞＋語句〉で表す。
(2)〈名詞＋現在分詞＋語句〉で表す。
(3) so ～ that A can't …（とても～なのでAは…できない）の文は，too ～ to …（あまりにも～なので…できない，…するには～すぎる）で書きかえられる。

❽ (1)「写真」←「ケンによって撮られた」と後ろから修飾するように〈名詞＋過去分詞＋語句〉で表す。
(2)間接疑問文〈疑問詞＋主語＋動詞〉で表す。疑問詞＝who，主語＝that tall girl，動詞＝is
(3)「あの女性」←「お茶を飲んでいる」と後ろから修飾するように〈名詞＋現在分詞＋語句〉で表す。

p.58〜59 ステージ3

❶ 🎧LISTENING (1)ウ (2)ア (3)イ (4)イ

❷ (1) themselves (2) done (3) running
(4) held

❸ (1) Hand out, to (2) On, way back[home]
(3) to go back (4) kind of you
(5) in case of

❹ (1) I have two friends living in Akita.
(2) know what language that man is speaking
(3) Tell me who cleaned this room.

❺ (1)① where we should
② so, that, couldn't
(2) we spoke to a police officer passing by
(3) the local shelter (4) For five hours.

❻ (1) when, is (2) Where would

❼ (1) Let's ask Rika what time she ate [had] breakfast.
(2) There are some students waiting for a bus.
(3) Kumi is reading a book written in English.

◀━━━━▶ 解説 ◀━━━━▶

❶ ⊙LISTENING (1)ウは「お手伝いしましょうか」という意味。
(2)アは「英語で与えられる指示に耳を傾けてください」という意味。
(3)イは「どこで待ち合わせればよいか教えてください」という意味。
(4)イは「ごめんなさい。急いでいます」という意味。

♪ 音声内容
(1) ア Can you help me?
イ What would you like to buy?
ウ Can I help you?
(2) ア Listen to the instructions given in English.
イ Don't speak English, please.
ウ Please show me the sign.
(3) ア Where do you live?
イ Tell me where we should meet.
ウ Let's meet at ten.
(4) ア Sorry, I won't help you.
イ I'm sorry. I'm in a hurry.
ウ Don't ask me. I'm lost, too.

❷ (1) themselves「(彼らが)自分自身を」
(2) I've(= I have)に注目。現在完了形〈have[has] ＋過去分詞〉で表す。do の過去分詞は done。
(3)「道沿いを走っているあの男性」という意味に。〈名詞＋現在分詞(動詞の ing 形)＋語句〉で表す。

(4)「生徒たちによって開かれたパーティー」という意味に。〈名詞＋過去分詞＋語句〉で表す。

❸ (1)「…に～を配布する」hand out ～ to …
(2)「帰る途中で」は, on the way back または on ～'s way back で表す。「帰宅途中で」なら on the way home となる。
(3) ミス注意⚠ 「帰る, 戻る」は go back で表す。return も同じ意味を表すが, 空所が1つ余る。
(4)「どうもご親切にありがとうございます」That's very kind of you.
(5)「～の場合には」in case of ～

❹ (1)「2人の友達」←「秋田に住んでいる」と後ろから修飾するように現在分詞を使って表す。
(2)「あの男性は何語を話しているか」を間接疑問文〈疑問詞を含む語句＋主語＋動詞〉で表す。疑問詞を含む語句＝ what language, 主語＝ that man, 動詞＝ is speaking。
(3)〈tell ＋人＋もの〉の「もの」の部分に間接疑問文を置く。疑問詞 who が主語をかねる。

❺ (1) ミス注意⚠ ① where to go(どこへ行くべきか)を間接疑問文で表す。should「～すべきである」 ② too ～to …(あまりにも～なので…できない, …するには～すぎる)は so ～ that A can't …(とても～なので A は…できない)の文で書きかえられる。can't の過去形は couldn't。
(2)〈名詞＋現在分詞＋語句〉で表す。speak to ～「～に話しかける」, pass by「通り過ぎる」
(3) it は前に出てきた単数のものを指す。1文前に注目。
(4)質問は「彼らはどのくらい長く駐車場の車の中にいましたか」という意味。4～5行目に We stayed in our car for five hours. とある。

❻ (1)「次の練習はいつあるのか」を間接疑問文〈疑問詞＋主語＋動詞〉で表す。
(2)「どこへ行きたいのですか」とていねいにたずねる文。「～したい」would like to ～

❼ (1)「何時に朝食を食べたか」を間接疑問文で表す。eat の過去形は ate。
(2)「生徒たち」←「バスを待っている」と後ろから修飾するように,〈名詞＋現在分詞＋語句〉で表す。
(3)「本」←「英語で書かれた」と後ろから修飾するように,〈名詞＋過去分詞＋語句〉で表す。

22

Unit 5

p.60〜61　ステージ1

Wordsチェック　(1)おおいに，非常に　(2)遺産

(3) person　(4) international

(5) respect　(6) born

❶ (1) bag, likes　(2) picture Bill took

(3) the bike I've wanted

❷ (1)これは私が昨日読んだ物語です。

(2)あなたがそこで買った傘を私に見せてください。

(3)英語はケンが毎日勉強する教科です。

❸ (1) movie, likes

(2) students, teaches math

(3) dinner Sara cooked

(4) camera I've wanted

❹ (1) report I wrote　(2) have played, times

(3) want to see

❺ (1) Mr. Baker is a teacher we like very much.

(2) The woman you saw there is my aunt.

(3) The book Ken is reading is written

❻ 🔲WordBox　(1) Indian, notes　(2) was born

(3) International, Non-Violence

━━━ 解説 ━━━

❶ 「―が〜する［した］…(名詞)」は〈名詞＋主語＋動詞〜〉で表す。

❷ (1) a story を I read yesterday が修飾。

(2) the umbrella を you bought there が修飾。

(3) the subject を Ken studies every day が修飾。

❸ (1)「マイクが最も好きな映画」，(2)「佐藤先生が数学を教えている生徒」，(3)「サラが昨夜料理した夕食」，(4)「私がずっとほしいと思っているカメラ」を〈名詞＋主語＋動詞〜〉で表す。

❹ (1)「レポート」←「私が昨日書いた」と後ろから修飾するように接触節を使って表す。「書いた」なので write の過去形 wrote を使う。

(2)「テレビゲーム」←「あなたが何度もしたことがある」と後ろから修飾するように接触節を使って表す。現在完了形(経験用法)で表す。

(3)「動物」←「私が見たい」と後ろから修飾するように接触節を使って表す。

❺ (1)「先生」←「私たちが大好きな」，(2)「女性」←「あなたがそこで見かけた」，(3)「本」←

「ケンが読んでいる」と後ろから修飾するように接触節を使って表す。

❻ 🔲WordBox　(1)「紙幣」note　(2)「生まれる」be born　(3)「国際デー」International Day

ポイント　接触節(名詞を後ろから修飾する文)
・〈名詞＋主語＋動詞〜〉で「―が〜する…(名詞)」という意味を表す。

p.62〜63　ステージ1

Wordsチェック　(1)断食　(2)困難な，難しい

(3) fight　(4) protest　(5) independence

(6) human right(s)

❶ (1) who speaks　(2) boy who plays

(3) a girl who studies

❷ (1)私にはオーストラリア出身の友達がいます。

(2)アンは長い髪をした少女です。

❸ (1) who likes　(2) friend who plays

(3) artist who came　(4) who wants, be

❹ (1) who is talking[speaking]

(2) boy who took

(3) who teaches us

❺ (1) are people who fight for human rights

(2) Look at the girls who are swimming

(3) a doctor who is liked by everyone

(4) the man who went on fasts

━━━ 解説 ━━━

❶ 「〜する…(人)」は関係代名詞 who を使い，〈名詞＋who＋動詞〜〉で表す。(1)〜(3)の先行詞は全て三人称単数。who のあとの動詞は三人称単数現在形にする。

❷ (1) a friend を who comes from Australia が修飾。

(2) a girl を who has long hair が修飾。

❸ (1) She を who にかえて，a teacher のあとに who likes sports を続ける。

(2) He を who にかえて，a friend のあとに who plays the guitar well を続ける。

(3) **ミス注意！** He を who にかえて，an artist のあとに who came to Japan last week を続ける。

(4) She を who にかえて，a girl のあとに who wants to be a nurse を続ける。

❹ (1)「男性」←「ティムと話している」，(2)「少年」←「この写真を撮った」，(3)「先生」←「私たちに英語を教えてくれる」と後ろから修飾するように関係代名詞を使って表す。

⑤ (1)「人権のためにたたかう」を関係代名詞節に。「人権」human rights,「～のために」for ～

(2)「向こうで泳いでいる」を関係代名詞節に。

(3)「みんなに好かれる」を関係代名詞節に。who のあとは受け身〈be動詞＋過去分詞〉を続ける。

(4)「断食をした」を関係代名詞節に。「断食」fast(s),「～をする，始める」go on ～

> **ポイント** 関係代名詞who(主格)
> ・前の名詞を〈who＋動詞～〉の文が後ろから修飾する。
> ・関係代名詞whoは，名詞が「人」の場合に用いる。

p.64～65 ステージ**1**

Wordsチェック (1)～を逮捕する

(2)ニュース，知らせ　(3) expensive

(4) almost

❶ (1) that goes　(2) dog that runs

(3) a book that is written in English

❷ (1)イギリス人はインドの人々にとっていっそう不公平な法律を作りました。

(2)② got angry　③ stood up　④ even if

(3) to the jail　(4)ウ

❸ (1) This is the computer which Tom wants.

(2) a cat that is sleeping on the tree

(3) like the pictures that Mike took

❹ Word Box (1) at, time

(2) in, days　(3) Thousands of

━━━━━ **解説** ━━━━━

❶ 「～する…(もの)」は関係代名詞 that を使い，〈名詞＋that＋動詞～〉で表す。that のあとの動詞の形に注意する。

❷ (1) a law を that was even more unfair to Indian people が修飾している。the British「イギリス人，英国人」，〈even＋比較級〉「さらにいっそう～」

(2)②「怒る」get angry

③「立ち上がる」stand up

④「たとえ～だとしても」even if ～

(3) there は場所を表す語。すぐ前に the jails became full of Indians とあるので「刑務所に送られた」と考える。

(4)アは2行目～3行目に Indians in South Africa ～ against the law. とあるので合わない。イは4行目～5行目に His message was "Don't follow the law, とあるので合わない。ウは6行目～7行目に Soon the jails became full of Indians, and

Gandhi himself was sent there. とあるので本文の内容と合う。

❸ (1)(3)目的格の関係代名詞はあとに〈主語＋動詞～〉が続く。(1)「トムがほしがっている」，(3)「マイクが撮った」を関係代名詞節に。

(2)主格の関係代名詞はあとに動詞が続く。「眠っている」とあるので現在進行形を使う。「木の上で眠っている」を関係代名詞節に。

❹ Word Box (1)「その当時」at that time

(2)「そのころは」in those days

(3)「何千もの～」thousands of ～

> **ポイント** 関係代名詞that[which](主格・目的格)
> 【主格】〈名詞(もの)＋that[which]＋動詞～〉
> 【目的格】〈名詞(もの)＋that[which]＋主語＋動詞～〉

p.66～67 ステージ**1**

Wordsチェック (1)増加　(2)10億

(3) powerful　(4) populous

❶ (1) Here are　(2) shows that

❷ (1) Here is a graph that shows the population growth

(2) What can you see from the figure

❸ ① want　② America　③ twice

❹ (1) Yes, it was.　(2) It was fifty.

(3) It became larger than by Group A in August.[In August.]

━━━━━ **解説** ━━━━━

❶ (1)「ここに～がある」は，Here are[is] ～. で表す。「3つ」と複数なので are を使う。

(2)「～ということを示す」は，show that ～ で表す。that のあとは〈主語＋動詞～〉が続く。

❷ (1)「これが～です」は Here is[are] ～. で表す。a graph を関係代名詞の作るまとまり that shows the population growth in the world が修飾する形。

(2)「下の図から」from the figure below

❸ ① the countries を that the students in our class ～ to go to が修飾している。グラフのタイトルに「行ってみたい国」とある。

②空所のあとに the most popular country of the six(6つの中でいちばん人気のある国)とある。

③アメリカへ行ってみたい人の数と中国へ行ってみたい人の数を比べている。グラフからアメリカへ行ってみたい人の数は中国へ行ってみたい人の数の2倍の数だとわかる。「…の2倍～」は

twice as ～ as …で表す。

❹ ⑴質問は「５月にグループＡによって読まれた本の数はグループＢによって読まれた本の数よりも大きかったですか」という意味。

⑵質問は「９月にグループＢによって読まれた本の数はいくつですか」という意味。

⑶質問は「グループＢによって読まれた本の数はいつグループＡによって読まれた本の数より大きくなりましたか」という意味。

p.68～69 ≪ 文法のまとめ③ ≫

1 ⑴to finish ⑵with ⑶writing

2 ⑴language used ⑵on, mine

⑶something cold to

⑷studying together, children

3 ⑴song I like ⑵pictures you took

⑶teacher who[that] lives

4 ⑴箱の中のネコは眠っています。

⑵エマが作った夕食はとてもおいしかったです。

⑶私に聞きたい[聞くべき]質問はありますか。

⑷私は渋谷に行く電車を待っています。

5 ⑴This is the card I found over there.

⑵I know a student who wants to

⑶you give them something to eat

≪ 解説 ≫

1 ⑴「今日終わらせるべき仕事」という意味になるように不定詞の形容詞的用法を使って表す。

⑵「長い髪をした（持った）あの少女」という意味になるように前置詞の with を使って表す。

⑶「部屋で手紙を書いている女性」という意味になるように現在分詞を使って表す。

2 ⑴「世界中で使われている」を過去分詞を使って表す。

⑵「テーブルの上の」を前置詞 on を使って表す。

⑶ **ミス注意** 「何か冷たい飲みもの」→「冷たい飲むべき何か」と考え，不定詞を使って表す。〈something ＋形容詞＋不定詞〉の語順に注意。

⑷「いっしょに勉強している」を現在分詞を使って表す。

3 ⑴２文目の it は１文目の the song を指している。接触節（＝目的格の関係代名詞を省略した形）で表す。the song のあとに I like the best を続ける。

⑵ **ミス注意** ２文目の them は１文目の the pictures を指す。接触節（＝目的格の関係代名詞

を省略した形）で表す。the pictures のあとに you took in Okinawa を続ける。

⑶２文目の He は Mr. Okada を指している。He を関係代名詞 who[that] にかえ，a teacher のあとに who[that] lives near my house を続ける。

4 ⑴The cat を in the box が，⑵The dinner を cooked by Emma が，⑶any questions を to ask me が，⑷the train を which goes to Shibuya が修飾。

5 ⑴「私が向こうで見つけた」を接触節で表す。

⑵「留学したいと思っている」を関係代名詞節で表す。

⑶「食べる（ための）」を不定詞を使って表す。

p.70～71 ≡ ステージ1

Words チェック ⑴ふるまい ⑵レスリング

⑶pretty ⑷cloth ⑸character

⑹discover

❶ ⑴instead of ⑵kind of ⑶Fold up

⑷piece of

❷ ⑴Some Japanese culture is popular in

⑵It may be fun to look

❸ ⑴piece, used to

⑵②イ ③エ

⑶もしビニールぶくろのかわりにふろしきを使えば

⑷waste resources

❹ ⑴of, has ⑵on the

WRITING Plus ⑴例1 It's Kumamon. He's the official character of Kumamoto.

例2 My favorite kawaii thing is yukata. I often wear it when I go to see fireworks.

⑵例1 I visit a shrine with my family to make wishes for the New Year.

例2 I only eat and sleep.

解 説

❶ ⑴「～のかわりに」instead of ～，⑵「一種の～」a kind of ～，⑶「～を折りたたむ」fold up ～ / fold ～ up，⑷「１つ[個，本，枚]の～」a piece of ～

❷ ⑴「一部の～，（中には）～もいる」some ～

⑵ **ミス注意** 「～するのは…です」は〈It is … to ＋動詞の原形～.〉で表す。「～かもしれない」は助動詞 may を使う。助動詞のあとは be 動詞の

原形 be を続ける。「～をさがす」look for ～

❸ (1) cloth は数えられない名詞なので，a piece of ～を使って数を表す。「～するために使われる」は be used to ～で表す。

(2)② 空所のあとの動詞 keep と空所の前の動詞 fold を並べている。「折りたたんで，ポケットに入れておける」とする。③「～だけでなく…もまた」not only ～ but (also) …

(3) instead of ～「～のかわりに」，plastic bag「ビニールぶくろ」

(4) 質問は「ふろしきはなぜ環境によいのですか」という意味。5 行目～6 行目に If you use *furoshiki* instead of plastic bags, you won't waste resources. とある。

❹ (1) the idea of ～「～という考え」

(2) on the internet「インターネットで」

WRITING Plus✐ (1) 質問は「あなたのいちばん好きなかわいいものは何ですか」という意味。

(2) 質問は「あなたはふつう正月の間に何をしますか」という意味。

p.72～73 ■■■ ステージ2

❶ 🎧LISTENING (1) ウ (2) エ (3) イ (4) ア

❷ (1) who (2) that (3) which (4) that

❸ (1) エ (2) ア (3) ウ (4) イ

❹ (1) This is the car my father uses every day.

(2) I heard news which made them happy.

(3) Emma is a girl who speaks Japanese well.

❺ (1) Do you know who this is?

(2) 1. respected 2. is on

❻ (1) aunt gave (2) girl everyone loves

(3) picture Tim took

❼ (1) サッカーは私のクラスでいちばん人気のあるスポーツです。

(2) これは私が先月見た映画です。

❽ (1) I know the book (that[which]) you are[you're] reading.

(2) Where should we take a[the] bus that[which] goes to the zoo?

(3) He is[He's] a[the] person (that) I have[I've] wanted to see.

■■■■■■■■ 解説 ■■■■■■■■

❶ 🎧LISTENING (1)「これは大きな耳をした重い動物です」という意味。

(2)「これは海に生息する最大の動物です」という

意味。

(3)「これはとても速く走ることができる大きい鳥です」という意味。

(4)「これは飛べないがとてもじょうずに泳ぐことができる鳥です」という意味。

🎵 **音声内容**

(1) This is a heavy animal which has big ears.

(2) This is the largest animal that lives in the sea.

(3) This is a large bird that can run very fast.

(4) This is a bird which can't fly but can swim very well.

❷ (1) that boy は「人」で，あとには動詞が続くので，主格の関係代名詞 who を選ぶ。

(2) a movie は「もの」で，あとには動詞が続くので，主格の関係代名詞 that を選ぶ。

(3) the pictures は「もの」で，あとには〈主語＋動詞～〉が続くので，目的格の関係代名詞 which を選ぶ。

(4) the man は「人」で，あとには〈主語＋動詞～〉が続くので，目的格の関係代名詞 that を選ぶ。

❸ (1) a convenient product は「もの」なので，関係代名詞 that または which が導く文を選ぶ。エ「あなたが部屋をそうじするときに使われる」

(2) a teacher は「人」なので，主格の関係代名詞 who または that が導く文を選ぶ。ア「私たちに歴史を教えている」

(3) the poems は「もの」なので，目的格の関係代名詞 that または which が導く文を選ぶ。ウ「中原中也が書いた」

(4) a dog は「動物（＝もの）」なので，目的格の関係代名詞 that または which が導く文を選ぶ。イ「私たちがクロと呼ぶ」

❹ (1)「父が毎日使う」を接触節を使って表す。

(2)「彼女らをうれしくさせる」を主格の関係代名詞 which を使って表す。「（人）を～にする」〈make ＋人＋形容詞〉

(3)「日本語をじょうずに話す」を主格の関係代名詞 who を使って表す。

❺ (1)「こちらがだれか」を間接疑問文〈疑問詞＋主語＋動詞〉で表す。疑問詞＝who，主語＝this，動詞＝is

(2) 1. 受け身の文〈be 動詞＋過去分詞〉。respect

26

の過去分詞 respected を入れる。

2. ミス注意 3 〜 4 行目の His image is printed on all Indian rupee notes. を参考にする。

6 (1) ミス注意 1 文にすると，接触節で it は不要になる。to me の to も it がないときは省略できる。

(2) a girl のあとは接触節 everyone loves を続ける。

(3) a picture のあとに接触節 Tim took を続ける。

7 (1) the sport を that is the most popular in my class が修飾。

(2) the movie を I watched last month が修飾。

8 (1)「あなたが読んでいる」を接触節や目的格の関係代名詞 that[which] を使って表す。

(2)「動物園へ行く」を主格の関係代名詞を使って表す。

(3)「私がずっと会いたいと思っていた」を接触節や目的格の関係代名詞 that を使って表す。

p.74〜75 ━━ステージ3━━

1 🎧LISTENING (1)オ (2)エ (3)イ (4)ア (5)ウ

2 (1)エ (2)ウ (3)イ (4)ウ

3 (1) Here is, that[which]

(2) After walking, reached

(3) instead of the (4) Even if, is

4 (1) This is a T-shirt which Kumi gave me.

(2) What's the book you want to read now?

5 (1) a man who has influenced a lot of people around the world

(2)あなたはガンディーがどうのようにしてインドの独立のために働いたか知っていますか。

(3)③ violence ④ who[that]

6 (1) Ichiro is the baseball player (that) I like the best.

(2) Mr. Sato is the[a] man who[that] taught me how to ski.

(3) What is[What's] the foreign language (that[which]) you want to learn[study]?

7 例(1) Kyoto is a city (that[which]) a lot of people visit.

(2) Do you have a friend who[that] speaks English well?

(3) Show me the picture(s) (that[which]) you took in Hokkaido.

━━━━━━ 解説 ◀━━━━━━

1 🎧LISTENING (1)「男の子がちょうど書店を去っ

たところです」という意味。

(2)「黒い帽子をかぶった若い男性がバスを待っています」という意味。

(3)「通りを横断している女の子は大きなバッグを持っています」という意味。

(4)「男性は駅の前でそうじしています」という意味。

(5)「木のそばに立っている女の子は中学生です」という意味。

♪ 音声内容

(1) The boy has just left the bookstore.

(2) The young man with a black hat is waiting for a bus.

(3) The girl walking across the street has a big bag.

(4) The man is cleaning in front of the station.

(5) The girl who is standing by the tree is a junior high school student.

2 (1)〈-thing ＋形容詞＋不定詞〉の語順。

(2)この read は過去分詞。〈名詞＋過去分詞＋語句〉の語順。

(3) Sara is a girl. の文に関係代名詞 who のまとまりをつけ加えると考える。who 〜 player が関係代名詞節。

(4) Is there anything? の文に関係代名詞 that のまとまりをつけ加えると考える。that 〜now が関係代名詞節。

3 (1)「ここに〜がある」は Here is[are] 〜. で表す。a coin のあとに主格の関係代名詞 that[which] を続ける。「(人)を〜にする」〈make ＋人＋形容詞〉

(2) ミス注意 「〜したあとに」は after 〜ing で表す。「〜に到着する」reach

(3)「〜のかわりに」は instead of 〜。guitar は play the piano との対比なので，the をつける。

(4) ミス注意 「たとえ〜だとしても」は even if 〜。even if や if のまとまりの文では，未来のことでも現在形で表す。

4 (1)「クミが私にくれた」を関係代名詞節で表す。a T-shirt のあとに目的格の関係代名詞 which を続ける。

(2)「あなたが今読みたい」を接触節で表す。the book のあとに〈主語＋動詞〜〉を続ける。

5 (1)「世界中の多くの人々に影響を与えた」を関

係代名詞節で表す。a man のあとに主格の関係代名詞 who が続く。

(2)直前の朝美の発言に注目。did it は worked for Indian independence を指している。

(3)③空所の前に He(=Gandhi) never used とある。ガンディーが一度も使わなかったものは，6～7行目から violence(暴力)。Non-violence「非暴力」

④ people は「人」を表し，空所のあとは動詞 fight が続くので，主格の関係代名詞 who を補う。

6 (1)「私がいちばん好きな」を接触節や関係代名詞節で表す。「～がいちばん好きだ」は like ～ the best で表す。Ichiro is my favorite baseball player. としてもよい。

(2)「私にスキーのし方を教えてくれた」を関係代名詞節を使って表す。a man のあとに主格の関係代名詞 who[that] を続ける。「(人)に(もの)を教える」は〈teach ＋人＋もの〉で表し，「もの」の部分に how to ～ (～のし方)を置く。

(3)「あなたたちが学びたい」を接触節や関係代名詞節で表す。

7 (1)「京都は多くの人が訪れる都市です」という意味の文などに。「多くの人が訪れる」を接触節や関係代名詞節で表す。

(2)「あなたには英語をじょうずに話す友達はいますか」という意味の文などに。「英語をじょうずに話す」を関係代名詞節で表す。

(3)「私にあなたが北海道で撮った写真を見せてください」という意味の文に。あなたが北海道で撮った」を接触節や，関係代名詞節を使って表す。

Unit 6

p.76 ■■■ステージ1

Wordsチェック (1)キャンペーン (2)関係
(3)必需品 (4)未使用の (5)beyond
(6)border (7)donate (8)this way

1 (1)had (2)I could fly
(3)wish I were young

■■■■■ 解説 ■■■■■

1「～であればよいのに」は〈I wish (that)＋主語＋(助)動詞の過去形～.〉で表す。これは現実とは異なる願望を表す。be動詞は were を用いることが多い。

p.77 ■■■ステージ1

Wordsチェック (1)もちろん，確かに
(2)グループ，団体 (3)backpack
(4)umbrella

1 (1)were[stayed], would
(2)were, could (3)So far, more than

2 (1)were rich, I could buy a house
(2)If he were here, this party would be more
(3)help them by donating other things

■■■■■ 解説 ■■■■■

1 (1)(2)「もし～であれば，…だろう(に)」と現実とは異なることを仮定するときは，〈If＋主語＋were ～，主語＋助動詞の過去形＋動詞の原形….〉で表す。助動詞はおもに would を使うが，「できる」という意味を含めたいときは，could を使う。

(3)「これまで，今まで」so far，「～より多く」more than ～

2 (1)「私が～であれば，(私は)…できるのに」は，If I were ～，I could …. で表す。

(2)仮定法の文では主語にかかわらず，be動詞は were がよく使われる。

(3)「～することで」は by ～ing で表す。前置詞のあとの動詞は動名詞にする。

ポイント 仮定法(現実とは異なる願望・仮定)
・「(私が)～であればよいのに」
〈I wish (that)＋主語＋(助)動詞の過去形～.〉
・「もし～であれば…だろうに」
〈If＋主語＋were ～，主語＋助動詞の過去形＋動詞の原形….〉

p.78～79 ■■■ステージ1

Wordsチェック (1)～を勇気づける，励ます
(2)～を想像する (3)～を受け取る (4)日常の
(5)building (6)coat (7)son
(8)daughter

1 (1)had, would (2)came, could
(3)who[that], is (4)who[that] is, is

2 (1)①エ ③ウ ⑧ア (2)didn't, couldn't
(3)日本からのランドセルを受け取ったことが(アフガニスタンの)子供たちを幸せにします。
(4)encourages their parents to send their sons and daughters to
(5)⑥ Most of ⑦ be ready for

28

⑨ in the open air

❸ 📦Word Box (1) depends　(2) exception

(3) surrounded　(4) imported

━━━━ 解説 ━━━━

❶ (1)(2)「もし〜していれば，…するだろうに」は仮定法〈If ＋主語＋動詞の過去形 〜，主語＋助動詞の過去形＋動詞の原形 ….〉で表す。

(3)「料理がじょうずな」を関係代名詞節で表す。girl が「人」で，空所のあとに動詞があるので，関係代名詞は主格の who[that] を使う。The girl 〜 well が主語。well のあとの空所には動詞を入れる。

(4)「一生懸命に勉強している」を関係代名詞節で表す。boy が「人」で，空所のあとに studying があるので，主格の関係代名詞 who[that] と be 動詞を入れる。The boy 〜 hard が主語。hard のあとの空所には動詞が入る。

❷ (1)ミス注意 ①「学校のない生活」，③「本やウェブサイトによって」，⑧「無校舎のある（＝校舎のない）地域」という意味。

(2)仮定法の文。動詞と助動詞は過去形を使う。

(3)〈make ＋人＋形容詞〉で「(人)を〜の状態にする」という意味。It は前文の「日本からランドセルを受け取ること」を指している。them は children like these in Afghanistan を指している。

(4)「(人)に〜するように促す」は〈encourage ＋人＋ to ＋動詞の原形〉で表す。〈send ＋人＋ to ＋場所〉で「(人)を(場所)へ行かせる」という意味。

(5)⑥「〜の大部分」most of 〜

⑦「〜の用意ができている」be ready for 〜

⑨「屋外で」in the open air

❸ 📦Word Box (1) depend on 〜で「〜に頼る」という意味。主語 Japan は三人称単数で現在の文なので，動詞は三人称単数現在形にする。

(2) no exception で「例外はない」という意味。

(3) surround（〜を囲む）を使い，受け身にする。

(4) import（〜を輸入する）を使い，受け身にする。one-third「3分の1」

ポイント❶ 仮定法

・「もし〜していたら，…するだろうに」
〈If ＋主語＋動詞の過去形 〜，主語＋助動詞の過去形＋動詞の原形 ….〉

ポイント❷ 主語を説明する関係代名詞
〈主語＋関係代名詞節〜＋動詞….〉

p.80〜81 ━━ ステージ❶

Words チェック (1)〜のように見える，思われる

(2)〜を輸送する　(3) point　(4) besides

(5) cheap　(6) domestic

❶ (1) in season　(2) Besides

(3) seems[looks] safe

(4) cheaper, domestic

(5) agree with　(6) disagree with

❷ (1)エ　(2)イ　(3)ア　(4)オ　(5)ウ

❸ (1) I'm not sure about that.

(2) A wider variety of foods are sold

(3) I see your point, but domestic meat products seem[look] safer.

(4) Is transporting food good for the environment?

WRITING Plus (1)例1 I like Japanese food.

例2 I like sweets the best.

(2)例1 I want to eat domestic[imported] food.

例2 I want to eat both domestic and imported food.

━━━━ 解説 ━━━━

❶ (1)「(食べ物が)旬で」in season, (2)「そのうえ」besides, (3)「〜のように見える」〈seem ＋形容詞〉, (4)「安い」cheap，「国内の」domestic, (5)「〜に賛成する」agree with 〜, (6)「〜と意見が合わない」disagree with 〜

❷ (1)「私もあなたが正しいと思います」

(2)「自分たちの存続のために外国貿易に頼らなければならないので，私はそうは思いません」

(3)「あなたが正しいのかもしれませんが，お金を節約することも大切です」

(4)「私はあなたの意見に同意しません」

(5)「ウェブサイトで調べたほうがいいと思います」

❸ (1)「〜についてよくわからない」I'm not sure about 〜

(2)「より豊富な種類の〜」a wider variety of 〜

(3)「あなたの言おうとしていることはわかりますが，〜」I see your point, but 〜，「〜のように思われる」〈seem ＋形容詞〉

(4)「〜によいです」be good for 〜

WRITING Plus✏ (1)質問は「あなたはどんな種類の食べ物が好きですか」という意味。

(2)質問は「あなたは国産の食べ物と輸入した食べ物のどちらを食べたいと思いますか」という意味。

p.82~83 《 文法のまとめ④

① (1) are (2) were (3) had (4) were

(5) were, could (6) would, knew

② (1) were, would (2) wish, could

(3) If, had, could (4) wish I remembered

③ (1) would / got[had]

(2) were, would[could] (3) wish, were

④ (1)もし私が忙しくなければ，あなた(がた)を手伝うでしょうに。

(2)ひと休みできたらよいのに。

(3)もし私があなたであれば，寿司を試す[食べてみる]でしょうに。

(4)自由な時間があれば，あなた(がた)は何をしますか。

⑤ (1) I had (2) I were rich

(3) I had brothers

(4) I wish I could buy[get]

《 解説 》

① (1)はあり得る仮定を述べている。

(2)〜(6)は願望やあり得ない仮定を述べているので，仮定法を使う。be 動詞は were を，一般動詞や助動詞は過去形を選ぶ。

② すべて仮定法の文。(1)(3)〈If ＋主語＋動詞の過去形〜，主語＋助動詞の過去形＋動詞の原形….〉で表す。if 〜の be 動詞は were をよく使う。(2)(4)〈I wish ＋主語＋(助)動詞の過去形 〜.〉で表す。

③ (1)仮定の話を対話しているので，助動詞・一般動詞ともに過去形を使う。

(2)**ミス注意**「そこにいれば，いっしょに遊ぶのに」という意味の仮定法の文で表す。

(3)「私がケンならばなあ」と願望を述べている。

④ were や動詞，助動詞の過去形に注目。(1)〜(3)は仮定法の文。(4)はあり得ることを仮定している。

⑤ (1)(3)は I wish I had 〜., (2)は I wish I were 〜., (4)は I wish I could 〜. で表す。

p.84~85 ステージ1

Words チェック (1)制服，ユニフォーム

(2)否定的な，よくない (3)色彩に富んだ

(4)いなか (5) judge (6) side (7) wear

(8) announce

① (1) could, would (2) eat out

(3) move on to (4) at all (5) boy wears

② (1)エ (2)イ (3)ウ (4)オ (5)ア

③ (1) we'll hear from people who agree

(2) People who disagree are the winners of

(3) There are many things people don't need

WRITING Plus✏ (1)**例1** We can try many kinds of dishes in Japan.

例2 Visitors in Japan can experience both old things and new things.

(2)**例1** I think Japanese people works too long.

例2 I think a lot of food is wasted.

● 解説 ●

① (1)仮定法〈If ＋主語＋助動詞の過去形〜，主語＋助動詞の過去形….〉の文。

(2)「外食する」eat out (3)「(次の話題などへ)移る，進む」move on (4)「少しも〜でない」not 〜 at all (5)「どの〜も」every 〜(名詞の単数形)，「身につけている」wear

② (1)「私の意見では，日本の食べ物はすごいです」

(2)「私たちの住宅はせまいので，そうじをする時間を節約できるのだと思います」

(3)**ミス注意**「あなたは電車が混雑していると言いましたが，時間に正確だとは思いませんか」

(4)「"かっこよくてかわいい"というのはどういう意味ですか」

(5)「一例をあげさせてください。ここに文房具があります」

③ (1)「人」←「賛成する」と後ろから修飾するように，関係代名詞 who を使って表す。

(2)「人」←「反対する」と後ろから修飾するように，関係代名詞 who を使って表す。

(3)「たくさんのもの」←「人々が必要としない」と後ろから修飾するように，接触節を使って表す。

WRITING Plus✏ I think (that) 〜. や I'm sure (that) 〜. などを使うとよい。

p.86~87 Try! READING

Question (1)石油，石炭，天然ガスの資源は「化石燃料」と呼ばれています。

(2)② run out of　④ large amount of

(3)③ global warming　⑤ renewable energy

(4)1. cheap, them　2. It, to

　3. dams, damage

🅦ord🅑ox**BIG**　**1** (1)〜を管理する

(2)再生可能な　(3)電気，電力　(4)〜を放出する

(5)health　(6)sunshine　(7)relatively

(8)wind　(9)quarter　(10)solve

2 (1)were, would happen

(2)a[one] quarter

(3)Research, heat, progressing

(4)make, brighter

(5)anything, sustainable　(6)all the time

3 (1)rainy　(2)cut　(3)expensive

(4)inventor　(5)dangerous　(6)ocean

(7)future

◖━ 解 説 ━◗

Question　(1) These resources は 前 の 文 の oil, coal, and natural gas を指す。受け身の文。

(2)②「〜を使い果たす」run out of 〜

④「大量の〜」a large amount of 〜

(3)③「地球温暖化」global warming

⑤「再生可能エネルギー」renewable energy

(4)**ミス注意！**　1. 2 行目 〜 3 行目 に They(＝Fossil fuels) are relatively cheap, and they can be used for many things. とある。

2. 9 行目に it is difficult to control radiation and handle nuclear waste safely all the time と ある。3. 16行目〜18行目に we need dams to use water power, and these dams can damage the environment とある。

🅦ord🅑ox**BIG**　**2** (1)実際にはあり得ないことを仮定しているので，be動詞は were，助動詞は would を用いる。「〜に起こる」happen to 〜

(2)「〜の4分の1」a[one] quarter of 〜

(3)「自然熱」natural heat，「〜に関する研究」research in 〜，「進む」progress　(4)「(人など)を〜にする」〈make ＋人など＋形容詞〉　(5)「持続可能なエネルギー技術」sustainable energy technology　(6)「常に」all the time

p.88　◖━ Try! READING ━◗

Question　(1)① rainy countries

　② power lines

(2)It can help many people get electricity.

(3)1. She was fifteen.[Fifteen years old.]

　2. For fifty seconds.

　3. Only seven liters of rainwater.

　　[It needs only seven liters.]

　4. To help poor people.

🅦ord🅑ox**BIG**　(1)消費者　(2)電池，バッテリー

(3)化学物質　(4)放射能　(5)rain　(6)invent

(7)second　(8)sustainable

◖━ 解 説 ━◗

Question　(1)①「雨の多い国」rainy countries

②「電線」power lines

(2)「(人など)が〜するのを助ける」〈help ＋人など＋動詞の原形〉

(3)**ミス注意！**　1. 1 行目〜3 行目の文に When she was fifteen, Reyhan invented a device 〜. とある。2. 3 行目〜4 行目に Reyhan's device can power 22 LED lamps for 50 seconds. とある。3. 4行目〜5行目に Each device uses only 7 liters of rainwater. と ある。　4. 6 行 目 に Reyhan says she created the device to help poor people とある。

p.89　◖━ Try! READING ━◗

🅦ord🅑ox**BIG**　**1** (1)〜に通う，出席する

(2)何らかの形で　(3)芸術的な，美しい　(4)点

(5)興味　(6)卒業　(7)college　(8)difference

(9)graduate　(10)trust

2 (1)no idea what

(2)decided to learn[study]

(3)never dropped out

(4)makes all, difference

(5)Trust yourself　(6)isn't connected

3 (1)We trust that he will graduate from college.

(2)I put the letter Haruka wrote into

(3)I have no idea where I should go during

◖━ 解 説 ━◗

🅦ord🅑ox**BIG**　**2** (1)〈I have no idea ＋間接疑問文〉「〜なのか見当もつかない」，(2)「〜しようと決心する」decide to 〜，(3)「中退する」drop out，「決して(〜しない)」never，(4)「大きなちがいを生む」make all the difference，(5)命令文。「〜を信頼する」trust，「自分自身[あなた自身]」yourself，(6)受け身〈be動詞＋過去分詞〉の否定文。「つなげる」connect

③ (1)「〜だと期待する」〈trust that ＋主語＋動詞〜〉,「〜を卒業する」graduate from 〜

(2)「手紙」←「ハルカが書いた」と後ろから修飾するように接触節を使って表す。「〜を…に入れる」put 〜 into …

(3)「見当もつかない」は have no idea で表す。あとに間接疑問文〈疑問詞＋主語＋動詞〉を続ける。

p.90　Try! READING

**BIG** ① (1)ガレージ　(2)中心
(3)創造力のある　(4)失うこと　(5)初心者
(6)従業員　(7)lucky　(8)though
(9)successful　(10)grew

② (1)ran away　(2)get fired
(3)what to do　(4)satisfied, did
(5)better, better, go　(6)Though, went out

③ (1)Keep looking for the things you love.
(2)Soccer will be a large part of my life.
(3)is one of the most creative companies in

解説

BIG ② (1)「逃げる」は run away。run の過去形は ran。(2)「解雇される」get fired, (3)「何を〜すべきか」what to 〜, (4)「彼女がした」を接触節で表す。「〜に満足している」be satisfied with 〜, (5)「しだいに〜」〈比較級＋and＋比較級〉,「(時間が)過ぎる, たつ」go on, (6)「〜だけれども」though,「外出する」go out

③ (1)「あなたが大好きな」を接触節で表す。「〜し続ける」keep 〜ing,「〜をさがす」look for 〜
(2)「〜の大きな部分」a large part of 〜
(3)「最も〜な…の一つ」〈one of the ＋最上級＋複数名詞〉

p.91　Try! READING

BIG ① (1)がん　(2)鏡
(3)愚かな　(4)内側の　(5)limited　(6)else
(7)magazine　(8)someone

② (1)No one　(2)himself, courage
(3)someone else's
(4)needed[had] to change
(5)the same　(6)with, Stay

③ (1)told me that time is limited
(2)What are the things you are planning to do today?
(3)don't need to follow someone else's idea

解説

BIG ② (1)「だれも〜（しない）」No one 〜, (2)「自分自身にたずねる, 自問する」ask 〜self,「彼自身」himself,「勇気」courage, (3)「ほかのだれかのもの」someone else's, (4)「〜する必要がある」need to 〜, (5)「同じもの」the same, (6)「〜で終わる」end with 〜,「〜のままでいる」〈stay ＋形容詞〉

③ (1)「(人)に〜だと言う」〈tell ＋人＋ that ＋主語＋動詞〜〉,「限られた」limited
(2)「あなたが今日計画している」を接触節で表す。「〜を計画する」plan
(3)「ほかのだれかの〜」someone else's 〜,「〜する必要がある」need to 〜

p.92〜93　ステージ2

❶ **LISTENING**　エ

❷ (1)cheap　(2)daughter　(3)receive
(4)disagree

❸ (1)were　(2)ran　(3)asked　(4)sold

❹ (1)made all, difference
(2)running away　(3)Getting[Being] fired

❺ (1)I had no idea what to do.
(2)The boy that Kumi saw in the park is

❻ (1)学校へ行くこと, ペンやノート
(2)running　(3)unused school supplies

❼ (1)that I like the best
(2)The pictures that Tom took in Nara
(3)that won first place
(4)examples that show global warming

❽ 例(1)I wish I had an umbrella.
(2)I think(that)it is[it's]better to eat domestic food.[I think (that) we should eat domestic food.]
(3)Can you move on to questions and answers?
(4)If there were karaoke, we could sing together.

解説

❶ **LISTENING**　アンの why don't we go shopping? という誘いをケンは Sorry, I cannot, Ann. I have to help my father this afternoon. と断っている。エは仮定法の文なので, 現実には買い物にいっしょに行くことはできない。

32

♪ 音声内容

A: Hi, Ken. Are you free this afternoon? If
you are free, why don't we go shopping?
B: Sorry, I cannot, Ann. I have to help my
father this afternoon.

❷ (1) cheap「安価な」, (2) daughter「娘」, (3)
receive「～を受け取る」, (4) disagree「意見が合
わない」

❸ (1)「～であればよいのに」は, 仮定法〈I wish
＋主語＋（助）動詞の過去形～.〉で表す。
(2) and のあとに fell(fall の過去形)があるので
過去形にする。run の過去形は ran。run out of
～「～を使い果たす」
(3) looked があるので過去形にする。ask ～self
で「～自身にたずねる, 自問する」という意味。
(4)「売られている」と受け身〈be 動詞＋過去分
詞〉で表す。sell-sold-sold

❹ (1)「大きなちがいを生む」make all the
difference
(2)「逃げる」は run away を使う。前置詞のあとに
動詞を置くときは動名詞(動詞の ing 形)にする。
(3)「解雇される」は get[be] fired で表す。「～す
ること」の意味で主語になるので, 動名詞にする。

❺ (1) ミス注意♪「見当もつかない」は have no
idea で表す。そのあとには〈疑問詞＋to ＋動詞
の原形〉を置くことができる。
(2) ミス注意♪ 関係代名詞節「クミが公園で見かけ
た」が主語「少年」を修飾している文。関係代名
詞節のあとに文の動詞である is を続ける。

❻ (1) 1 行目～2 行目に "I wish I could go to
school." "I wish I had pens and notebooks." と
ある。
(2) 前の be 動詞に注目。現在進行形〈be 動詞＋動
詞の ing 形〉に。この run は「～を主催する」と
いう意味。
(3) them は子供たちに与えるもの。すぐ前に,
Send us <u>unused school supplies</u>, とある。

❼ (1) あとの文の it は前の文の a subject を指して
いる。it を関係代名詞 that にかえて subject の
あとに置き, あとの文を続ける。
(2) あとの文の them は前の文の The pictures を
指している。them を関係代名詞 that にかえて
pictures のあとに置き, あとの文を続ける。
(3) あとの文の She は前の文の The girl を指して

いる。She を関係代名詞 that にかえて girl のあ
とに置き, あとの文を続ける。
(4) あとの文の They は前の文の some examples
を指している。They を関係代名詞 that にかえて
some examples のあとに置き, あとの文を続ける。

❽ (1)「～であればなあ」は〈I wish ＋主語＋
（助）動詞の過去形～.〉で表す。
(2)「私は～したほうがいいと思います」は I
think (that) it is[it's] better to ～. で表す。
(3)「～してくれますか」は Can you ～? で表す。
「～へ移る」move on to ～,「質疑応答」
questions and answers
(4)「もし～であれば, …するだろうに」は〈If
＋主語＋（助）動詞の過去形～, 主語＋助動詞の
過去形….〉で表す。「もし～があれば」は If
there were ～と表す。

p.94～95 ━━ステージ❸━━

❶ 🎧 LISTENING (1) エ (2) イ (3) ア
❷ (1) had (2) were (3) supplies (4) sold
❸ (1) someone else (2) ready[prepared] for
(3) seem[look] strong, safe
(4) amount of (5) not, at all
❹ (1) The zoo I often visited is around here.
(2) Gandhi encouraged people to protect
their rights.
❺ (1) that[which]
(2) ② 今までに20万個より多くのランドセル
[バックパック]が送られています。
④ もし私が日本の学生なら, 自分の古いラン
ドセル[バックパック]を送るでしょうに。
(3) my backpack
(4) She thinks they are cool.
❻ (1) He ran out of his energy.
(2) There are people living this way[like this].
[There are people who[that] live this
way[like this]].
(3) Most of the children are[come] from
Canada.
❼ 例 (1) I wish I could play soccer well.
(2) If it were sunny today, I could see
fireworks.

━━━━━━━━━━▶ 解 説 ◀━━━━━━━━

❶ 🎧 LISTENING (1) エ「そんなにすてきな腕時計を
持っていればよいのに」

(2)イ「どちらもそれぞれよいところがあると思います」

(3)ア「彼女が家にいれば，いいよと言うだろうにね」

♪ **音声内容**

(1) A: Look! I got a new watch as a birthday present.
B: You're so lucky!（チャイム音）

(2) A: My father wants to live in the countryside, but my mother likes living in the city.
B: How about you?
A: Me?（チャイム音）

(3) A: Can you help me with my English homework?
B: English? Why don't you ask Yuki?
A: I called her, but she was out.
B: Was she?（チャイム音）

❷ (1)後半の文の would に注目。仮定法の文。〈If＋主語＋（助）動詞の過去形~, 主語＋助動詞の過去形….〉で表す。

(2) I wish I were ~. で「（私が）~であればよいのに」という意味を表す。仮定法の文では be 動詞は were をよく使う。

(3) supply は「必需品」の意味で使うときは複数形を使う。school supplies「学用品」

(4)受け身の文。〈be 動詞＋過去分詞〉で表す。

❸ (1)「ほかのだれか」someone else

(2)「~の用意ができている」be ready for ~

(3)「~のように見える，思われる」〈seem＋形容詞〉

(4)「~の量の…」a ~ amount of …

(5)「少しも~ない」not ~ at all

❹ (1) **ミス注意！**「私がよく訪れた」を接触節を使って表す。The zoo ~ visited が文の主語。そのあとに文の動詞 is を続ける。

(2)「~に…するように促す」encourage ~ to …

❺ (1)「日本のランドセルを集めているグループ」という意味になるように関係代名詞を使う。

(2)②現在完了形（継続用法）の受け身の文。so far「今まで（は），これまで（は）」, more than ~「~より多く」

④ were と would に注目。仮定法の文。

(3) mine は「私のもの」という意味。前の文の話題から「自分のランドセル」とわかる。

(4)質問は「メグは日本のランドセルをどう思っていますか」という意味。メグの最初の発言に Japanese school backpacks are cool. とある。

❻ (1)「~を使い果たす」は run out of ~。run の過去形は ran。

(2)「このように生活する」を現在分詞または関係代名詞節を使って表す。

(3)「~の大部分」most of ~,「~出身である」be[come] from ~

❼ (1)「~であればよいのに」は，仮定法〈I wish＋主語＋（助）動詞の過去形~.〉で表す。

(2)「もし~であれば，…するだろうに」は仮定法〈If＋主語＋動詞の過去形 ~, 主語＋助動詞の過去形＋動詞の原形….〉で表す。

定期テスト対策 得点アップ！予想問題

p.106~107 第**1**回 Unit 0 / 1~Let's Write 1

1 🎧LISTENING (1)春休み

(2)(オーストラリアの)おば

(3)ニュージーランド

2 (1) wider variety (2) makes, hopeful

(3) amazed[surprised] at (4) get over

3 (1) Spanish is spoken in Peru.

(2) Skiing makes me happy.

(3) Has Mike (ever) been to New York? /
No, he has not[hasn't].

(4) How many times have you tried sushi?

4 (1)その特別な車いすの会社，設立されました

(2)② was not satisfied with ③ decided to

(3) 1. in their matches 2. show the world

5 (1) My father often tells me that foreign
languages are interesting.

(2) Practicing soccer made them tired.

(3) I've never seen such a beautiful
sunrise(before).

6 例(1) Have you (ever) been abroad[to
foreign countries]?[Have you (ever)
visited foreign countries?]

(2) It is said that Jim is sick.

▶ 解説 ◀

1 🎧LISTENING (1)ボブの最初の発言に Where did
you go during spring vacation? とある。

(2)アキの最初の発言に I went to Australia. I
visited my aunt there. とある。

(3)アキの２つ目の発言に I've never been
there(= to New Zealand). とある。

♪ 音声内容

A: Hi, Aki. Where did you go during spring
vacation?

B: Hi, Bob. I went to Australia. I visited my
aunt there.

A: Great! I've never visited Australia, but I
went to New Zealand last year.

B: Oh, really? I've never been there.

2 (1)「より幅広い~」a wider variety of ~

(2)「(人)を~の状態にする」〈make ＋人＋形容詞〉

(3)「~に驚かされる」be amazed[surprised] at ~

(4)「~を乗りこえる」get over ~

3 (1)受け身の文〈be 動詞＋過去分詞〉に。一般
的な人々の by people はふつう省略する。

(2)〈make ＋人＋形容詞〉「(人)を~の状態にする」

(3)現在完了形の疑問文は have[has] を主語の前
に置く。答えるときも，have[has] を使う。have
been to ~ 「~に行ったことがある」

(4)「何回？」と回数をたずねるときは，how
many times で文を始め，疑問文の形を続ける。

4 (1)受け身の過去の文。It は前の文の a special
wheelchair company を指す。

(2)②「~に満足する」は be satisfied with ~ で
表す。過去の否定文なので was not を使う。③
「~しようと決心する」は decide to ~ で表す。
過去の文なので decided を使う。

(3) 1. 4 行目~5 行目に Kunieda Shingo and
Kamiji Yui use ~ in their matches. とある。
2. 5 行目~6 行目に These athletes show the
world that wheelchairs ~ stylish. とある。

5 (1)「(人)に~と言う」は〈tell ＋人＋ that ＋
主語＋動詞~〉で表す。often(よく)はふつう，
一般動詞の前に置く。

(2)「(人)を~の状態にする」〈make ＋人＋形容詞〉

(3)「~したことがない」は〈have never ＋過去
分詞~〉で表す。「こんなに~な…(名詞)」は
〈such a[an] ＋形容詞＋名詞〉で表す。

6 (1)「あなたは(これまでに) ~したことがあり
ますか」は Have you (ever) ~? で表す。「~へ
行ったことがある」は have[has] been to ~ で表
す。abroad(外国へ)は，前置詞の to は不要。

(2)「~であると言われている」It is said (that) ~.

p.108~109 第**2**回 Unit 2~Grammar for Communication 1

1 🎧LISTENING (1)ア，エ (2)イ，エ

2 (1) different from (2) only, but

(3) not always (4) Feel free

3 (1) I have not[I haven't] had[eaten] my
lunch yet.

(2) I got up so early that I'm sleepy.

(3) Has Taro read the article yet? / No, he
has not[hasn't].

(4) **How long have you known Mr. Baker?**

④ (1) **a seasonal word is not always necessary**

(2) 英語の俳句は書きやすいだけでなく，読みやすくもあります。

(3) 1 ．**need[have] to** 　2 ．**stricter than**
　3 ．**many sites[websites]**

⑤ (1) **My father has been busy for a week.**

(2) **Have you been jogging for two hours?**

(3) **Ann has just practiced swimming.**

⑥ (1) 例１ **Yes, I've already finished it.**
　　例２ **No, I haven't finished it yet.**

(2) 例１ **I've lived in my town for five years.**
　　例２ **We've lived here since 2010.**

▶ **解説** ◀

① 🎧 **LISTENING** (1) アキラの How long have you stayed in Japan, Emma? という質問に，エマは For three months. と答えている。また，続くエマの発言に I must return to Canada next week とある。

(2) アキラの is that your new bag? という質問に，エマは I've just bought it at the department store. と続けている。

🎵 **音声内容**

(1) *A*: How long have you stayed in Japan, Emma?
　B: For three months. But I must return to Canada next week, Akira.

(2) *A*: Emma, is that your new bag? It looks nice.
　B: Yes, Akira. I've just bought it at the department store.

② (1) 「～とちがう」be different from ～

(2) 「～だけでなく…もまた」not only ～ but (also) …

(3) 「必ずしも～とは限らない」not always ～

(4) 「遠慮なく～してください」feel free to ～

③ (1) 「まだ～していません」という完了用法の否定文に。yet は文末に置く。

(2) 〈so ＋形容詞 [副詞] ＋ that ＋主語＋動詞…〉で「とても～なので…だ」という意味。

(3) 「もう～しましたか」という完了用法の疑問文に。yet は文末に置く。

(4) 「どのくらい長く」と期間をたずねるときは，how long で文を始め，疑問文の形を続ける。

④ (1) not always ～「いつも [必ずしも] ～とは

限らない」

(2) not only ～ but (also) …「～だけでなく…もまた」，easy to ～「～しやすい」

(3) 1 ．2 行目～ 3 行目の It's not always necessary to count syllables, either. を need to ～（～する必要がある）を使って書きかえる。2 ．1 行目の The rules for English haiku are less strict than the Japanese rules. を言いかえる。主語と比較対象が入れかわっていることに注意する。3 ．5 行目～ 6 行目に There are so many sites that ～ pop culture haiku. とある。

⑤ (1) 「ずっと～している」とある状態が続いていることを言うときは，現在完了形(継続用法)で表す。

(2) 「ずっと～している」は現在完了進行形で表す。

(3) just(ちょうど)を使って現在完了形 (完了用法)の文にする。

⑥ (1) 質問は「あなたはもう宿題を終えましたか」という意味。Yes か No で答える。

(2) 質問は「あなたはあなたの町にどのくらい長く住んでいますか」という意味。since や for を使って具体的な期間を答える。

p.110～111 第 **3** 回 **Unit 3~Let's Read 1**

① 🎧 **LISTENING** (1) ウ　(2) イ　(3) ウ　(4) ア

② (1) **After, while** 　(2) **by one**

(3) **in danger** 　(4) **let, introduce**

③ (1) **I told Sara to clean the kitchen.**

(2) **Do you want me to carry those boxes?**

(3) **Please let us know your opinion.**

(4) **It is exciting for me to play video games.**

④ (1)① **According to**
　　④ **related to each other**

(2) 狩り[狩猟] / 伐採 / 採掘[採鉱](順不同)

(3) 1 つの種，ほかの多くの種

⑤ 例 (1) **Please let me know if you have
　any[some] questions.**

(2) **The government should help us live safely.**

(3) **It is[It's] difficult for him to understand
　the problem[question].**

⑥ (1) 例１ **It's important for me to have
　　breakfast.**
　　例２ **It's important for me to study every
　　day.**

(2) 例１ **I think it's danger.**

例2 I don't think it's good.

▶ 解説 ◀

1 🎧LISTENING (1)「〜したい」want to 〜

(2)「（人）に〜してもらいたい」〈want ＋人＋ to ＋動詞の原形〉

(3)「（人）が〜するのを助ける」〈help ＋人＋動詞の原形〉

(4)「（人）が〜するのは…だ」〈It is … for ＋人 ＋ to ＋動詞の原形〜.〉

♪ 音声内容
(1) ア I'd like to visit a junior high school in Tokyo.
　 イ I met junior high school students in Tokyo.
　 ウ I want to go to junior high school in Tokyo.
(2) ア Everyone reads a lot of books.
　 イ I want everyone to read many books.
　 ウ I have many good books for everyone.
(3) ア Please help me after dinner.
　 イ Make dinner for me.
　 ウ Help me cook dinner, please.
(4) ア It's important for us to get up early.
　 イ It's fun for me to get up early.
　 ウ We don't have to get up so early.

2 (1)「しばらくして」after a while, (2)「1人ずつ」one by one, (3)「〜の危険がある」be in danger of 〜, (4)「（人）に〜させる」〈let ＋人 ＋動詞の原形〉

3 (1) told は tell の過去形。〈tell ＋人＋ to ＋動詞の原形〜〉「（人）に〜するように言う」
(2)「〜しましょうか」Do you want me to 〜?
(3)〈let ＋人＋動詞の原形〉「（人）に〜させる」
(4)〈It is … for ＋人＋ to ＋動詞の原形〜.〉「（人）が〜するのは…だ」で表す。Playing → to play となる。

4 (1)① 「〜によれば」according to 〜　④ relate 〜 to …（〜を…に関係させる）の受け身。「たがいに」each other
(2) 2行目〜3行目に There are many reasons, such as hunting, logging, and mining. とある。
(3) 5行目に If we lose one species, it affects many others. とある。

5 (1)「（人）に〜させる」〈let ＋人＋動詞の原形〉,「質問がある」have any[some] questions

(2)「（人）が〜するのを助ける」〈help ＋人＋動詞の原形〉,「安全に」safely
(3)「（人）が〜するのは…だ」〈It is … for ＋人 ＋ to ＋動詞の原形〜.〉

6 (1)質問は「あなたにとって毎日するのが重要なことは何ですか」という意味。
(2)質問は「あなたは歩きながらメッセージを送信することについてどう思いますか」という意味。

p.112〜113 第4回 Unit 4〜Let's Talk 2

1 🎧LISTENING (1)エ (2)ウ (3)ウ

2 (1) passing by (2) too, to (3) made in
(4) Would, me

3 (1) That's very kind of you.
(2) tell me where I can get an umbrella
(3) I don't know who that woman is.

4 (1)① learned how they can protect themselves
　 ⑤ for everyone to help each other
(2)② given　③ made
(3)例 その地図は災害時にどこへ行くべきかを人々に示しています。
(4) It had an evacuation drill.

5 例(1) The cat sleeping under the table is called Maro.
(2) I do not[don't] know when you came to Japan.
(3) Have you (ever) seen the picture(s) taken by Tom?
(4) Ms. White asked me what time I usually go to bed.

▶ 解説 ◀

1 🎧LISTENING (1)質問は「ソウタはユキと話している男の子を知っていますか」という意味。
(2)質問は「ソウタはユキについて何を知っていますか」という意味。
(3)質問は「ユキの友達はだれですか」という意味。

♪ 音声内容
A: Who's the boy talking with that girl, Sota?
B: I don't know who he is, Kate. But I know that girl. She's Yuki, a member of the basketball team.
A: Yuki? Oh, now I remember. She's one of my brother's friends.
(1) Does Sota know the boy talking with Yuki?

(2) What does Sota know about Yuki?

(3) Who is Yuki's friend?

2 (1)「通り過ぎようとしている」を現在分詞で表す。「通り過ぎる」pass by

(2)「あまりにも～なので…できない」too ～ to …

(3)「～製の」→「～で作られた」を過去分詞で表す。

(4)「～しましょうか」Would you like me to ～?

3 (1) That's very kind of you.「どうもご親切にありがとうございます」

(2)〈tell＋人＋間接疑問文〉の形。

(3)〈know＋間接疑問文〉の形。

4 (1)① learned の目的語に間接疑問文〈疑問詞＋主語＋動詞〉を使う。

⑤〈It is … for＋人＋to＋動詞の原形 ～.〉「(人)が～するのは…だ」で表す。

(2)②③はどちらも〈名詞＋過去分詞＋語句〉の形。

(3)It は前の文の The map を指している。〈show＋人＋間接疑問文〉の形。

(4)質問は「若葉市は昨日，外国人の住民や観光客のために何をしましたか」という意味。1行目に Wakaba City had an evacuation drill for ～ yesterday. とある。

5 (1)「～している…（名詞）」は，〈名詞＋現在分詞＋語句〉で表す。受け身の文。

(2)「あなたがいつ日本に来たのか」を間接疑問文〈疑問詞＋主語＋動詞〉で表す。

(3)「あなたは～したことがありますか」は Have you (ever) ～? で表す。「トムが撮った写真」→「トムによって撮られた写真」

(4)「(人)に(もの)をたずねる」〈ask＋人＋もの〉の「もの」の部分に間接疑問文を置く。

p.114～115 第5回 Unit 5~Stage Activity 2 ①

1 🎧LISTENING (1)ウ (2)イ (3)エ

2 (1)イ (2)ア (3)ウ (4)ウ

3 (1)ア (2)イ (3)エ (4)ウ

4 (1) This is a present which Ken gave me.

(2) What is the sport that you like the best?

5 (1)そのころは，イギリス人が塩のために作った法律がありました。

(2)1. 生産 2. 重い税金 3. 高価

(3) Yes, was

6 (1) The man that you saw near the park

is Yuki's brother.

(2) I bought a camera that was sold at the shop near the station.

7 例(1) Sara is a student who[that] speaks English well.

(2) Do you have any friends who[that] live in Tokyo?

(3) Tell me rules (that) I should remember.

▶ 解説 ◀

1 🎧LISTENING (1)played by two or four players, Rackets and balls are used を聞き取る。(2) who works at a city hospital, takes care of sick people and helps the doctors を聞き取る。(3) people enjoy in spring, enjoy eating and drinking under the trees with beautiful flowers を聞き取る。

🎵音声内容

(1) This is a sport played by two or four players. Rackets and balls are used in the sport.
Question : What is this sport?

(2) Ms. Sato is a young woman who works at a city hospital. She takes care of sick people and helps the doctors.
Question : What does Ms. Sato do?

(3) It's a traditional Japanese event that people enjoy in spring. They enjoy eating and drinking under the trees with beautiful flowers.
Question : What's the woman talking about?

2 (1)if のまとまりの中では未来のことでも現在形で表す。

(2)instead of ～「～のかわりに」

(3)book は「もの」で，空所のあとに動詞が続くので，主格の関係代名詞 which を使う。

(4)「手紙を書いている」という意味になるように現在分詞を使って表す。

3 (1)前半は「カナダで使われている言語は」という意味。ア「英語とフランス語です」を続ける。

(2)前半は「山田さんは医者です」という意味。イ「子供たちに好かれている」を続ける。

(3)前半は「私は映画が好きです」という意味。エ「黒澤明が作った」を続ける。

(4)前半は「クミは鳥を飼っています」という意味。ウ「ピーちゃんと名づけた」を続ける。

4 (1)「これはケンが私にくれたプレゼントです」

38

という意味の文に。目的格の関係代名詞 which を使い，〈名詞＋ which ＋主語＋動詞〜〉で表す。

(2)「あなたがいちばん好きなスポーツは何ですか」という意味の文に。目的格の関係代名詞 that を使い，〈名詞＋ that ＋主語＋動詞〜〉で表す。

5 (1)この that は関係代名詞。that 〜 salt が名詞 a law を修飾している。in those days「そのころは，当時は」

(2)2 行目〜 4 行目に According to the law, only the British could <u>produce</u> or sell salt. They put a <u>heavy tax</u> on it. The Indians 〜 had to buy <u>expensive</u> salt. とある。

(3)質問は「ガンディーが1915年に戻ってきたとき，インドは植民地でしたか」という意味。1 行目に Gandhi returned to India in 1915. <u>India was also a British colony.</u> とある。

6 (1)あとの文の him を関係代名詞 that にかえ，The man のあとに that 〜を続ける。

(2)あとの文の It を関係代名詞 that にかえ，camera のあとに that 〜を続ける。

7 (1)「サラは英語をじょうずに話す生徒です」という意味の文などに。

(2)「あなたは東京に住んでいる友人がいますか」という意味の文などに。

(3)「私に私が覚えておくべきルールを教えてください」という意味の文などに。

<hr>

p.116〜117　第6回 Unit 5〜Stage Activity 2 ②

1 🔊LISTENING (1)イ (2)エ (3)ア

2 (1)who[that] won (2)we respect
(3)stood up (4)that[which] is

3 (1)I know those girls who are playing volleyball.
(2)The hat which Lily made was cool.
(3)The subject I like the best is music.

4 (1)to walk to the sea and make salt himself
(2)It was called the Salt March.
(3)1. 78人の支持者 2. 何千もの人々
3. 400キロ（メートル）

5 (1)Here is a bag that[which] was made in Italy.
(2)This is the book that[which] I read last night.

(3)Look at the man and his dog that are playing with a ball.

6 例(1)She is an athlete (who[that] is) loved by a lot of people.
(2)Have you ever taken a bus that[which] goes to Nagoya?
(3)The woman you helped yesterday is my aunt.

◀ 解説 ▶

1 🔊LISTENING (1)イ「私にその写真の何枚かを見せてくれますか」
(2)エ「しばらくの間使ってください」
(3)ア「私たちは夏によくそれ（＝ゆかた）を着ます」

♪音声内容
(1) A: You visited Okinawa last month, didn't you?
B: Yes, I did. I took a lot of pictures there.
A: That's awesome. （チャイム音）
(2) A: Is that the computer you bought last Saturday?
B: Sure. Do you want to try it?
A: Yes, of course.
B: It's super fast! （チャイム音）
(3) A: What's *yukata*?
B: Yukata? It's a kind of *kimono*.
A: How is it different from other *kimono*?
B: Well, let's see. （チャイム音）

2 (1)主格の関係代名詞 who[that] を使う。「〜を受賞する，獲得する」は win を使う。過去形は won。
(2)「私たちが尊敬する」を接触節で表す。
(3)「立ち上がる」stand up
(4)「24時間開いている」を，関係代名詞 that[which] を使って表す。

3 (1)〈名詞＋現在分詞＋語句〉を〈名詞＋主格の関係代名詞＋現在進行形〉に書きかえる。
(2)〈名詞＋過去分詞＋語句〉を〈名詞＋目的格の関係代名詞＋主語＋動詞〉に書きかえる。「リリーによって作られた帽子」→「リリーが作った帽子」
(3)「私がいちばん好きな教科」を接触節で表す。

4 (1) decide to 〜で「〜しようと決心する」という意味。and で動詞の walk と make をつなぐ。
(2)質問は「ガンディーの行進は何と呼ばれました

か」という意味。3行目～4行目に This non-violent march was called <u>the Salt March</u>. とある。

(3)2行目～3行目に He started with <u>78 followers</u>. <u>Thousands of people</u> joined him on the way. After walking almost <u>400 kilometers</u>, he reached the sea. とある。

5 (1)あとの文の主語 It は前の文の a bag を指しているので主格の関係代名詞 that[which] を使う。

(2)あとの文の目的語 it は前の文の the book を指しているので目的格の関係代名詞 that[which] を使う。

(3)あとの文の主語 They は前の文の the man and his dog を指している。名詞が「人」「もの」両方のときは関係代名詞 that を使う。

6 (1)「多くの人々に愛されている」を主格の関係代名詞 who や過去分詞を使って表す。

(2)「名古屋行きの」を主格の関係代名詞 that[which] を使って表す。「あなたは～したことがありますか」〈Have you ever ＋過去分詞～?〉,「バスに乗る」take a bus

(3)「あなたが昨日助けた」を接触節を使って表す。

---

p.118～120 第7回 Unit 6~Let's Read 3

1 🎧LISTENING (1)ウ (2)イ (3)ア (4)ウ

2 (1)in season (2)someone else
(3)seems[looks], little (4)all, difference

3 (1)If you could go to the Philippines
(2)I wish I understood my cat's feelings.
(3)If I were you, I would encourage him to study

4 (1)①イ ②エ
(2)③私たちが毎日目にする多くのもの，食品や衣料のようなものが海外［外国］からやって来ます。
④もしこれらの国々から鶏肉を輸入しなかったら，フライドチキンは日本で相当高価になるでしょう。
(3)1．3分の1，タイ
2．日本の会社，他国［外国］

5 (1)The man who has some flowers is Mr. Oka.
(2)The book that is[was] written in Chinese is very old.
(3)If I were free now, I would visit you.

6 (1)gone (2)animation (3)light
(4)lose (5)different (6)graduate

7 (1)Running away is not[isn't] always bad.
(2)Water power produced a large amount of energy.
(3)If today were a holiday, I would sleep until noon.

8 例(1)I wish I had more time and (more) money.
(2)The shop that[which] opened last month is very crowded.
(3)What can we do to make the world better?

▶ 解説 ◀

1 🎧LISTENING (1)ウ「今日が休日ならいいのになあ」
(2)イ「自転車を持っていれば，10分で来られるのですが」
(3)ア「あなたの言うことは正しいかもしれませんが，ここに異なる例があります」
(4)ウ「地球の未来のために私たちができることは何かありますか」

🎵 音声内容
(1) ア I hope today is a holiday.
イ I think today is a holiday.
ウ I wish today were a holiday.
(2) ア If you have a bike, you can come in ten minutes.
イ If you had a bike, you could come in ten minutes.
ウ Because you don't have a bike, you can't come in ten minutes.
(3) ア You may be right, but here's another example.
イ Let me give you the same example.
ウ I disagree with your point.
(4) ア We have no idea about the future of our planet.
イ Do you have anything to do in the future?
ウ Is there anything we can do for the future of the Earth?

2 (1)in season「(食べ物が)旬で」
(2)「人がほかに」→「だれかほかに」someone else
(3)「～のように見える，思われる」は〈seem ＋形容詞〉または〈look ＋形容詞〉で表す。「少し」

40

a little

(4)「大きなちがいを生む」make all the difference

3 (1)仮定法の文。〈If ＋主語＋(助)動詞の過去形～, 主語＋助動詞の過去形…〉で表す。

(2)仮定法の文。〈I wish ＋主語＋(助)動詞の過去形～.〉で表す。

(3)仮定法の文。〈If ＋主語＋(助)動詞の過去形～, 主語＋助動詞の過去形….〉で表す。if のまとまりの中の be 動詞は were がよく使われる。「(人)に～するように促す」〈encourage ＋人＋ to ＋動詞の原形〉

4 (1)① 「～に頼る」depend on ～, ② 「～のために」for ～

(2)③ that ～ every day が関係代名詞のまとまりで, 主語の Many things を修飾している。～ such as … 「…のような～」

④ didn't と would に注目。仮定法の文。

(3)1. 3行目～4行目に For example, <u>one-third</u> of the chicken that we eat comes from other countries, like Brazil and <u>Thailand</u>. とある。

one-third of ～ 「～の3分の1」

2. 8行目～9行目に many products that are sold by <u>Japanese companies</u> are made in <u>other countries</u> とある。

5 (1)〈前置詞＋名詞〉の部分を主格の関係代名詞 who を使って書きかえる。

(2)〈過去分詞＋語句〉を主格の関係代名詞 that を使って書きかえる。

(3)仮定法の文に。(助)動詞を過去形にする。

6 (1)「なくなった」「行ってしまった」 (2)「アニメーション」 (3)heavy「重い」⇔ light「軽い」

(4)「失う」 (5)「いろいろな, 異なる, ちがう」

(6)「卒業する」

7 (1)run away(逃げる)を動名詞にかえて主語にする。「必ずしも～とは限らない」は not always ～ で表す。

(2)「～を生み出す」produce,「大量の～」a large amount of ～

(3)仮定法の文。〈If ＋主語＋(助)動詞の過去形～, 主語＋動詞の過去形….〉で表す。「休日」a holiday,「正午まで」until noon

8 (1)仮定法の文。〈I wish ＋主語＋(助)動詞の過去形～.〉で表す。

(2)「先月オープンした」を主格の関係代名詞 that[which] を使って表す。「混んでいる」は形容詞の crowded もしくは busy を使う。

(3)「世界をもっとよくするために, 私たちは何をすることができますか」という意味の文などに。「～するために」は不定詞の副詞的用法で表す。「A を B の状態にする」は〈make ＋ A ＋ B〉。「もっとよい」は good の比較級 better で表す。